LES SECRETS DU PROPHTE ARABE

Tome 1

Première Partie

CHRISTIAN PRINCE

Copyright © 2012 Christian Prince

All rights reserved.

ISBN : 194337502X

IISBN-13 : 978-1-943375-02-8

Edition originale en anglais, sous le titre <u>The Deception of Allah</u>, par © Christian Prince.

Traduit de l'anglais par Asma Bint-Marouane, Edition originale en anglais : <u>The Deception of Allah</u>

Traduction française : Les secrets du prophète arabe. Les droits d'auteur sont réservés. Aucune portion de ce livre ne pourra être reproduite, mise en mémoire ou transmise sous quelque forme ou par quelque procédé que ce soit : électronique, mécanique, par photocopie, enregistrement ou par tout autre procédé, sans la permission écrite du détenteur des droits d'auteur, à l'exception de courtes citations ne dépassant pas cinq (5) lignes, qui pourront être reproduites sous la forme choisie (écrite, visuelle, électronique ou audio) à condition que ces lignes citées ne constituent pas une part de dix (dix) pour cent ou plus de l'ouvrage dans lequel elles sont reproduites.

Préface

Pour qui cherche une réponse à la cruciale question des liens possibles entre la doctrine de l'islam et la barbarie du djihad, le personnage du prophète Mahomet, à ce point central qu'il est cité inévitablement à côté du nom d'Allah dans la profession de foi musulmane, mérite toute l'attention que le titre de ce livre éveille.

Sur ce personnage en effet plane un épais mystère : est-il un modèle exemplaire de perfection humaine que chacun doit s'efforcer d'imiter, ou bien est-il un ignorant illettré dominé par d'obscures pulsions qui justifient qu'on ait des doutes sur l'authenticité de sa révélation ? Un homme ordinaire, ou bien un prophète à placer sur un pied d'égalité avec, nous dit-on, un grand nombre de prédécesseurs, ou encore un être à élever dans une position suprême et unique du fait de sa proximité avec la divinité nommée Allah ? Ou bien encore la sinistre incarnation de quelque esprit malin semeur de confusion ?

Nul n'est mieux placé que Christian Prince, l'auteur de ce livre, pour répondre à ces questions. Ce qu'on trouvera ici, exposé de manière percutante, c'est l'examen critique des bases d'une idéologie qui constitue la plus grande et la plus néfaste secte religieuse jamais élaborée par l'esprit d'un manipulateur. Christian Prince (Amir Massihi) est un Arabe, diplômé de théologie islamique, un homme qui a vécu dans cette culture, qui en connaît parfaitement les textes et les pratiques, mieux qu'un 'alim ou qu'un hafiz ; il a un accès immédiat non seulement au texte original du Coran, mais également aux hadiths, tafsirs et biographies du prétendu "prophète", où l'on découvre que les mahométans ont été à tel point aveuglés par leur gourou qu'ils ont perdu de vue le fait qu'en notant religieusement tous les détails de sa vie, ils fournissaient suffisamment d'arguments pour rendre manifeste son imposture. Il est d'usage pourtant de réfuter l'hypothèse d'une responsabilité de l'islam dans tous les multiples débordements de violence en évoquant une grande civilisation historique, en reconnaissant au Coran des qualités spirituelles et littéraires "considérables", et en attribuant la source de ces excès de fanatisme à des mouvances extrémistes qui seraient une aberration ou bien le produit indésirable, mais inévitable, de toute religion. Dans cette optique naïvement humaniste, qui considère volontiers que toutes les religions partagent un même but, Allah n'est qu'un autre nom de Dieu, une idée qui a été encouragée par des orientalistes classiques européens amoureux d'exotisme et n'ayant qu'une connaissance limitée des textes secondaires de l'islam, tandis qu'ils conservaient, parfois inconsciemment, des valeurs chrétiennes de charité qui filtraient leur lecture du Coran et les poussaient à édulcorer le texte qu'ils traduisaient dans un sens susceptible de résonner chez des lecteurs occidentaux. Ces attitudes complaisantes, en réaction à l'intransigeance des théologiens chrétiens médiévaux, qui avaient tout de suite correctement perçu la nature trompeuse de l'islam, et qui avaient de manière fort pertinente assimilé le prophète Muhammad au démon Mahound, furent habilement exploitées par les auteurs musulmans modernes, qui critiquèrent les approches humanistes insuffisamment favorables à l'islam, mais en même temps imitèrent leur style pour devenir experts dans l'art de présenter une image séduisante de cette idéologie tout en occultant sa nature perfide : c'est le fait notamment d'un certain nombre d'intellectuels de pacotille installés en Occident, qui ont les moyens de révéler l'imposture, mais refusent de le faire par intérêt matériel ou par désir de se constituer un nom et se font les honteux laquais de la perfidie de l'islam hégémoniste et kouffarophobe.

Ce qui fait alors la force de l'islam, c'est l'ignorance qu'on en a. Les non-musulmans fondent leur jugement sur une version superficielle, simplifiée, partielle, déformée et enjolivée de cette doctrine ; les musulmans, quant à eux, ne sont pas mieux renseignés, étant donné qu'ils ont été habitués à réciter sans comprendre, et n'ont pas la connaissance ou la compréhension de la multitude de faits gênants contenus dans leurs propres livres ; leur ignorance est d'ailleurs, comme le fait observer Robert Spencer, une chance qui sauve un grand nombre d'entre eux en leur permettant de conserver un minimum de qualités humaines que n'avait pas leur prophète. Le Coran lui-même ne saurait passer pour un chef-d'œuvre littéraire : rempli de répétitions, d'imprécisions, d'approximations, de coq-à-l'âne, de plagiat, de propos haineux, de tournures excessivement elliptiques et d'incohérences, il présente tout au plus quelques qualités rythmiques et sonores qui facilitent son utilisation comme outil de manipulation mentale. Totalement aveuglés par l'illusion de détenir l'exclusivité d'un pur monothéisme, ce même "tawhid" prononcé par Satan lorsqu'il refuse d'exécuter le "shirk" exigé par Allah et de se prosterner devant Adam, les musulmans ne se rendent pas compte que leur religion est remplie précisément de "shirk", de manipulation humaine, notamment de la part de celui qui s'est donné sans scrupule le nom de "muhammad", nom qui devrait être réservé à Dieu et qui constitue dans cet usage un véritable blasphème. Les lois édictées par ce prétendu "seigneur des mondes", toujours à la recherche de plus d'esclaves pour lui répéter qu'il est "le plus grand", lois apparemment bienfaisantes, telles que "ne point tuer", sont toujours accompagnées d'exceptions ("sauf pour l'accomplissement d'une vengeance"), qui vident la loi de son sens pour ceux qui savent jongler avec les arguments. Le Coran apparaît donc comme un exercice purement verbal, et le sinistre Allah n'est qu'un lamentable pantin entre les mains de son prétendu prophète.

Pour saisir le danger de ces illusions sur un islam réputé bienveillant, il suffit de se pencher sur la place du fatalisme dans l'islam, place qui rend cette religion incompatible non seulement avec l'Esprit du christianisme, mais aussi avec les véritables valeurs humanistes qui sous-tendent le développement de la civilisation dans les temps modernes. Ainsi que vous le verrez dans le livre de Christian Prince, ce que nous dit le Coran, c'est qu'Allah "égare qui il veut, et dirige qui il veut" (Coran 16 :93). Par conséquent, il peut, et même il doit, être à l'origine des actes sanglants des fanatiques, car s'il a égaré ces criminels, c'est qu'il les a entraînés vers ces opérations et rien ne peut se produire sans sa volonté. Voilà donc un dieu dangereux qu'il convient d'éviter, car, on le voit, le fatalisme aboutit à attribuer à Dieu la volonté destructrice et le mépris de la vie comme moyen de marquer sa toute-puissante domination. Comme le montre très bien Christian Prince, ce dieu, qui se veut l'expression du monothéisme absolu, présente en réalité toutes les caractéristiques d'un dieu païen : hautain, vaniteux, impulsif, imprévisible, incompréhensible, associé à des symboles polythéistes tels que le croissant lunaire et exigeant de ses fidèles quantité de rites absurdes tels que l'adoration de la pierre noire, ne laissant à ses esclaves que l'espoir improbable d'éviter les cruelles épreuves qu'il ne cesse de leur envoyer de manière aléatoire, ce dieu n'est pas le Dieu de la Vie, le Dieu chrétien venu dans Sa Création dans l'humilité et l'Amour, pour prendre sur Lui la souffrance du Monde et lui apporter le Salut. Le nom même d'Allah, sans cesse invoqué lors d'actes barbares, est ainsi sali et définitivement compromis. Rappelons que selon les commandements donnés à Moïse, que l'islam prétend respecter, c'est une grave impiété de prononcer en vain ou bien pour un mauvais usage le nom de Dieu, règle que l'islam bafoue en permanence. Quelle serait donc votre réaction si, vous trouvant dans une voiture de train bondée, vous entendiez soudain quelqu'un crier "allahuakbar !" ? Vous réjouiriez-vous en pensant qu'il y a une pieuse personne qui prie pour la sécurité des voyageurs ? Le nom qui, dans sa propre révélation, s'offre à être le garant pour ces usages criminels devient définitivement souillé. Même si le nom d'Allah est bien utilisé par les chrétiens orientaux, il est trop compromis par la perfidie de l'islam et trop imprégné de son association avec l'oppression islamique pour pouvoir conserver sa légitimité. Ceci a pour conséquence que les chrétiens devraient s'abstenir de toute expression d'adhésion à cette divinité fausse et perfide, et en particulier

refuser de consommer du halal qui lui est consacré, et éviter de recourir à des expressions telles que "insha'allah" ou "alhamdulillah" ou encore "bismillah", qui s'adressent à la Mauvaise Personne, et qui sont utilisées par exemple pendant qu'on égorge des gens ou des bêtes. Le fatalisme, en effet, prive cette religion de véritable valeur morale, et la distinction des notions de bien et de mal appartient en définitive à la volonté impénétrable d'Allah et ce qui importe alors, ce n'est pas la nature de l'acte : bon ou mauvais, mais c'est sa forme : accompli ou non au nom d'Allah, qui décidera. C'est ce qui permet de décapiter des victimes tout en prononçant des invocations sacrées, sans aucune culpabilité.
Asma Bint-Marouane

Historienne, Femme de Lettres, Vénissieux, Janvier 2016.

Introduction

Les musulmans dépensent des milliards de dollars à travers le monde, mais tout particulièrement dans les pays occidentaux, pour tenter de promouvoir l'islam dans le cadre d'un plan général d'islamisation du monde entier. Les musulmans visent de manière privilégiée l'occident, parce que l'islam aspire à la puissance militaire. Voici comment les musulmans envisagent le fonctionnement de leur plan : s'ils s'emparent du Kenya ou de l'Angola ou de l'un quelconque de ces pays en voie de développement, quel avantage cela leur rapporte-t-il ? Pour eux, aucun. Mais si l'islam réussissait à dominer l'Amérique ainsi que d'autres pays occidentaux, qui oserait s'opposer à lui?

C'est la raison pour laquelle on voit tant de musulmans déployer tous leurs efforts et injecter leurs milliards de pétrodollars dans les pays occidentaux. Ils ne se soucient nullement du Darfour, dans un territoire islamique où la famine provoque des millions de victimes ! Ces musulmans déboursent facilement 100 millions de dollars pour un projet de construire une mosquée au cœur de la zone touchée par les attentats du 11 Septembre, mais il n'offrent pas un sou pour soulager le sort de 9 millions d'Egyptiens musulmans réduits à chercher dans leurs cimetières un lieu pour passer la nuit.

Abraham Lincoln, le seizième président des Etats-Unis, disait : "L'Amérique ne sera jamais détruite par un ennemi venu de l'extérieur. Si nous succombons et perdons nos libertés, ce sera parce que nous nous serons nous-mêmes détruits."

Quoi qu'il en soit, ce livre n'a pas pour objet de détailler le plan d'action des musulmans. Il s'agit dans cet ouvrage de mener une étude approfondie visant à montrer clairement l'imposture de l'islam et de ses propagateurs qui tentent de manipuler les occidentaux en invoquant, pour affirmer le caractère divin du Coran, de prétendus miracles de ce livre.

Jean 8 :44 (Louis Segond -LSG) « 44 Vous avez pour père le diable, et vous voulez accomplir les désirs de votre père. Il a été meurtrier dès le commencement, et il ne se tient pas dans la vérité, parce qu'il n'y a pas de vérité en lui. Lorsqu'il profère le mensonge, il parle de son propre fonds ; car il est menteur et le père du mensonge. »

Aussi il me tient à cœur de partager avec vous la vérité. Car le Seigneur a dit :

Jean 8 :32 (Louis Segond -LSG) « 32 Vous connaîtrez la vérité, et la vérité vous affranchira. »

N'oubliez pas que le Christ a enseigné l'amour, et non la haine. C'est pourquoi vous ne devez pas haïr les musulmans ; par contre, nous devons haïr la haine qui fonde l'islam.

Lisez et prenez note. Une fois que vous avez appris, partagez ce que vous savez.

Matthieu 10 :8 (Louis Segond -LSG) « 8 Guérissez les malades, ressuscitez les morts, purifiez les lépreux, chassez les démons. Vous avez reçu gratuitement, donnez gratuitement. »

Guérissons la maladie causée par la tromperie et faisons ce que le Seigneur nous a commandé.

Christian Prince, 2011

Les secrets du prophète arabe

TABLE DES MATIERES

Préface 2

Introduction..6

Paroles d'Allah...12

Condensé des principaux éléments de l'islam 13

Qui est Allah ? 16

Ce qu'Allah dit à son propre sujet 18

Qui est le Saint-Esprit dans l'islam ?..20

Qui a parlé à Marie ?..20

Qui était Mahomet (de son vrai nom قثم , Qathem)?.............................24

Qui a dit à Mahomet qu'il était prophète?..38

L'islam : de quoi s'agit-il au juste ?...42

La Constitution islamique 43

La décapitation des prisonniers non-musulmans............................46

Si les musulmans prennent le pouvoir dans un pays occidental, que se passera-t-il alors ?...49

Le Pacte d'Omar..49

"Islam", est-ce que ça veut dire "paix" ?..56

La notion de justice dans l'islam...58

Mahomet, le dieu...67

De Qathem à Mahomet 70

Mahomet vendait des terrains au paradis. 75

Par jalousie, Mahomet a ordonné le meurtre d'un fidèle croyant. 78

Le péché originel 81

Justice coranique vis-à-vis des gays et des lesbiennes 90

Vous êtes un chrétien : Allah peut-il vous aimer ? 92

L'islam et Israël 97

Les accords de paix et l'islam 112

Les musulmans on le droit de mentir même lorsqu'ils prêtent serment . 118

D'après l'islam, ce musulman n'a pas le droit de faire de vous son ami ! 120

La place du repentir dans l'islam 121

Moïse et les autres prophètes d'Allah possèdent les meilleurs testicules 123

Combien de fois le compte des bonnes actions sera-t-il multiplié par Allah?
.... 125

Le Prophète Idris 127

Selon l'islam, l'intercession est elle permise ou non ? 129

Contradictions idéologiques 134

Mahomet : un homme possédé par les démons 138

Meurtre d'un enfant innocent : comment et pourquoi ? 141

Allah égare les chrétiens et les juifs 147

Le retour du Messie 151

Allah gardien protecteur de sa révélation 159

Le défi lancé à l'humanité et aux Djinns de produire un ouvrage égal à ce Coran 164

Quelle est la gravité du cas psychique de Mahomet ? 171

La Kaaba dans l'islam : qu'est-ce que la Kaaba ? 172

Où était l'armée d'Allah ? 180

Faut-il parler d'une Kaaba unique ou bien de Kaabas multiples ? 183

La pierre noire dans l'islam 189

Le Coran affirme que tout don de prophétie est hérité de Jacob (Israël) 193

Qui, selon Mahomet, peut être désigné comme Arabe ? 203

Mahomet et la morale 205

La mort de Mahomet prouve que c'était un faux prophète 212

Mahomet : dieu ou être humain ? 215

Mahomet fut créé avant avant Adam ! 217

Le nom du père d'Abraham 219

Mahomet le pécheur 223

Sources et références utiles 227

Paroles d'Allah

"Pourquoi donc ne comprennent-ils pas le Coran ? Si celui-ci venait d'un autre qu'Allah, ils y trouveraient des contradictions nombreuses." (Coran 4 :82)

C'est là un verset important, que nous prendrons comme critère de référence pour examiner et évaluer le Coran. A partir du moment où c'est Allah lui-même qui a établi cette règle de vérification pour déterminer s'il s'agit ou non d'un livre de caractère divin, les musulmans sont obligés d'accepter les règles d'Allah et sa méthode de vérification ! Si alors nous découvrons des contradictions dans le Coran, il en résulte que ce livre, d'après le verset cité ci-dessus, ne peut pas provenir du vrai Dieu.

Voyons donc quelles sont les affirmations des musulmans et mettons les projecteurs sur les contradictions du Coran, tout en démontrant l'imposture des mythes répandus au sujet de ce livre et de ses prétendus miracles.

Réponses à Harun Yahya

Sur les sites internet de Harun Yahya, propagateur soi-disant "scientifique" (http ://www.miraclesofthequran.com) et (http ://www.harunyahya.com), on trouve de nombreuses affirmations au sujet du Coran. Je m'apprête à montrer à mes lecteurs que chacune de ces affirmations est fausse et qu'elles ont été intentionnellement conçues pour tromper le public. Je reproduis ci-dessous une liste de quelques-unes de ses affirmations affichées sur ses sites internet. Dans ce livre, je vais également expliciter le véritable sens de ces versets du Coran par lesquels ce monsieur tente de subjuguer ses lecteurs. Je choisis de réunir dans une même section toutes les affirmations relatives à la science aérospatiale car elles sont toutes liées entre elles. Mais avant de traiter ce sujet, je dois d'abord vous donner une brève introduction à l'islam et à Mahomet.

L'islam est une institution basée sur trois noms importants :

1. Allah, le dieu aux quatre-vingt-dix-neuf noms.

2. L'ange Jibril (Gabriel), qui d'après les dires des musulmans, est le Saint Esprit (mais cette affirmation ne se trouve nulle part dans le Coran).

- Mahomet (Muhammad), qui est le prophète de l'islam et le sceau (c'est à dire le dernier) des prophètes envoyés par Allah (sur un total de soi-disant 124 000 qui l'ont précédé).

Condensé des principaux éléments de l'islam

- Allah est le dieu des deux mondes : celui de l'humanité et celui des djinns, mais, on ne sait trop pourquoi, Allah a oublié de mentionner les anges ! C'est parce qu'ils ne viennent d'aucun de ces deux mondes !

- Allah a envoyé 124 000 prophètes musulmans (livre Tu'afat Al-'Abib 'Ala Shar'h Al-Khatib, page 431/432).

- Les hypocrites sont les musulmans qu'Allah a leurrés (Coran, chapitre 4, verset 142).

- Tous les livres d'Allah sont dénaturés, excepté le Coran (Coran, 4 :46).

- Mahomet est le dernier prophète (Coran 33 :40).

- Les musulmans ont le droit de décapiter leurs prisonniers non-musulmans (Coran 8 :67 ; 47 :4).

- Allah n'a pas de fils (Coran 4 :171).

- Allah n'a pas de compagne (tout au moins jusqu'à l'époque de Mahomet) (Coran 6 :101 ; 72 :3).

- Allah n'a qu'UNE jambe (un unique tibia) (Coran 68 :42).

- Allah possède deux mains et toutes deux sont du côté droit (Allah n'a pas de main gauche) (Coran 49 :1).

N.B. : Selon la doctrine de l'islam, la main gauche est celle qui est impure (réservée par exemple à l'utilisation aux toilettes). Seul Satan possède et utilise la main souillée (gauche) (Sahih Muslim, Livre 023, Hadith 5007). Allah ne peut pas avoir une main impure, c'est pourquoi ses deux mains doivent nécessairement être des mains droites (non souillées).

- Allah possède un visage (Coran 55 :27).

- Allah n'aime pas avoir des enfants de sexe féminin (Coran 53 :21-22).

- Allah sait tout, tant que vous ne l'interrogez pas, et personne n'a le droit de l'interroger (Coran 5 :101-102).

- Les musulmans ne peuvent pas prendre les non croyants (c.-a.-d. les non-musulmans) comme amis (Coran 3 :28 ; 4 :139 ; 5 :51, 57, 81).

- Satan est un ami pour tous les non-croyants (non-musulmans) (Coran 7 :27, 30).

- Les non-croyants sont des amis uniquement entre eux, mais pas avec les musulmans (Coran 8 :73).

- Les musulmans n'ont même pas le droit d'être amis avec les membres de leur propre famille si ceux-ci appartiennent à la catégorie des non-croyants (non-musulmans) (Coran 9 :23).

- Allah assure qu'il a envoyé par le passé un prophète à chaque nation de la Terre, néanmoins les musulmans demeurent incapables de nommer un seul prophète envoyé à des nations comme la Chine, l'Inde, le Japon, etc. (Coran 10 :47 ; 16 :36, 84, 89 ; 23 :44).

Allah a envoyé à chaque nation un prophète porteur d'un livre et qui s'est exprimé dans la langue de cette nation (Coran 14 :4). On aimerait bien savoir par exemple quel était le livre d'Allah dans la langue russe !

- Le Coran est le livre sacré des musulmans. Il comporte deux types de commandements : ceux qui sont effectivement applicables et ceux qui ont été abrogés. "Abrogé" signifie que le verset est soit présent, soit manquant dans le texte, mais que dans les deux cas, les musulmans ne sont plus autorisés à en appliquer les dispositions (Coran 2 :106).

- Allah abrogera tous les versets sataniques du Coran (Coran 22 :52).

- La Kaaba n'est rien d'autre qu'un moyen de déterminer qui est musulman et qui ne l'est pas, d'après la direction choisie pour la prière (Coran 2 :143).

- Les défunts ne sont pas égaux en statut aux vivants (Coran 35 :22). Il faut donc en conclure que Mahomet n'est nullement égal à Jésus, puisque Jésus, le Coran l'accorde, reste vivant. Mahomet, lui, est bel et bien mort !

- Ceux qui meurent pour la cause d'Allah sont en fait vivants (Coran 2 :154).

- Allah est le meilleur des trompeurs (Coran 3 :53 ; 7 :99 ; 8 :30 ; 10 :21 ; 27 :50).

- A Allah appartient en totalité la Tromperie et il en est le Maître (Coran 13 :42).

- Il n'existe aucun recours pour celui qu'Allah trompe (Coran 4 :143 ; 6 :39, 125 ; 7 :178, 186 ; 13 :27 ; 16 :37, 93).

- Il est possible qu'Allah décide de tromper et d'égarer celui qu'il a précédemment guidé (Coran 9 :115 ; voir Tafsir Al-Jalalayn traduction en anglais disponible par Feras Hamza, et Tafsir Ibn-Kathir, volume 2, page 395 {en arabe}).

- Allah revêtira les comportements abjects d'une apparence extérieure de beauté aux yeux des infidèles afin de les écarter encore plus du droit chemin ! (Coran 6 :137)

- Les hommes musulmans ont le droit de battre leurs femmes (Coran 4 :34 ; 38 :44).

- Les hommes musulmans ont le droit d'avoir jusqu'à quatre épouses en même temps, et en plus, d'avoir des relations sexuelles avec un nombre illimité d'esclaves en dehors du mariage (Coran 4 :3).

- Les hommes musulmans peuvent violer une femme esclave même si celle-ci est mariée (Coran 4 :24).

- L'homme musulman a le droit de violer ses épouses et de les obliger à partager sa couche à tout moment, en tout lieu et dans n'importe quelle position (Coran 2 :223).

Qui est Allah ?

Si nous demandons aux musulmans qui est Allah, ils diront que Dieu est le Créateur, Celui qui a la connaissance de toutes choses. Leur réponse n'est pas très différente de celle que vous donnera toute autre personne interrogée sur sa foi et sur son dieu, mais quand il s'agit d'identifier Allah comme Dieu de manière plus détaillée et plus précise, quantité de problèmes surgissent, que nous allons étudier dans la suite de notre exposé.

Avant de pouvoir comprendre quelle personne est Allah, nous devons tout d'abord comprendre son nom. Les musulmans s'efforcent de nous faire croire qu'Allah est le même Dieu que celui des chrétiens et de Moïse. Ils essayent même de nous persuader qu'*Allah* est un mot araméen et que Jésus l'utilisait quand il parlait araméen. Quelle est la valeur de cette affirmation ?

Lorsque le film "La Passion du Christ" est sorti il y a quelques années, les musulmans en ont extrait des clips où on voit Jésus prononçant le nom de Dieu en araméen. Ils ont utilisé ces extraits pour créer leurs propres vidéos où ils prétendent prouver que le nom *Allah* est utilisé tel quel en araméen. Mais le mot araméen qu'ils tentent de récupérer est en réalité *Elah,* avec la vocalisation *El* et non pas *Al* comme dans *Allah*.

Mais il y a plus grave, et le problème peut être facilement illustré par un bref exemple dans le Coran, 4 :125 :

وَمَنْ أَحْسَنُ دِينًا مِمَّنْ أَسْلَمَ وَجْهَهُ لِلَّهِ وَهُوَ مُحْسِنٌ وَاتَّبَعَ مِلَّةَ إِبْرَاهِيمَ حَنِيفًا وَاتَّخَذَ اللَّهُ إِبْرَاهِيمَ خَلِيلاً

"Qui a une meilleure religion que celui qui soumet sa face à Allah, fait ce qui est bien et suit la religion d'Abraham, le hanif, pris par Allah comme ami ?"

Nous voyons dans ce verset le nom d'Allah, qui, s'appliquant à un dieu qui prétend être unique, devrait être sacré et intangible mais apparaît sous deux formes différentes en raison du contexte grammatical. Ceux qui ne connaissent pas l'arabe pourront penser qu'un changement d'une seule lettre n'a pas grande importance, mais en réalité ce changement affecte la sonorité et l'identité même du mot.

Le premier nom est لله (lillah) , et le second est الله (Allah). En arabe, *al* est l'article défini *le*, et *li* est la préposition *pour*, de sorte que si nous retirons le *Al* du mot *Allah* et le *lil* du mot *lillah*, nous obtenons le mot *lah* (dieu), un élément qui est commun aux deux noms. Or il se trouve que ce nom a des origines païennes lointaines, se rapportant à un dieu lunaire d'origine égyptienne et vénéré par les Arabes. En français, *lillah* se traduit par *pour* ou *au dieu*, et *Allah* se traduit par *le dieu*, noms continuellement employés sans aucune précaution à tort et à travers par les musulmans.

لله = Lil Lah = à Lah	الله = Al Lah = *Le* Lah

Ainsi que vous pouvez le constater dans l'exemple cité, bien que *lillah* et *Allah* soient tous deux écrits sous la forme d'un seul mot en arabe, *lil* et *Al* ne font pas partie du nom propre lui-même supposé être sacré, mais sont des outils grammaticaux profanes greffés sans scrupule sur le nom du dieu qui se trouve ainsi dénaturé.

En arabe, *al* est toujours l'équivalent de l'article *le* et est accolé aux adjectifs désignant des attributs exclusivement réservés au dieu. C'est pourquoi tous les 99 noms d'Allah commencent par *Al* (= *le*). Notez bien cependant que cet article ne fait pas fondamentalement partie du nom. C'est simplement un outil employé pour indiquer que le nom est attribué exclusivement au dieu qui seul est digne de recevoir cette distinction. Ainsi, on ne dira pas "Al-Muhammad" ou "Le Mahomet" parce que Muhammad est seulement le nom d'une personne.

A ce propos, il est intéressant de noter que le Messie est appelé Al-Massih dans le Coran. Cela indique qu'il est le seul Messie dans le monde entier. C'est le seul homme dans le Coran dont le nom comporte cet article préfixé.

Ce qu'Allah dit à son propre sujet

Allah veut des fils, et surtout pas des filles, ainsi que nous pouvons le voir dans le Coran 53 :19-22 :

أَفَرَأَيْتُمُ اللَّاتَ وَالْعُزَّىٰ

وَمَنَاةَ الثَّالِثَةَ الْأُخْرَىٰ

أَلَكُمُ الذَّكَرُ وَلَهُ الْأُنثَىٰ

تِلْكَ إِذًا قِسْمَةٌ ضِيزَىٰ

"Avez-vous vu Al-Lat et Al-'Uza

et Manat la troisième divinité?

Et quoi ? A vous ceux de sexe masculin et à Allah celles de sexe féminin ?

Voilà une répartition vraiment injuste !"

Voilà bien une parole absolument inouïe de la part d'un dieu ! Premièrement,

Allah déclare qu'il est injuste qu'il n'ait que des filles (Al-Lat, Al-'Uza et Manat) au lieu d'avoir des fils. Ensuite, il ajoute qu'il est injuste que les Arabes aient des fils alors que lui n'aurait que des filles : "vous, vous avez les enfants mâles, et moi je ne reçois que les filles ...". Il faut bien voir l'énormité de ce propos : Allah se lamente que les Arabes ont reçu une bénédiction plus grande que la sienne, parce qu'ils ont le bonheur d'avoir des fils tandis que lui a le malheur de n'avoir que des filles. Allah n'est-il pas censé être le Créateur ? Pourquoi ne se donne-t-il pas à lui-même la bénédiction d'avoir des fils ? Le passage suivant du Coran nous apporte l'explication : Coran 6 :101 :

بَدِيعُ السَّمَاوَاتِ وَالْأَرْضِ أَنَّىٰ يَكُونُ لَهُ وَلَدٌ وَلَمْ تَكُنْ لَهُ صَاحِبَةٌ وَخَلَقَ كُلَّ شَيْءٍ وَهُوَ بِكُلِّ شَيْءٍ عَلِيمٌ

"Lui qui est à l'origine des cieux et de la terre ! Comment pourrait-Il avoir un enfant alors qu'Il n'a point de compagne, et qu'Il a créé toutes choses et est omniscient de toute chose ?"

Ce verset 6 :101 est une question censée démontrer qu'Allah ne saurait avoir un fils étant donné qu'il n'a jamais eu de petite amie ! Un argument grotesque venant appuyer une accusation fondée sur la falsification.

En effet, censé constituer une réponse des musulmans aux chrétiens sur la notion de Fils de Dieu, cet argument ne fait en réalité que manifester à quel point Allah déforme cette notion essentielle au christianisme. Assurément, aucun chrétien ne croit que Marie, la mère de Jésus, était la "petite amie" de Dieu !

Ce honteux travestissement montre clairement qu'Allah ne peut pas être la même entité que le Dieu des chrétiens ; non seulement en raison du fait qu'Allah se révèle incapable de comprendre, ou bien choisit délibérément de déformer, ce que croient les chrétiens, mais également parce qu'il se représente comme semblable à un être humain ordinaire, en ce qu'il déclare ne pas pouvoir avoir d'enfant en l'absence d'une femme avec laquelle avoir des rapports sexuels afin de procréer. Ce point paraît suffisant pour conclure que celui qui a conçu ce verset 6 :101 du Coran parlait avec la mentalité d'un être humain, et non pas selon l'esprit divin ; un être humain qui ne peut sortir de sa logique selon laquelle il lui faut une femme, sinon, impossible d'avoir des enfants. Il a essayé d'imiter un discours divin, mais il s'est révélé incapable de sortir de sa logique limitée humaine.

Qui est le Saint-Esprit dans l'islam ?

Qui a parlé à Marie ?

Rappelons encore une fois ce verset 6 :101 du Coran :

"Lui qui est à l'origine des cieux et de la terre ! Comment pourrait-Il avoir un enfant alors qu'Il n'a point de compagne, et qu'Il a créé toutes choses et est omniscient de toute chose ?"

Nous venons de voir qu'Allah ne peut avoir d'enfants à moins de disposer d'une femme avec qui avoir des rapports pour concevoir une progéniture ; et pourtant, le Coran nous dit aussi que Marie était vierge quant elle devint enceinte et porta Jésus (ou 'Isa, ainsi qu'il est appelé dans le Coran). En effet, nous lisons dans le Coran, en 3 :47 :

قَالَتْ رَبِّ أَنَّىٰ يَكُونُ لِي وَلَدٌ وَلَمْ يَمْسَسْنِي بَشَرٌ ۖ قَالَ كَذَٰلِكِ اللَّهُ يَخْلُقُ مَا يَشَاءُ ۚ إِذَا قَضَىٰ أَمْرًا فَإِنَّمَا يَقُولُ لَهُ كُنْ فَيَكُونُ

"Mon Dieu !' dit [Marie], 'comment aurai-je un enfant alors qu'aucun homme n'a eu de rapport avec moi ?' 'C'est ainsi' répondit-il, 'qu'Allah crée ce qu'il veut. Il dit 'sois !' et la chose est."

Au sujet de ce verset, les musulmans vous diront que c'est l'Ange Gabriel, ou Jibril, qui parle à Marie. (Notez bien que nous ne parlons pas ici du récit de l'annonce tel qu'il se trouve dans la Bible ; nous nous occupons dans ce chapitre de la version présentée par le Coran, à ne pas confondre avec la précédente.) Les musulmans vous diront aussi que Marie était en réalité en conversation avec le Saint-Esprit qui lui apparut sous la forme de l'Ange Jibril. Mais ce que ces musulmans ne vous avoueront pas, c'est que le Coran n'identifie jamais l'interlocuteur de Marie comme étant l'Ange Jibril.

Revenons attentivement sur ce verset 47 :

"<u>Mon Dieu</u> !' dit [Marie], 'comment aurai-je un enfant alors qu'aucun homme n'a eu de rapport avec moi ?' 'C'est <u>ainsi</u>' répondit-il, 'qu'<u>Allah crée</u> ce qu'il veut. Il dit 'sois !' et la chose est."

Ce verset nous fournit une preuve supplémentaire que le Coran est une création humaine. Remarquez bien les points suivants :

- Marie s'adresse au Saint-Esprit (qui a l'apparence d'un être humain mâle, ce qui est confirmé dans Coran 19 :17), en l'appelant "mon Dieu" (رَبِّ Rabby), mais ce dernier lui dit qu'il n'est qu'un messager, et non pas Dieu (voir Coran 19 :19).

- Du moment que Marie appelle le Saint-Esprit "Mon Dieu" dans ce verset 3 :47 du Coran, et si on suppose que c'était bien Allah, alors pourquoi parlait-il de lui-même à la troisième personne, en disant "C'est ainsi qu'*Allah* crée", au lieu de dire "C'est ainsi que *Je* crée"?

- Faut-il donc considérer que Marie s'est trompée en appelant le Saint-Esprit "Mon Dieu", ou alors s'agissait-il vraiment d'Allah ? Quoi qu'il en soit, nulle part le Coran ne précise que celui qui parlait à Marie était l'Ange Jibril (Gabriel), et nulle part le Coran ne nous dit que l'Ange Jibril est le Saint-Esprit.

- Dans le verset 3 :45 du Coran, nous lisons :

"Et rappelle quand les Anges dirent : 'O Marie ! Voici qu'Allah te fait l'heureuse annonce d'un Verbe émanant de Lui, dont le nom est le Christ

Jésus, fils de Marie, glorieux dans le monde d'ici-bas comme dans la [Vie] Dernière, et figurant parmi les plus proches d'Allah'."

Observez bien qu'il est écrit ici : "les Anges dirent", mais dans le verset 19 :16 du Coran, c'est un seul esprit qui prend une forme parfaitement humaine ! Donc, nous avons là un sérieux problème, parce que si c'est un Ange unique, qui se trouve être par la même occasion le Saint-Esprit, et si c'est lui qui a apporté l'heureuse nouvelle en s'exprimant comme une personne unique, alors pourquoi voyons-nous en 3 :45 tous les multiples Anges s'exprimer ? Tous ces Anges sont-ils aussi le Saint-Esprit ?

- Cela signifierait alors que le Saint-Esprit est en réalité une multitude de saints-**esprits**. Toutefois, cette version contredirait un autre récit de l'Annonciation que nous trouvons dans le Coran, aux versets 16 à 21 de la sourate 19. Voyons donc le verset 19 :17, où il s'agit de Marie :

فَاتَّخَذَتْ مِنْ دُونِهِمْ حِجَابًا فَأَرْسَلْنَا إِلَيْهَا رُوحَنَا فَتَمَثَّلَ لَهَا بَشَرًا سَوِيًّا

"Alors elle se sépara d'eux par un voile. Nous lui envoyâmes <u>Notre Esprit</u> et il se présenta à elle sous la forme d'un homme normal."

- Nous le constatons ici, il s'agit d'un seul esprit, et cet esprit devient un seul homme. Qui plus est, les musulmans eux-mêmes affirment que le Saint-Esprit est une personne unique et que c'est l'Ange Gabriel.

- La plupart des musulmans traduisent le mot "esprit" par le mot "ange". Il s'agit là d'une traduction incorrecte qui fausse le sens.

- Remarquez que Marie s'adresse au Saint-Esprit en l'appelant *Dieu*, mais en même temps, ce Saint-Esprit se désigne lui-même comme un messager de Dieu. Le Saint-Esprit dit dans le verset 19 de la sourate 19 :

"Je ne suis que l'émissaire de ton Seigneur, chargé de t'annoncer le don d'un saint fils."

Mais en réalité, même dans le Coran, le Saint-Esprit ne peut pas être assimilé à l'Ange Gabriel, ainsi que nous le constatons si nous nous référons au verset du Coran 16 :2 :

"Il fait descendre les Anges, avec le Ruh (Esprit) [émanant] de Son ordre, sur celui de Ses esclaves qu'Il veut, en disant : 'nul n'a le droit d'être l'objet de culte à part Moi ; par conséquent, protégez-vous de Moi."

- Allah enverra les Anges <u>avec</u> l'Esprit : Il en résulte que les Anges ne peuvent pas être l'Esprit.

- Les musulmans s'efforcent de traduire le mot "Ruh", الروح , par le mot "révélation", ce qui n'est qu'une honteuse falsification.

- La traduction en anglais par Muhammad Pickthal est plus exacte en ce qui concerne le verset 16 :2 :

"He sendeth down the <u>angels with the Spirit</u> of His command unto whom He will of His bondmen, (saying), 'Warn mankind that there is no Allah save me, so keep your duty onto me'."

Ce traducteur a bien utilisé ici le mot "Spirit" (Esprit). On trouvera encore une confirmation de ce point dans les versets du Coran 26 :192-193 :

"192 Et assurément ce sont là des Ecritures sacrées révélées par le Seigneur des deux Mondes [Monde des hommes et Monde des djinns] 193 <u>Descendues [du Ciel] avec l'Esprit fidèle.</u>"

- Notons bien les noms utilisés : Allah ne dit pas que ces écritures sont descendues avec l'Ange Gabriel. Alors, les noms sont-ils interchangeables ? Pourquoi Allah ne s'exprime-t-il pas clairement sur la question de savoir si c'est un Ange ?

On trouve dans le Coran 70 :4 :

"Les <u>Anges et l'Esprit</u> montent vers Lui au cours d'un jour dont la durée est de cinquante mille ans."

- Si les Anges sont l'Esprit, alors pourquoi Allah dit-il qu'ils montent vers lui, **Anges ET Esprit** ?

Le Coran ajoute, en 78 :38 :

"au jour où l'Esprit et les Anges se tiendront debout, sur un rang, sans parler, sauf ceux à qui le Bienfaiteur l'aura permis et qui diront la Vérité."

- Encore une fois, **Allah nous dit qu'ils se tiendront à côté les uns des autres, l'Esprit et les Anges.** Ceci est une preuve que les musulmans sont dans la confusion la plus totale. Il ne s'agit pas de les accuser, eux ; car si leur prophète n'a aucune réponse à fournir, comment pourraient-ils en trouver une ?

Pourquoi Allah ne s'exprime-t-il pas dans le Coran avec un langage clair, tel qu'on le trouve dans la Bible, par exemple dans Luc 1 :19 ?

"L'ange lui répondit : 'Je suis Gabriel qui me tiens devant Dieu. J'ai été envoyé pour te parler et pour t'annoncer cette bonne nouvelle'."

Or curieusement, on se rappelle qu'il y a de nombreux versets du Coran, par exemple le verset 52 de la sourate 7, qui insistent sur le fait que le Coran est d'une clarté parfaite. Coran 7 :52 :

"Certes, Nous leur avons apporté une Ecriture que Nous avons rendue intelligible, en [pleine] connaissance, afin [qu'elle soit] une Direction et une grâce pour un peuple qui croit."

Mais en même temps, le Coran affirme clairement, dans le verset 3 :7, qu'il est lui-même composé de deux ensembles de versets. Le premier de ces ensembles est clair, tandis que le second est non seulement vague, mais, selon le Coran, nul ne peut comprendre sa signification excepté Allah :

"... mais l'interprétation [de ces ayat] n'est connue que d'Allah. ..."

Qui était Mahomet (de son vrai nom قثم, Qathem)?

Quand est-il né ?

Le tableau suivant présente les informations de base que l'on possède sur Mahomet.

Prénom réel	Qathem

Les secrets du prophète arabe

Nom de famille	Fils de Chiens (Ibn Kilab) (Ceci est véridique, pas une blague ni une insulte)
Sa famille - Son arrière-grand-père	Qusai Ibn Kilab (Qusai fils de Chiens)
Noms d'emprunt	Muhammad et Ahmad
Identité du père réel	Inconnue
Père prétendu	Abduallah
Mère	Amina
Date de naissance	570
Date et circonstances du décès	Mort suite à un empoisonnement réalisé par une femme juive en l'an 632
Nombre connu d'épouses	13
Nombres de servantes - concubines	Nombre élevé, impossible à préciser

Puissance sexuelle	Equivalente à celle de 40 hommes (Selon les affirmations de l'intéressé)
Talents particuliers	Affabulateur professionnel

Mahomet est né en l'an 570, soit quatre ans après que son prétendu père,

Abduallah, eut quitté ce monde ! Certains se demanderont : "mais comment un enfant peut-il naître quatre (4) ans après la mort de son père ?" La réponse est simple : Abduallah fut officiellement présenté comme son père. Mais en réalité, il ne l'était pas.

En effet, à l'époque pré-islamique existait un type de mariage appelé Zawaj Al-Rahe't, ce qui signifie "mariage de groupe". Voici comment ce système fonctionnait : une femme couche avec plusieurs hommes, sept, dix, voire même plus, peu importe le nombre. Tous sont désignés comme "Raht" ou groupe. Certains estimeront qu'il ne s'agit ici nullement d'un mariage au sens propre. On peut considérer cela plutôt comme une pratique sexuelle acceptée par la société de l'époque. La femme se trouve ensuite enceinte et est alors libre de désigner comme père l'homme de son choix au moment où elle accouche.

En réalité, le véritable nom du père prétendu de Mahomet n'a jamais été Abduallah. Son vrai nom était Abd Allat, ce qui signifie "serviteur d'Allat", Al-Lat étant l'une des trois filles de la divinité païenne Allah. Les Musulmans ont dû changer ce nom en "Abduallah", car le nom d'origine "Abd Al-Lat" de ce père prétendu était une offense à Allah.

On pourrait s'étendre bien davantage sur l'enfance de Mahomet en donnant quantité de détails, mais cela n'est pas vraiment l'objet de ce livre. Voici tout de même quelques références rapides pour prouver cet aspect de la naissance de Mahomet.

Il est établi que la femme qui fut sa mère eut de nombreux enfants en plus de Mahomet. Si son premier et seul compagnon de vie avait été uniquement le père prétendu de Mahomet, se peut-il vraiment qu'elle ait eu de lui autant d'enfants ? Dans le livre de l'Imam Al Souty, Al Kasa's Al-Kubra, tome I, pages 132/133/134/135, il est rapporté que la mère de Mahomet avait déclaré :

قالت حملت به فما حملت قط أخف منه فأريت في النوم حين حملت به أنه خرج مني نور

"Je portais cet enfant en mon sein, et ce fut la plus facile de mes grossesses."

Personne ne parle de ses frères. La citation précédente implique qu'il en a eu. Mais comment pouvait-il avoir des frères, alors que les musulmans affirment qu'il ne vit jamais son père ? Ne s'agissait-il pas d'après la tradition d'une femme nouvellement mariée ? N'oublions pas aussi que le père de Mahomet est censé être mort quelques mois après son mariage avec cette femme (selon les dires des musulmans). La seule explication pour le fait qu'elle ait eu plusieurs enfants est qu'elle a dû avoir d'autres maris, au moins un supplémentaire.

On pourrait ici raconter quantité d'histoires, mais nous ne souhaitons pas diluer notre propos dans une foule complexe d'anecdotes pittoresques. Contentons-nous de rappeler le hadith suivant où il apparaît clairement que le père prétendu de Mahomet, Abd Allah, ne fut en réalité jamais l'époux officiel de la mère du petit Qathem. Citons la version originale du récit, en arabe, suivie de sa traduction, afin de prévenir la réplique habituelle des musulmans : "c'est un faux ! Ces textes ne sont pas musulmans et ne sauraient se trouver dans nos livres ! ...". Allons même plus loin pour contrer ces protestations, et indiquons ici le lien auquel on pourra trouver ces récits, lien qui mène au site de la plus grande librairie islamique sur internet.

Il s'agit du livre <u>Al Sirah Al-Halabia</u> (encore appelé <u>Insan Al-Ueoun Fe Serat Al-Ma'mun</u>) tome I, page 128 :

السيرة الحلبية

وهو الكتاب المسمى

(إنسان العيون في سيرة الأمين المأمون)

علي بن برهان الدين الحلبي

وفي الإمتاع : لما مات قثم بن عبد المطلب قبل مولد رسول الله صلى الله عليه وسلم بثلاث سنين وهو ابن تسع سنين وجد عليه وجداً شديداً، فلما ولد رسول الله صلى الله عليه وسلم سماه قثم حتى أخبرته أمه آمنة أنها أمرت في منامها أن تسميه محمداً، فسماه محمد

"Après la mort de Qathem Ibn Abd-Al-Mu'taleb (l'oncle de Mahomet) qui était âgé de seulement neuf ans, trois ans avant la naissance de Mahomet, son père Abd-Al-Mu'taleb eut un tel chagrin, que lorsque le prophète fut né, il le nomma Qathem."

Hadith publié sur le site Islamic Book :

http://islamport.com/d/1/trj/1/60/895.html

الطبقات الكبرى

الجزء الأول

من 4 حتى 118

وحدثنا عبيد الله بن محمد بن صفوان عن أبيه وحدثنا إسحاق بن عبيد الله عن سعيد بن محمد بن جبير بن مطعم قالوا جميعا هي قتيلة بنت نوفل أخت ورقة بن نوفل وكانت تنظر وتعتاف فمر بها عبد الله بن عبد المطلب فدعته يستبضع منها ولزمت طرف ثوبه فأبى وقال حتى آتيك وخرج سريعا حتى دخل على آمنة بنت وهب فوقع عليها فحملت برسول الله صلى الله عليه وسلم ثم رجع عبد الله بن عبد المطلب إلى المرأة فوجدها تنظره فقال هل لك في الذي عرضت علي فقالت لا مررت وفي وجهك نور ساطع ثم رجعت وليس فيه ذلك النور

Traduction de ce hadith à partir de la version anglaise (Book of Al-Tabaqat Al-Kubra, Printing I, 1968, tome 1, page 95/96) :

"Obed Allah nous dit que ... c'était la sœur de Waraqa Ibn Naofal qui se tenait sur le chemin, cherchant à rencontrer des hommes. Ceux qu'elle vit lui déplurent, jusqu'au moment où elle aperçut Abd Allah (le père de Mahomet) qui passait. Elle le saisit par son vêtement et lui dit : 'Qu'est-ce que tu penses de ce que j'ai à offrir ?' [Autrement dit, 'ça te dit de prendre ton plaisir avec moi ?'] Il répondit : 'Pas maintenant. Attends que je revienne !' Il poursuivit son chemin en vitesse et entra chez Amina Bent Wahab [la mère de Mahomet] où ils eurent des relations. Sur le chemin du retour, il retrouva la sœur de Waraqa Ibn Naofal et lui dit : 'Es-tu toujours prête à coucher avec moi ?' Mais elle répondit : 'Non ! Tout à l'heure, quand tu es passé, avant de t'éloigner, je t'ai trouvé un visage radieux ; mais maintenant ta bonne mine a disparu !' [Sans doute la fatigue suite aux ébats.]"

On retrouve la même histoire dans un autre livre qui a pour titre : Alsyrah Al-Nabwiyah Le-Ibn-Hisham, en arabe, édition 2002, tome 1, page 292, par Ibn Hisham Al-'Ansaary / 'Abd Allah bin Yusuf :

Les secrets du prophète arabe

- لابن هشام2.02لسيرة النبوية، الإصدار

المجلد الأول >> ذكر المرأة المتعرضة لنكاح عبدالله بن عبدالمطلب >> عبدالله يرفضها

قال ابن إسحاق : ثم انصرف عبدالمطلب آخذا بيد عبدالله ، فمر به - فيما يزعمون - على امرأة (292/ 1)من بني أسد بن عبدالعزى بن قصي بن كلاب بن مرة بن كعب بن لؤي بن غالب بن فهر ، وهي أخت ورقة بن نوفل بن أسد بن عبدالعزى ، وهي عند الكعبة ؛ فقالت له حين نظرت إلى وجهه : أين تذهب يا عبدالله ؟ قال : مع أبي ، قالت : لك مثل الإبل التي نحرت عنك ، وقع علي الآن ، قال : أنا مع أبي ، ولا أستطيع خلافه ، ولا فراق

Consultons la traduction en anglais de l'hadith enregistré dans le livre ci-dessus : Chapter about Woman Offering Herself For Nukah [c'est à dire relation sexuelle] to Abd-Al-Mu'taleb [le père de Mahomet], ce qui donne en français :

Ibn Ishaq rapporte : "Alors Abd-Al-Mu'taleb [le grand-père de Mahomet] quitta les lieux, emmenant avec lui Abd-Allah ; à ce moment, ils passent devant une femme qui était de la famille d'Assad fils d''Uzaa fils de 'Qusai fils de Kilab ['Chiens' : Kilab était le nom de l'arrière grand-père de Mahomet] fils de Murah fils de Ka'eb fils de Lu'e fils de Galeb fils de Faher. Lorsque cette femme aperçoit le visage d'Abd-Allah, elle lui dit : 'Où vas-tu, Abd-Allah ?' Cette dernière réplique : 'Avec mon père.' Alors elle lui propose : 'Je te donnerai le même nombre de chameaux que ce qu'on a offert le jour du Sacrifice, (soit 100 chameaux) si tu viens partager ma couche.' Il répond alors : 'Désolé, impossible maintenant, je suis avec mon père, je ne peux pas le quitter.' "

Si l'on se penche un peu sur les deux versions de cette histoire, on a la surprise de constater que les femmes à cette époque étaient très libres, n'étant soumises à aucune autorité de contrôle. Elles pouvaient choisir le partenaire qui leur plaisait et s'offraient à lui sans que cela ne choque personne. Remarquez bien que dans la première version, le père prétendu de Mahomet ne repousse pas l'offre, mais s'excuse en raison d'un rendez-vous avec la future mère de Qathem (Mahomet). Il était bel et bien disposé à avoir une relation avec la sœur de Waraqa Ibn Naofal, mais quand il revint la voir, elle avait changé d'avis. Pourquoi ?

Il importe tout d'abord de bien comprendre que le mot "mariage" n'a pas de réelle valeur à l'époque. Comme cela a été décrit et documenté plus haut, le "père" de Mahomet s'adonnait à cette forme d'activité sexuelle libre répandue à l'époque. Cela nous amène à nous interroger sur les relations que Waraqa et Amina ont pu avoir dans le cadre de ces libres rencontres avant la naissance de Mahomet. Personnellement, je ne serais pas surpris de découvrir que Waraqa fut le véritable père biologique de ce dernier. Or cette histoire n'est pas une spéculation gratuite. Les Arabes de cette époque n'hésitaient pas à utiliser leurs sœurs ou leurs filles comme monnaie d'échange pour atteindre un but désiré. Dans cette perspective, il est tout à fait concevable que Waraqa Ibn Naofal ait pu avoir des raisons de chercher à empêcher le "père" de Mahomet d'avoir des relations intimes avec Amina, parce qu'elle se trouvait être sa favorite. Il aurait alors confié à sa sœur la mission de détourner Abd-Al-Lat (plus tard Abdu-Allah) de cette femme. Ce stratagème échoua, d'où la déception de la femme ; mais s'il avait réussi, l'homme se serait mis en ménage avec la sœur de Waraqa au lieu d'Amina !

Si l'on poursuit la lecture un peu plus loin sur la page, on tombe sur une autre histoire du même cru.

"Fatima Bint Mur était parmi les plus belles et honorée comme l'une des plus nobles femmes de cette génération. Elle était versée dans les lettres et avait reçu une bonne éducation. Elle était l'objet des conversations de tous les jeunes gens de la tribu Quraish. L'histoire affirme qu'elle aurait perçu dans le visage de cet homme une lumière annonciatrice de la venue d'un prophète. Elle offrit alors au père de Mahomet de partager sa couche en échange de cent chameaux !"

فاطمة بنت مر وكانت من أجمل الناس واشبه واعفه وكانت قد قرأت الكتب وكان شباب قريش يتحدثون إليها فرأت نور النبوة في وجه عبد الله فقال يافتى من أنت فأخبرها قالت هل لك أن تقع علي وأعطيك مائة من الإبل

Quelles devaient être les qualités du père de Mahomet pour que les femmes aillent jusqu'à lui proposer un tel paiement en échange d'une nuit ensemble ! Je ne parle pas ici de sa beauté physique, mais plutôt, je m'interroge sur sa moralité : quel homme d'honneur en effet se laisserait aller à passer d'une femme à l'autre, et qui plus est, en se faisant payer pour ses services comme un vulgaire gigolo ?

Mon propos en citant ces histoires est de vous permettre de vous faire une idée du mode de vie des membres de la tribu arabe Quraish à l'époque. Il importe que le lecteur comprenne que lorsque les musulmans exaltent la noblesse de la famille de Mahomet, cette notion n'a pas la valeur qu'on lui suppose. N'oubliez donc pas que les parents de Mahomet étaient totalement impliqués dans ces mœurs relâchées, qu'ils étaient des païens et le demeurèrent jusqu'à leur mort.

Dans le livre Al-Rahi'q Ma'khtom, page 45, on lit que l'oncle de Qathem (Mahomet), Hamza, fut nourri au sein par les mêmes deux nourrices qui plus tard donnèrent leur lait au petit Qathem (Mahomet). Ces deux femmes s'appelaient Thaubia et Halima Al-Sadia.

وكان عمه حمزة بن عبد المطلب مسترضعًا في بني سعد بن بكر، فأرضعت أمه رسول الله صلى الله عليه وسلم يومًا وهو عند أمه حليمة،فكان حمزة رضيع رسول الله صلى الله عليه وسلم من جهتين، من جهة ثويبة ومن جهة السعدية.

الرحيق المختوم ص 45

صفي الرحمن المباركفوري

Traduction :

"Et son oncle 'Hamza était un homme qui avait été nourri au sein dans la famille de Bany Sa'ed fils de Baker, et sa mère [celle de Hamza] plus tard nourrit au sein Mahomet tandis qu'il recevait également le lait de Halima, de sorte que 'Hamza eut comme nourrices les mêmes femmes qui furent plus tard les nourrices de Mahomet."

Achevons ici cette brève introduction à la vie de Mahomet, et passons à l'étape suivante, qui consiste à nous concentrer sur cet homme, pour tenter de déchiffrer son identité, non pas en tant que simple nom, mais dans sa personnalité d'être humain. Mahomet connut des épreuves dans la vie ; celle-ci ne fut pas facile avant qu'il réussît à mettre la main sur des ressources financières.

Revenons sur la première histoire, celle où la sœur de Waraqa, dont le nom était Qatilah Bint Naofal, s'était offerte à Abduallat (Abduallah), le prétendu père de Mahomet, pour tenter de l'empêcher d'avoir des relations intimes avec Amina.

Après que cette manœuvre eut échoué et qu'il eut obtenu ce qu'il voulait avec cette dernière, Qatilah perdit son intérêt pour Abduallat (Abduallah). En rapprochant ces faits avec d'autres épisodes de la vie de Mahomet, nous nous rendons compte que Waraqa Ibn Naofal apparaît à chaque étape dans la vie de ce dernier. Dans le livre déjà cité, (Book of Al-Tabaqat Al-Kubra, Printing I, 1968, tome 1, page 95), il est dit, au sujet de Mahomet :

وكان عمه حمزة بن عبد المطلب مسترضعًا في بني سعد بن بكر، فأرضعت أمه رسول الله صلى الله عليه وسلم يومًا وهو عند أمه حليمة،فكان حمزة رضيع رسول الله صلى الله عليه وسلم من جهتين، من جهة ثويبة ومن جهة السعدية.

45الرحيق المختوم ص

صفي الرحمن المباركفوري

"Et Al-Mu'taleb Ibn Hashem et son fils Abd-Allah se marièrent le même jour, à la suite de quoi Halah fille de Waheb donna naissance à 'Hamza ; par conséquent, 'Hamza se trouva être l'oncle de Mahomet, mais en même temps aussi son frère par le lait [les musulmans croient que si deux enfants tètent le même sein, ils deviennent des frères], et nous savons par Ibn Ishaq que lorsque le père de Mahomet épousa Amina [la mère de Mahomet], il passa trois nuits chez elle, ce qui était la tradition à l'époque."

Un peu plus bas sur la même page, nous apprenons que le grand-père de Mahomet et son fils eurent des relations intimes avec deux sœurs : Amina (la mère de Mahomet), et Halah. Cela revient à dire que la tante de Mahomet est la concubine, ou peut-être carrément la femme, de son grand-père. Or ensuite, il est dit que Halah donna naissance à 'Hamza (l'oncle de Mahomet). On a donc 'Hamza et plus tard Mahomet **nourris au sein** par la mère du premier. Cela signifie que 'Hamza, oncle de Mahomet, devient aussi son frère par le lait, mais avec un décalage dans le temps. Par dessus le marché, on nous dit que le père de Mahomet **ne passa que trois nuits avec la mère de ce dernier, et que cela eu lieu au domicile de la femme !** Cela est-il normal s'il s'agit d'un mariage véritable ? N'aurait-il pas dû emmener sa nouvelle épouse dans sa maison à lui ? Autrement dit, la mère de Mahomet n'a jamais déménagé chez Abd-Al-Lat (Abduallah) !

Dans le livre d'Ibn Kathir, tome 1 / 255, Ibn Hisham déclare que la bataille d'Al-Fajar débuta alors que Mahomet avait 14 ou 15 ans.

السيرة النبوية الأبن كثير حرب الفجار 255/1

وقال ابن هشام : فلما بلغ رسول الله صلى الله عليه وسلم أربع عشرة سنة - أو خمس عشرة سنة

Tous deux s'accordent à reconnaître dans leur livre que la bataille d'Al-Fajar débuta 12 ans après la mort d'Abd-Al--Mu'taleb, le père de 'Hamza, et aussi que ce dernier était âgé de 22 ans à l'époque !

De plus, dans le même livre, les deux docteurs en théologie islamique reconnaissent que Mahomet, à l'époque du début de ce conflit d'Al-Fajar, avait 15 ans ! On trouvera ci-dessous le lien qui renvoie à leur livre. Je sais que les musulmans ne voudront pas le croire ; mais disons que 99% des musulmans ne lisent jamais, alors rien d'étonnant à ce qu'ils soient dans une telle ignorance, même au sujet de leurs propres livres !

On pourra vérifier l'exactitude de ces données en consultant la source :

Http ://www.alsiraj.net/sira/html/page08.html, حرب الفجار

Or si 'Hamza avait 22 ans à l'époque de cette bataille, et Mahomet 15 ans, cela signifie que, conformément à l'avis de ces doctes personnages, 'Hamza a sept ans de plus que Mahomet ! Mais il faut savoir aussi que 'Hamza était né l'année même de la mort du père de Mahomet ! De tout ceci, on est obligé de conclure que Mahomet est bien né sept ans après la mort de son "père".

الحضارة الاسلامية بجامعة الأزهر و الدكتور محمد محمد عبد القادر الخطيب أستاذ التاريخ و الحضارة الاسلامية بجامعة الأزهر

شهد حمزة حرب الفجار الثاني، وكانت بعد عام الفيل بعشرين سنة، وبعد موت أبيه عبد المطلب باثنتي عشرة سنة، ولم يكن في أيام العرب أشهر منه ولا أعظم، وتعد " حرب الفجار" أول تدريب عملي بالنسبة لحمزة ـ رضي الله عنه ـ مارس فيها التدريب العملي على استخدام السلاح وعاش في جو المعركة والحرب الحقيقية، وكان عمره آنذاك نحو اثنتين وعشرين سنة،

Le livre Sira Ibn Kathir, tome 1 / 263 dit :

"Quand Mahomet voulut épouser Khadija, il parla d'elle à son oncle, et c'est 'Hamza qui alla trouver Khadija et demanda sa main pour Mahomet."

ابن كثير السيرة الجزء الأول 263

.فخرج معه عمه حمزة حتى دخل على خويلد بن أسد فخطبها إليه، فتزوجها عليه الصلاة والسلام

Dans la tradition arabe, et personnellement, je connais très bien nos traditions, on ne demande pas à quelqu'un du même âge que soi de faire ce genre de démarche pour demander la main d'une personne. Une telle infraction aux coutumes serait tout à fait inacceptable. C'est donc une bonne raison de plus de conclure que si 'Hamza convenait pour cette mission, c'est qu'il était l'oncle de Mahomet, mais aussi qu'il était clairement plus âgé que lui.

Voyons maintenant ce que nous trouvons dans le livre <u>Da'ert Al-Ma-Ma'aref Al-Islamiyah</u>, tome 29, page 9112 (دائرة29ص 9112)

(المعارف الإسلامية ج) : on y apprend que Mahomet est né en l'an 570 après J.C., et que la bataille d''Ohod s'est déroulée en l'an 625, ce sur quoi tous les livres islamiques tombent d'accord.

Donc, si on prend la date de 625 pour la bataille d''Ohod et qu'on retranche la date de naissance de Mahomet, soit 570, on obtient l'âge de Mahomet, soit 55 ans.

Dans le livre <u>Al-Tabakat Al-Kubra</u>, tome 3 /29 / 118, 'Hamza est décrit comme étant le porte-drapeau lors de l'attaque contre les enfants de Qanika'a (la tribu juive qui fut entièrement massacrée par Mahomet) ; et quand il mourut, on rapporte qu'il avait 59 ans. Dans ce cas, la différence d'âge entre lui et le prophète est de <u>4 ans</u>.

وحمل حمزة لواء رسول الله صلى الله عليه وسلم في غزوة بني قينقاع ولم يكن الرايات يومئذ وقتل رحمه الله يوم أحد على رأس اثنين وثلاثين شهرا من الهجرة وهو يومئذ بن تسع وخمسين سنة كان أسن من رسول الله صلى الله **عليه وسلم بأربع سنين**

Encore une fois, les musulmans chercheront à dire que tout ceci est inventé. Mais il n'en est rien et les confirmations de source

purement islamique sont multiples. Ainsi, dans

الكتاب

Sabil Al-Huda Wa Al-Rashad, tome 11, page 82-83 :

إذا كان أسن من رسول الله صلى الله عليه وسلم بأربع سنين، كيف يصح أن

تكون ثوبية أرضعتهما معا، والحديث صحيح فهو مقدم على غيره إلا أن تكون أرضعتهما في زمانين،

"Si 'Hamza avait quatre ans de plus que le messager d'Allah, alors comment [avaient-ils pu] être tous deux nourris au sein par la même nourrice ? La réponse est que le hadith est bien véridique et qu'il a été estimé supérieur aux autres hadiths parce qu'elle les avait effectivement nourris tous les deux, mais à des périodes différentes."

<u>Al-Mustadark Fe Al-Sahih</u>, tome 3, page 212, hadith 4873 :

حمزة بن عبد المطلب كانت له كنيتان أبو 4873] حديث رقم 212 - صفحة 3المستدرك [جزء يعلي و أبو عمارة لابنيه يعلي و عمارة أسلم حمزة في السنة السادسة من النبوة و كان أسن من رسول الله صلى الله عليه و سلم بأربع سنين و قتل يوم السبت في المغزى بأحد لسبع خلون من شوال سنة ثلاث من الهجرة

"'Hamza se faisait appeler de deux noms différents : Abu-'Ali et 'Emarah. Il devint musulman six ans après le début de l'islam et il était de quatre ans plus âgés que Mahomet. Il fut tué lors de la bataille d''Ohod le septième Samedi du mois de Shoual."

Livre <u>Al-Tabaqat Al-Kubra</u>, Printing I, 1968, tome 3, page 103 :

" وقتل، رحمه الله، يوم أحد على رأس اثنين وثلاثين شهرا من الهجرة وهو يومئذ بن تسع وخمسين سنة، كان أسن من رسول الله، صلى الله عليه وسلم، بأربع سنين، "

"'Hamza, qu'Allah lui donne sa miséricorde, fut tué par un homme appelé Wahshy, à l'âge de cinquante-neuf ans ; il était de quatre ans l'aîné du prophète."

Alors, que conclure de tous ces récits ?

Si le grand-père de Mahomet et le père de ce dernier ont eu des rapports intimes avec ces sœurs au même moment, et si quelques jours plus tard, ou même supposons que ce soit quelques mois plus tard (cela ne change rien au problème), le "père" de Mahomet quitte Amina, alors, voilà le tableau récapitulatif de la situation :

1. Le grand-père et le "père", Abduallah, ont eu, le même jour, des relations intimes avec les deux sœurs ;

2. 'Hamza est né à une époque coïncidant avec la mort du père, Abduallah ;

3. 'Hamza est plus âgé que Mahomet de quelques années (les savants musulmans sont en désaccord sur le nombre précis : les uns disent quatre ans, les autres sept ans).

4. 'Hamza trouve la mort lors de la bataille d'Ohod alors qu'il a 59 ans ; Mahomet en a 55 ;

5. Impossible donc que Mahomet puisse être le fils de cet homme que les musulmans appellent Abduallah. Il faut plutôt accorder de l'attention à un passage du livre d'Ibn Kathir <u>Al-Bidaya & Al-Nihayiah</u>, tome 2, page 316 : à la fin de cet épisode, on apprend que la tribu des Banu Nader vint réclamer l'enfant Mahomet, disant qu'il était des leurs. Il ressort clairement de tout ceci qu'il n'avait pas de père reconnu.

(ج البداية والنهاية لابن كثير باب تزويج عبد المطلب أبنه عبد الله ص316 2 أن النبي بلغ"
رجالاً من كندة يزعمون أنهم منه وأنه منهم ... فقال : إنا لن ننتفي من آبائنا، نحن بنو النضر بن كنانة

Pour tenter de résoudre cette anomalie, Mahomet usa de l'explication qu'un fétus peut "s'endormir dans l'utérus" et la mère demeurer enceinte plusieurs années avant d'accoucher. C'est pour une raison similaire que le grand-père fut persuadé que Mahomet devait être son petit-fils, alors même que la mère avait accouché plusieurs années après la mort d'Abduallah.

Mahomet, fils adoptif

Pour conclure cet examen de l'ascendance de Mahomet, voyons encore ce témoignage noté par Boukhari, <u>Recueil de hadith</u>, <u>Livre 40</u>, hadith 563. Ce hadith très important nous montre que Mahomet n'était rien de plus qu'un esclave dans la famille qui l'adopta :

"Ayant vu ce spectacle désolant, je me rendis auprès du Messager d'Allah et je lui relatai les faits. Le Prophète sortit en compagnie de Zaid bin Harith, qui demeura ensuite à ses côtés, et moi aussi je me joignis à eux. Le Messager alla chez Hamza [l'oncle de Mahomet], et lui adressa des reproches sévères. Hamza leva les yeux vers le Messager et lui dit : 'N'es-tu pas rien de plus que l'esclave de mes aïeux ?' Le Messager se retira et quitta les lieux. Cet incident se produisit avant l'interdiction des boissons fermentées." (Boukhari, <u>Recueil de hadiths</u>, <u>Livre 40</u>, hadith 563)

- Pourquoi l'oncle de Mahomet aurait-il imaginé un tel mensonge, si cette appellation d'esclave n'avait pas une base réelle ?

- Ensuite, pourquoi Mahomet se retire-t-il sans prononcer une seule parole ?

- Pour qu'il soit incapable de répliquer, c'est qu'il devait savoir que les paroles de son oncle étaient la vérité.

- Une telle réaction de sa part démontre un réflexe de crainte à l'idée que 'Hamza, s'il parlait davantage, révèlerait d'autres vérités blessantes à son sujet.

- Ce passage montre clairement que Mahomet ne s'attendait pas à ce que 'Hamza, prétendument son oncle, déballe ainsi devant témoins les secrets de famille.

- De tout ceci, il paraît ressortir inévitablement que Mahomet est fils de père inconnu.

- Il est bien conforme à l'usage que, la famille adoptant ce garçon, on lui donne le nom d'un membre de la famille récemment défunt, Qathem.

Qui a dit à Mahomet qu'il était prophète?

Les quelques premières paroles que Mahomet prétendit avoir reçues de son dieu, par l'intermédiaire de l'Ange Gabriel, sont conservées dans le Coran, sourate 96, verset 1. Gabriel ordonne à Mahomet : "Lis !". Mahomet répond : "Lire quoi ?". Les musulmans prétendent qu'il s'écria : "Mais je ne sais pas lire !". Voici la version que nous trouvons chez Sahih Al-Boukhari, Recueil de hadiths, Livre 1, hadith 3, (à rapprocher du Coran 96 :1-3) :

"L'ange vint à moi et m'adressa la parole ; l'ange dit : 'Iqra'a' ['Lis !']. Je lui répondis : 'Je ne sais pas lire !' Il me serra et me dit encore : 'Lis !'. Je répondis : 'Mais je ne sais pas lire !'. Alors, encore une fois, il me serra et me dit :'Lis !'. Et moi, encore, je dis : 'Je ne sais pas lire !'. Alors il me serra pour la troisième fois et dit : 'Au nom de ton Seigneur, lis !"

Voilà une histoire franchement totalement absurde. Attardons-nous un peu sur ses incohérences. L'ange ordonne de lire. Fort bien, mais pourquoi ne pas donner une page ou un livre ou un document quelconque pour que cette instruction puisse être exécutée ? Voulait-il dire autre chose, comme parler dans un état de transe ? Mais alors son vocabulaire est fautif ! Les musulmans tentent d'occulter cette incohérence en prétendant que le mot signifie "récite !". Cependant, s'il s'agit de réciter, pourquoi Mahomet réagit-il en disant : "Je ne sais pas réciter !" ? Des enfants tout juste âgés de cinq ans ne sont-ils pas capables de réciter une comptine ? Si son problème est la récitation, alors d'où tire-t-on l'idée qu'il ne savait pas lire ? C'est tout simplement que ce mot signifie bel et bien "lire" en arabe. Et ceci suffit déjà à démontrer que l'islam est une supercherie dès le départ. Résumons :

1. Si Mahomet ne sait pas lire et est illettré, pourquoi l'ange utilise-t-il à tort l'instruction "lis !" ?

2. Si Dieu ordonne à un homme illettré de lire, ne suffit-il pas de cette parole pour que l'homme, par un miracle, obtienne immédiatement cette compétence ?

Pour faire un parallèle imaginaire, supposons un instant que Jésus ait dit à l'aveugle : "Vois !" Mais l'aveugle répond : "Je ne peux pas voir !". Alors Jésus lui redit encore : "Vois !". Mais l'aveugle encore répond : "Je ne peux pas voir !" Et Jésus de répéter : "Vois !" ... Et ça ne suffit toujours pas, le bonhomme continue : "Je ne peux pas voir !" ... Quelle histoire à dormir debout !

Tout ça n'est pas sérieux. A quoi bon pour l'ange lancer trois fois l'instruction sans obtenir de résultat ? Et au bout du compte, Mahomet ne sait toujours pas lire. L'ange aurait tout de même pu lui faire ce cadeau !

Mais ce n'est pas tout. Entrons un peu davantage dans les détails :

1. S'il s'agit de "réciter", pourquoi l'ange emploie-t-il le mot "Iqra'a", qui signifie "lire" ? Ne l'oublions pas, ce n'est pas l'ange qui a choisi le mot "Iqra'a", mais bien Allah ! Car c'est selon la volonté d'Allah que toute cette scène se déroule. C'est donc Allah qui s'est trompé de mot dès le départ et c'est ce qui a désorienté Mahomet.

2. Quel est donc le secret de ce geste de "serrer" Mahomet ? S'agissait-il par cette pression corporelle et physique d'obtenir que Mahomet comprenne ce que l'ange tentait de lui communiquer ? Point du tout !

3. Intéressons-nous ici à la valeur numérique présente dans cette histoire. Pourquoi trois fois ? Nous constatons ici que l'islam établit son point de départ sur ce qu'il faut bien appeler une quête de la perfection au travers d'une trinité. Une instruction unique aurait mieux représenté la prétention d'Allah à l'unicité absolue. Mais voilà, cette instruction unique échoue ! Et c'est au bout de la troisième injonction que la perfection est atteinte !

4. A partir de cette expérience trinitaire initiale, l'islam se trouve envahi par ce chiffre fatidique dans toutes ses parties. Le musulman devra dire trois fois le nom d'Allah avant toute action. L'ablution rituelle est fondée sur la reprise des gestes par trois fois. On se mouche trois fois, on s'essuie les mains trois fois, on secoue ses parties intimes trois fois, etc., etc. ...Tout repose sur ce chiffre trois. Pourquoi ?

5. De toute évidence, il y a dans ce récit fictif un sens caché qu'il nous faut découvrir.

Il se trouve qu'en réalité, Mahomet a reçu tout ce scénario fictif de son maître et père naturel probable, Waraqa Ibn Naofal, formé par les hérésies qui divisent alors le monde chrétien. Pour mieux saisir qui était celui qui fut le véritable créateur de l'islam, évoquons ce passage de la Bible, Esaïe 4 :5-6, où l'on notera la frappante ressemblance avec l'histoire de la rencontre entre Mahomet et l'ange.

"5 Alors la gloire du SEIGNEUR sera dévoilée

et tous les êtres de chair ensemble verront

que la bouche du SEIGNEUR a parlé. »

6 Une voix dit : « Proclame !»,

l'autre dit : « Que proclamerai-je ? »

– « Tous les êtres de chair sont de l'herbe

et toute leur constance est comme la fleur des champs :"

Texte de la Bible en arabe :

فيْعْلَنُ مَجْدُ الرَّبِّ وَيَرَاهُ كُلُّ بَشَرٍ جَمِيعاً لأَنَّ فَمَ الرَّبِّ تَكَلَّمَ. صَوْتُ قَائِلٍ : «نَادِ». فقَالَ : «بِمَاذَا أُنَادِي؟» «كُلُّ جَسَدٍ عُشْبٌ وَكُلُّ جَمَالِهِ كَزَهْرِ الحَقْلِ.

اشعياء 40 : 5-6

On voit clairement que Mahomet tente de prendre la place du prophète Esaïe en modifiant l'histoire sans se rendre compte que ces modifications déforment le récit au point de le rendre illogique. Car il suffit de réfléchir un peu pour voir la supercherie dans cette histoire. Il a recherché un effet dramatique, mais le résultat est tout simplement que son dieu se révèle être ridicule. On voit en effet que ce faux dieu est incapable d'accomplir des miracles ; si Jésus avait dit à Mahomet "lis !", il aurait été inutile de répéter cette injonction, et Mahomet aurait immédiatement reçu la capacité de lire, même en étant analphabète comme le prétendent les musulmans. Récapitulons :

Les secrets du prophète arabe

Ordre d'Allah	Réponse de Mahomet	Réaction de l'ange	Nombre d'instructions données et de pressions physiques
"Lis !"	"Je ne sais pas lire."	Il le serre.	1
"Lis !"	"Je ne sais pas lire."	Il le serre.	1
"Lis !"	"Je ne sais pas lire."	Il le serre.	1

Résultat :

Après trois ordres donnés de lire et trois pressions physiques de l'ange, Mahomet continue à ne pas comprendre ce que l'ange veut de lui. L'ange qui exprimait l'ordre d'Allah est incapable de le faire lire ou même seulement de lui faire comprendre ce qu'on attend de

lui !	
Comparaison avec les actions de Jésus	
Il dit à l'aveugle : "vois !"	L'aveugle voit
Il dit au paralytique : "marche !"	Le paralytique marche
Il dit à l'homme mort : "lève-toi et marche !"	Le mort revient à la vie, se lève et marche

Pourquoi donc Allah donne-t-il trois fois l'ordre de lire, mais sans obtenir aucun résultat dans cette histoire totalement fictive ? Quelle utilité à toute cette ridicule mise en scène ?

L'islam : de quoi s'agit-il au juste ?

Dans les pages précédentes, nous avons donné, comme point de départ, des informations indispensables pour comprendre le cheminement de Mahomet. Voyons maintenant comment s'articule le système qu'il a conçu, l'islam.

Fondements de l'islam selon les dires des musulmans :

Ils commencent toujours par tenter de vous impressionner avec leur fameux exposé des **cinq piliers de l'islam**, obligations censées être la base de la foi et de la vie musulmanes :

1. Foi ou croyance en l'unicité de leur dieu et en le caractère final de la mission prophétique de Mahomet.

2. Institution des cinq prières journalières.

3. Paiement de la "Zakat", ou contribution légale (somme d'argent à verser à des fins de charité).

4. Pratique du jeûne à des fins de purification personnelle.

5. Pèlerinage à la Mecque pour ceux qui le peuvent.

Comme toujours, il y a un décalage entre la parole et la réalité, et une présentation trompeuse des faits, car les fondements de l'islam ne sont pas ces fameux cinq piliers, mais un lot total de six obligations, ainsi que Mahomet lui-même l'explique dans le hadith suivant (Sahih Al-Boukhari, <u>Recueil de hadiths</u>, tome I, p. 13) :

أن أقاتل الناس ، حتى يشهدوا أن لا إله إلا الله ، وأن محمدا رسول الله ، ويقيموا الصلاة ، ويؤتوا الزكاة ، فإذا فعلوا ذلك عصموا مني دماءهم وأموالهم إلا بحق الإسلام ، وحسابهم على الله تعالى (. رواه البخاري ومسلم

"J'ai reçu d'Allah la mission de combattre à mort (par le jihad) tous les hommes jusqu'à ce qu'ils professent qu'il n'y a pas d'autre dieu qu'Allah et que Mahomet est son messager, et qu'ils instituent la prière et paient la Zakat (contribution). S'ils se soumettent à ces conditions, j'épargnerai leur sang et ne porterai pas atteinte à leur propriété (leur honneur)."

C'est bien ce hadith qui nous donne la véritable clé du programme de Mahomet et de l'islam pour l'humanité.

C'est à partir de ce fondement que l'on peut comprendre le point suivant.

La Constitution islamique

1. Mahomet a le devoir de combattre pour forcer les gens à se convertir, et de semer la mort, ...

2. Jusqu'à ce qu'ils se convertissent à l'islam,

3. Jusqu'à ce qu'ils professent qu'ils n'y ont pas d'autre dieu qu'Allah,

4. Et que Mahomet est son messager.

5. Cela ne suffit cependant pas, car il faut encore prier Allah, à défaut de quoi Mahomet a encore le droit de vous tuer (si vous n'accomplissez pas la prière, Mahomet vous exécutera).

6. Et si toutes ces conditions sont remplies, alors seulement, votre avoir et votre sang seront épargnés par Mahomet et son armée.

Changeons alors de perspective et essayons de voir ce qui se passe si vous refusez d'accepter l'islam.

1. Les musulmans ont le devoir de vous combattre. Mahomet, il est vrai, n'est plus, mais eux sont toujours bien là et c'est le devoir sacré de chaque musulman de suivre son prophète et d'accomplir le jihad. Le Coran 9 :14 dit : **"Combattez-les** (par l'épée), **et par vos mains, Allah les tourmentera et les couvrira d'opprobre, alors qu'Il vous secourra** [victorieusement] **contre eux, et qu'Il guérira le ressentiment des Croyants."**

2. Les musulmans ont le droit de vous tuer.

3. Ils ont le droit de faire de vos femmes et de vos enfants leurs esclaves, et de les violer (cela s'appelle la propriété "en main droite").

4. Ils saisiront vos avoirs ainsi que votre pays.

5. Ils formeront un gouvernement islamique qui établira sa domination sur votre territoire. Leur plus grande satisfaction est de mettre en pratique la Loi islamique, qui prévoit les décapitations, les exécutions par lapidation, l'amputation des mains, et l'appel régulier, dans la prière, à la mort des infidèles.

Ce sont là les dispositions générales de cette Constitution, mais il s'y ajoute des règles internes que Mahomet a instituées pour créer une importante source de revenus sans que cela lui coûte aucun effort ni aucune dépense :

6. Les Chrétiens et les Juifs sont tenus de verser la Jizyah s'ils désirent garder la vie sauve sans se convertir.

Comme toujours, les musulmans vous mentent quand ils vous disent qu'il s'agit là d'un impôt comme cela se pratique dans tous les pays. La Jizyah est-elle un impôt ordinaire ? Rien de plus éloigné de la vérité !

Rendez-vous bien compte : il s'agit d'occuper un territoire (chrétien ou juif) et ensuite d'obliger les habitants à verser ce qui n'est rien d'autre qu'un tribut de guerre permanent ! Imaginez par exemple que l'Amérique se comporte selon ce modèle islamique. Le soldat américain en service dans un pays comme l'Irak ou l'Afghanistan aurait alors le droit d'exiger de tous les habitants sur place qu'ils lui versent la Jizyah sous peine d'être exécutés. Les musulmans ont l'impudence d'expliquer la Jizyah comme étant une contribution pour la sécurité. Sécurité contre qui ? - Contre les musulmans ! Ce n'est donc rien d'autre qu'une extorsion sous la menace. L'islam se révèle ici être une organisation de gangsters de type mafia. Si vous ne devenez pas membre de la bande, vous payez, sinon vous êtes mort ! Voici ce que le Coran nous apprend sur la Jizyah :

1. La sourate 9, aya 29 du Coran expose en termes très précis qu'il s'agit de payer ce tribut dans un état d'indignité, d'humiliation et d'écrasement. Est-ce qu'on exige des musulmans dans les pays occidentaux qu'ils payent l'impôt dans un état d'indignité, d'humiliation et d'écrasement ?

2. Le mot "Jizyah" en arabe a le sens de "punition" et de "pénalité". Pourquoi la contribution légale exigée des musulmans ne porte-t-elle pas le même nom ? Pour eux, cela s'appelle la "Zakat", et non la "Jizyah". Alors, si c'est un impôt, pourquoi ne pas l'appeler "impôt", un point c'est tout ? Pourquoi lui donner des noms différents selon l'appartenance religieuse ? N'est-ce pas là, de toute évidence, une humiliante mesure discriminatoire ? Il faut ici se référer au commentaire du Coran par Ibn Kathir pour ce verset 9 :29 du Coran. On en trouvera le texte entier en anglais à l'adresse suivante, et je vous engage vivement à le consulter :

http://tafsir.com/default.asp?sid=9&tid=20986 . Vous constaterez à quel point ce système est abject. Tout est fondé sur l'oppression des populations infidèles et l'humiliation de tous ceux qui ne sont pas musulmans. Citons quelques passages à partir de cette traduction anglaise réalisée par les musulmans eux-mêmes :

"Le paiement de la jizyah est une marque de kufr (statut de mécréant) et d'indignité."

Ceci n'est pas notre interprétation subjective ; ce sont les mots mêmes des textes musulmans faisant autorité. Vous verrez que Mahomet a commandé aux musulmans d'humilier chrétiens et juifs en l'absence même de tout crime de leur part, simplement en raison de leur refus d'adhérer à l'islam. Il est allé jusqu'à déclarer (Tafsir Ibn Kathir, interprétation de la sourate 9) :

"Ne vous approchez pas des juifs et des chrétiens avec l'intention de leur offrir la salutation de paix (salam), et si vous en croisez sur votre chemin, contraignez-les à emprunter le passage étroit (c'est à dire à descendre du trottoir et à marcher dans le caniveau)." ...

En ces temps-là, l'évacuation des eaux sur la voie se faisait par une étroite rigole sur le côté. Il n'était donc pas permis aux chrétiens de se tenir sur le haut du pavé en présence de musulmans. Et les musulmans ont l'impudence de faire du prosélytisme auprès des américains de race noire en leur disant : "Voyez ce que les blancs vous ont fait !" Le fait est que ces noirs américains sont les descendants des esclaves vendus aux Européens par les Arabes musulmans d'Afrique du Nord.

La décapitation des prisonniers non-musulmans

Coran 8 :67 :

"Il n'est pas prévu qu'un prophète fasse des captifs avant qu'il ait accompli le massacre [des Infidèles] dans le territoire. Vous, vous désirez vous abandonner aux tentations de ce monde, alors que selon Allah c'est la [vie] Dernière qui compte, et Allah est puissant et sage."

On se rappelle quel fut le scandale du traitement humiliant des détenus dans la prison américaine d'Abu Ghraib, à Baghdad, pendant la guerre en Irak, et avec quelle colère l'opinion publique réagit à ces révélations ; mais où sont la colère et l'indignation face au comportement des musulmans qui procèdent à la décapitation de leurs prisonniers, au nombre desquels figurent des civils, des femmes, des docteurs, des enfants, en plus des militaires ?

Tout cela est solidement fondé sur les instructions bien claires de Mahomet, qui ordonne qu'ils soient tous mis à mort, et fait passer ces commandements non comme sa propre volonté, mais comme celle d'Allah, ainsi que nous pouvons le voir dans le Coran 6 :44-45 :

"44 Quand ils eurent oublié ce qui leur avait été rappelé, Nous ouvrîmes sur eux les portes de toutes choses [richesses]. Quand enfin ils furent dans la joie de ce qui leur avait été donné, Nous les emportâmes brusquement alors qu'ils ne s'y attendaient pas, et voici qu'ils furent désespérés. 45 En conséquence de son refus d'accepter l'islam, ce peuple fut retranché de ce monde jusqu'à ses derniers hommes. Louange à Allah, Seigneur des Deux Mondes [monde des humains, monde des djinns]."

Et pourtant, Mahomet manifesta une faiblesse évidente pour l'argent. Lorsqu'il avait fait des prisonniers, il les maintenait en vie dans le cas où il s'agissait de personnes riches, afin de pouvoir exiger de lourdes rançons de la part des membres de la famille qui, se trouvant suffisamment éloignés de lui, avaient échappé à son déchaînement meurtrier ; il retenait aussi ceux qui pouvaient enseigner à ses hommes des techniques utiles, comme la lecture et l'écriture.

Voyons encore le Coran, sourate 47, aya 3-4 :

"3 C'est qu'en effet, ceux qui auront été infidèles auront suivi le Faux, alors que ceux qui auront été croyants auront suivi la Vérité [émanant] de leur Seigneur. C'est ainsi qu'Allah donne aux hommes des leçons exemplaires.

4 Quand donc vous rencontrerez ceux qui sont infidèles, dirigez vos coups sur leur nuque tant qu'ils n'auront pas subi de grands dommages ; maintenez-les dans des chaînes bien serrées tant que la guerre n'aura pas déposé son faix, puis pour eux, ce sera la libération ou la rançon : cela [est l'ordre d'Allah]. Si Allah voulait, Il les éliminerait et les châtierait ; mais [Il se sert de vous] pour vous éprouver en vous faisant vous combattre à mort les uns les autres ; toutefois,

ceux qui auront péri dans le chemin d'Allah, Il ne laissera pas leurs exploits compter pour rien."

Cependant, nous voyons ensuite qu'Allah encore une fois change d'avis. Voilà maintenant qu'il ne veut plus conserver de prisonniers, il veut que ceux-ci soient exécutés. Il va même plus loin, puisqu'il exprime sa condamnation de ceux qui voudraient garder des prisonniers : ceux-là en effet désobéissent aux commandements d'Allah, car ils le font en pensant à s'enrichir grâce à l'argent des rançons, reproche qui s'applique en particulier à Mahomet. Mais alors pourquoi le verset 4 de la sourate 47 ordonnait-il aux musulmans d'exiger des rançons ?

Pour la réponse, relisons attentivement le Coran 8 :67 :

"Il n'est pas prévu [conforme à la volonté d'Allah] qu'un prophète fasse des captifs avant qu'il ait accompli le massacre [des Infidèles] dans le territoire. Vous, vous désirez vous abandonner aux tentations de ce monde, alors que selon Allah c'est la [vie] Dernière qui compte, et Allah est puissant et sage."

Notez bien ici qu'Allah apparaît comme une marionnette entre les mains de Mahomet. Quand ce dernier a besoin d'argent, il produit une sourate qui ordonne d'exiger des rançons. Mais quand l'ennemi a été dépouillé de toutes ses ressources, alors apparaît une sourate dénonçant la rançon comme un péché !

Evidemment, il tenait à s'assurer que ses ennemis maintenant à sa merci ne seraient plus jamais libres d'aller clamer partout qu'il était un faux prophète. Une fois toutes les ressources de leurs amis et familles épuisées par les rançons successives, il devenait parfaitement inutile de garder ces hommes en vie.

Il convient ici de faire un rappel important : tant qu'il s'agit de l'islam, il ne faut pas perdre de vue que ce à quoi nous avons affaire ici, c'est à un gouvernement et à un parti politique, et non pas à une religion comme nous l'entendons d'habitude ; or cette organisation est fondée sur le racisme et la haine vis-à-vis de toute personne qui ne se montre pas prête à adhérer en tant que musulman, esclave, ou bien sujet soumis au système, mais qui refuse au contraire de faire partie de cette machine de l'islam. Cette personne qui se montre rebelle et refuse de devenir musulmane, sera privée de toute protection, de tout droit politique, de toute prestation sociale. Elle est alors considérée comme ayant fait le choix délibéré d'être rangée dans la catégorie du crime et de la souillure aux yeux des musulmans, d'Allah et de l'islam.

Si les musulmans prennent le pouvoir dans un pays occidental, que se passera-t-il alors ?

La manière dont vous serez traité par les musulmans dépend de votre appartenance religieuse :

1. Si vous êtes un athée, un hindou, un bouddhiste ou bien un membre de toute autre religion à part le christianisme ou le judaïsme, tous ceux de sexe masculin seront mis à mort. Si un musulman choisit cependant de garder malgré tout des femmes ou des enfants de votre communauté sans les utiliser comme esclaves sexuels, il s'exposera lui-même à être dénoncé et à recevoir la peine capitale.

2. Dans le cas où vous êtes chrétien, vous êtes soumis au versement de la Jizyah. A cela s'ajoutent des dispositions particulières contenues dans un document appelé Pacte d'Omar, que nous allons maintenant examiner.

Le Pacte d'Omar

Se référer au livre de Jalal Al-Deen Al-Suyuti, Hadith, hadith 30999 ; au livre d' Akham Ahel Al Zimmad (dimma), tome 2 / 661 ; au livre d'Al-Sunan Al-Kubra, hadith 19186 ; au livre d'Al Jawab ak Al-Sahih Liman Badal Deen Al-Maseeh.

والراوي عبدالرحمن بن 30999جلال الدين السيوطي (مسند عمر بن الخطاب) رقم الحديث غنم

(بنفس الراوي662 - 2/661أحكام أهل الذمة لابن القيم).

وفي كتاب : السنن الكبرى

المؤلف : أبو بكر أحمد بن الحسين بن علي البيهقي

19186بنفس الراوي ورقم الحديث

وفي كتاب : الجواب الصحيح لمن بدل دين المسيح

المؤلف : أحمد بن عبد الحليم بن تيمية الحراني أبو العباس

3ونفس الراوي الجزء الأول ص/

عبد الرحمن بن غنم : كتبتُ لعمر بن الخطاب رضي الله عنه حين صالح نصارى الشام، وشرط عليهم فيه

بَابٌ فِي شُرُوطِ عُمَرَ رَضِيَ اللَّهُ عَنْهُ عَلَى أَهْلِ الذِّمَّةِ) أَنْبَأَنَا جَمَاعَةٌ عَنْ ابْنِ الْمُقَيِّرِ عَنْ ابْنِ نَاصِرٍ ثَنَا أَبُو رَجَاءٍ وَأَبُو عُثْمَانَ قَالَا أَنَا ابْنُ عَبْدِ الرَّحِيمِ أَنَا أَبُو الشَّيْخِ أَنْبَأَ أَبُو يَعْلَى الْمَوْصِلِيُّ ثَنَا الرَّبِيعُ بْنُ ثَعْلَبٍ حَدَّثَنِي يَحْيَى بْنُ عُقْبَةَ بْنِ أَبِي الْعَيْزَارِ عَنْ سُفْيَانَ الثَّوْرِيِّ وَالرَّبِيعُ بْنُ نُوحٍ وَالسَّرِيُّ عَنْ طَلْحَةَ بْنِ مَصْرِفٍ عَنْ مَسْرُوقٍ عَنْ عَبْدِ الرَّحْمَنِ بْنِ غَنْمٍ قَالَ : كَتَبْتُ لِعُمَرَ رَضِيَ اللَّهُ عَنْهُ حِينَ صَالَحَ نَصَارَى أَهْلِ الشَّامِ : بِسْمِ اللَّهِ الرَّحْمَنِ الرَّحِيمِ هَذَا كِتَابٌ لِعَبْدِ اللَّهِ عُمَرَ رَضِيَ اللَّهُ عَنْهُ أَمِيرِ الْمُؤْمِنِينَ مِنْ نَصَارَى مَدِينَةِ كَذَا وَكَذَا إنَّكُمْ لَمَّا قَدِمْتُمْ عَلَيْنَا سَأَلْنَاكُمْ الْأَمَانَ لِأَنْفُسِنَا وَذَرَارِيِّنَا وَأَمْوَالِنَا وَأَهْلِ مِلَّتِنَا وَشَرَطْنَا لَكُمْ عَلَى أَنْفُسِنَا أَنْ لَا نُحْدِثَ فِيهَا وَلَا فِيمَا حَوْلَهَا دَيْرًا وَلَا كَنِيسَةً وَلَا قِلَّايَةً وَلَا صَوْمَعَةَ رَاهِبٍ وَلَا نُجَدِّدَ مَا خَرِبَ مِنْهَا وَلَا نُحْيِيَ مَا كَانَ مِنْهَا فِي خِطَطِ الْمُسْلِمِينَ وَأَنْ لَا نَمْنَعَ كَنَائِسَنَا أَنْ يَنْزِلَهَا أَحَدٌ مِنْ الْمُسْلِمِينَ فِي لَيْلٍ وَلَا نَهَارٍ وَأَنْ نُوَسِّعَ أَبْوَابَهَا لِلْمَارَّةِ وَابْنِ السَّبِيلِ وَأَنْ نُنْزِلَ مَنْ مَرَّ بِنَا مِنْ الْمُسْلِمِينَ ثَلَاثَةَ أَيَّامٍ نُطْعِمُهُمْ وَلَا نُؤْوِيَ فِي كَنَائِسِنَا وَلَا فِي مَنَازِلِنَا جَاسُوسًا وَلَا نَكْتُمَ غِشًّا لِلْمُسْلِمِينَ وَلَا نُعَلِّمَ أَوْلَادَنَا الْقُرْآنَ وَلَا نُظْهِرَ شِرْكًا وَلَا نَدْعُوَ إلَيْهِ وَلَا نَمْنَعَ أَحَدًا مِنْ ذَوِي قَرَابَتِنَا الدُّخُولَ فِي الْإِسْلَامِ إذْ أَرَادُوهُ وَأَنْ نُوَقِّرَ الْمُسْلِمِينَ وَنَقُومَ لَهُمْ مِنْ مَجَالِسِنَا إذَا أَرَادُوا الْجُلُوسَ وَلَا نَتَشَبَّهَ بِهِمْ فِي شَيْءٍ مِنْ لِبَاسِهِمْ فِي قَلَنْسُوَةٍ وَلَا عِمَامَةٍ وَلَا نَعْلَيْنِ وَلَا فَرْقِ شَعْرٍ وَلَا نَتَكَلَّمَ بِكَلَامِهِمْ وَلَا نَتَكَنَّى بِكُنَاهُمْ وَلَا نَرْكَبَ السُّرُجَ وَلَا نَتَقَلَّدَ السُّيُوفَ وَلَا نَتَّخِذَ شَيْئًا

مِنْ السِّلَاحِ وَلَا نَحْمِلَهُ مَعَنَا وَلَا نَنْقُشَ عَلَى خَوَاتِيمِنَا بِالْعَرَبِيَّةِ وَلَا نَبِيعَ الْخَمْرَ وَأَنْ نَجُزَّ مَقَادِيمَ رُءُوسِنَا وَأَنْ نَلْزَمَ دِينَنَا حَيْثُ مَا كُنَّا وَأَنْ نَشُدَّ زَنَانِيرَنَا عَلَى أَوْسَاطِنَا وَأَنْ لَا نُظْهِرَ الصَّلِيبَ عَلَى كَنَائِسِنَا وَأَنْ لَا نُظْهِرَ صُلْبَانَا وَلَا كُتُبَنَا فِي شَيْءٍ مِنْ طُرُقِ الْمُسْلِمِينَ وَأَسْوَاقِهِمْ وَلَا نَضْرِبَ نَاقُوسًا فِي كَنَائِسِنَا إلَّا ضَرْبًا خَفِيًّا وَلَا نَرْفَعَ أَصْوَاتَنَا فِي كَنَائِسِنَا فِي شَيْءٍ مِنْ حَضْرَةِ الْمُسْلِمِينَ وَلَا يَخْرُجَ سَعَانِينُنَا وَلَا بَاعُونَا وَلَا نَرْفَعَ أَصْوَاتَنَا مَعَ مَوْتَانَا وَلَا نُظْهِرَ النِّيرَانَ مَعَهُمْ فِي شَيْءٍ مِنْ طُرُقِ حَضْرَةِ الْمُسْلِمِينَ وَلَا أَسْوَاقِهِمْ وَلَا نُجَاوِرَهُمْ بِمَوْتَانَا وَلَا نَتَّخِذَ مِنْ الرَّقِيقِ مَنْ جَرَتْ عَلَيْهِ سِهَامُ الْمُسْلِمِينَ وَلَا نَطَّلِعَ عَلَيْهِمْ فِي مَنَازِلِهِمْ .

فَلَمَّا أَتَيْتُ عُمَرَ رَضِيَ اللَّهُ عَنْهُ بِالْكِتَابِ زَادَ فِيهِ وَلَا نَضْرِبَ أَحَدًا مِنْ الْمُسْلِمِينَ شَرَطْنَا لَكُمْ ذَلِكَ عَلَى أَنْفُسِنَا وَأَهْلِ مِلَّتِنَا وَقَبِلْنَا عَلَيْهِ الْأَمَانَ فَإِنْ نَحْنُ خَالَفْنَا عَنْ شَيْءٍ مِمَّا شَرَطْنَا لَكُمْ وَضَمِنَّا عَلَى أَنْفُسِنَا فَلَا ذِمَّةَ لَنَا ، وَقَدْ حَلَّ لَكُمْ مِنَّا مَا يَحِلُّ لَكُمْ مِنْ أَهْلِ الْمُعَانَدَةِ وَالشِّقَاقِ .

Quand les musulmans attaquèrent la Syrie (un territoire qui, à l'époque, englobait Israël, la Jordanie, et une partie de l'Irak actuels), ils commencèrent à imposer leurs conditions aux malheureux chrétiens qui étaient les habitants de cette région. Ces conditions sont énumérées dans un document appelé le Pacte d'"Omar, qui représente, nous assurent les musulmans, le plus admirable modèle de justice et d'équité qu'on puisse imaginer. Tous s'accordent à trouver que c'est là une merveilleuse décision d'"Omar, qui a même mérité par cet acte le titre de "Khalifa", "le Juste". Voici donc ce pacte auquel les chrétiens, qui n'avaient pas d'autre choix, furent forcés de donner leur accord, simplement pour avoir la vie sauve.

"Moi, 'Abd Al-Rahman Ibn Ghanam, j'ai rédigé cette lettre adressée au Calife 'Omar Ibn Al-Khattab, pour les chrétiens d'Ash-Sham (la Syrie) :

Au nom de Dieu, le très Miséricordieux et le très Généreux. C'est une lettre des Nassarah [chrétiens] d'Ash-Sham (ville de Syrie) au serviteur de Dieu, Omar, Prince des Croyants.

Quand vous vous êtes présenté à nous, nous avons sollicité de vous la protection pour nous-mêmes, nos descendants, nos biens et tous les membres de notre communauté. Nous nous sommes imposé les restrictions suivantes :

Nous nous engageons à ne construire dans notre ville et ses alentours aucun nouveau couvent chrétien, ni église, ni cure, ni cellule de moine et à ne pas réparer ni rétablir, que ce soit de jour ou de nuit, ceux de ces bâtiments qui sont délabrés ou qui sont situés sur le territoire devenu propriété des musulmans [les musulmans ont maintenant pris possession de tout le pays, si bien que ces gens ne possèdent plus de territoire].

Nous nous engageons à donner le gîte à tout musulman qui souhaite séjourner dans nos maisons et à fournir gratuitement la nourriture et le logement pendant trois jours à tout musulman qui passe chez nous.

Nous nous engageons à n'abriter dans nos églises ou dans nos maisons aucun espion cherchant à échapper aux musulmans.

Nous nous engageons à ne pas enseigner le Coran à nos enfants.

Nous nous engageons à ne pas manifester notre religion en public et à ne pas faire de prosélytisme.

Nous ne ferons rien pour empêcher l'un des nôtres de se convertir à l'islam s'il le souhaite.

Nous nous engageons à manifester notre respect aux musulmans et nous nous lèverons et leur laisserons nos sièges quand ils voudront s'asseoir [si un musulman entre dans un lieu, vous devez vous lever et lui céder votre chaise ou vous risquez la mort].

Nous nous engageons à ne pas chercher à imiter les musulmans, ni à leur ressembler d'aucune manière, en portant leur style de vêtements, leur turban, leurs babouches, ni en adoptant leur style de coiffure. Nous n'emprunterons pas leur manière de parler, ni n'adopterons leurs prénoms ou noms.

Nous ne monterons pas en selle, nous ne porterons pas d'épée ni d'autre type de lame, et nous n'aurons sur nous aucune sorte d'arme.

Nous nous engageons à ne pas graver de signes arabes sur nos sceaux.

Nous nous engageons à ne pas vendre d'alcool.

Nous nous engageons à nous raser le devant de la tête.

Nous nous engageons à porter toujours le même type de vêtement, tous autant que nous sommes, et à nous ceindre la taille du même type de ceinture.

Nous nous engageons à ne pas faire paraître en public ni à placer de manière visible nos croix ni nos livres. Et nous nous engageons à ne pas laisser nos marchands et leurs clients se poster sur les chemins et dans les marchés en présence des musulmans.

Nous nous engageons à étouffer le son de nos cloches d'église. Nous n'élèverons pas la voix lors des enterrements ni en présence des musulmans.

Nous nous engageons à ne pas faire de processions aux flambeaux sur les voies de circulation empruntées par les musulmans ni dans leurs marchés.

Nous n'enterrerons pas nos morts chrétiens à proximité de la tombe d'un musulman.

Nous renoncerons aux esclaves que les musulmans auront choisis pour eux-mêmes ou qui leur auront été attribués.

Nous nous engageons à ne pas édifier de maison dont le toit soit plus haut que les demeures musulmanes afin qu'elles n'offrent pas une vue sur ces dernières.

Quand j'ai présenté ce pacte à 'Omar, il a fait ajouter :

'Nous nous abstiendrons de frapper un musulman.'

Nous nous sommes engagés ainsi que les membres de notre communauté ; nous avons accepté pour eux votre protection. Si nous passons outre à ces engagements, alors que nous vous avons donné nos garanties, c'est que n'avons pas d'honneur. Il serait alors de votre droit de prendre toutes les mesures contre ceux qui vous résistent et provoquent la sédition.

Fin du Pacte d''Omar."

Quand les musulmans lisent ces lignes, ils ressentent l'enthousiasme des premiers temps, quand les envahisseurs islamiques réalisaient leur colonisation de la plus grande partie de l'Afrique, d'une vaste zone en Asie et d'une partie de l'Europe. Le rêve du musulman, c'est de pouvoir un jour vous imposer chacune des dispositions du Pacte d''Omar, à vous personnellement, à votre famille et à tout votre pays. Le jour où les musulmans s'empareront du pouvoir, ils n'hésiteront pas une seconde à appliquer ces principes, parce que c'est bien le commandement d'Allah et c'est aussi la voie la plus commode pour s'enrichir. Les musulmans de cette époque-là, même les plus démunis, vivaient comme des princes : ils récoltaient facilement, par leurs conquêtes, de l'argent, des logements, des femmes, du sexe, et même pouvaient jeter leur dévolu sur votre épouse ! Comment s'y opposer ? Aucun moyen. C'était ça ou la mort !

Même si vous avez un rang princier, il suffit qu'un musulman entre dans votre demeure, vous avez l'obligation, même si c'est un homme de basse condition sociale, de vous lever pour lui, de lui céder votre fauteuil, votre lit, votre nourriture et votre femme et vos filles pour une durée de trois jours et trois nuits.

Etes-vous alors enfin débarrassé ? Point du tout, car un nouveau mahométan peut se présenter ! De sorte que votre demeure est devenue une maison de passe gratuite pour tout musulman.

Un musulman peut vous rouer de coups, mais vous n'avez pas le droit de répliquer. Prenez garde, car ce serait rompre le traité ! Et n'oubliez pas de vous raser le crâne au-dessus du front : ceci est une insulte, pour vous donner l'aspect d'un bouffon.

Si un musulman cherche à tourner en dérision la Bible, vous n'avez pas le droit de rétorquer ; si vous le faites, vous serez accusé de chercher à convertir un musulman, crime qui est puni de mort.

"Je connais un musulman, c'est quelqu'un de très aimable, il est mon ami !"

Voilà un refrain qui revient sans cesse dans les discussions en occident. La plupart du temps, cet argument prétend prouver qu'on a tort de critiquer l'islam.

Tout d'abord, entendons-nous bien : la source du mal ici, ce ne sont pas les musulmans, car ceux-ci ne sont que les victimes du lavage de cerveau islamique. L'ami en question n'est pas pratiquant ? Mais le mot "musulman" perd alors sa signification si la personne ne pratique pas l'islam ! Ou bien alors fait-il semblant d'être non-pratiquant, comme les auteurs des atrocités du 11 septembre 2001 ? Ceux-là s'étaient rendus dans des night-clubs et avaient bu de l'alcool avant de commettre leur forfait ! Avaient-ils cessé d'être musulmans ? Nullement, car la ruse et la tromperie, pour déjouer la surveillance des services de renseignement, sont une stratégie parfaitement acceptée et même recommandée au service d'Allah.

Mais surtout, sachez que le Coran précise bien que les musulmans ne sont pas autorisés à choisir leurs amis ou leurs protecteurs parmi les chrétiens, entre autres. Ceci est clairement énoncé en 5 :51 :

"O vous qui croyez !, ne prenez point les Juifs et les Chrétiens comme amis et protecteurs : ils sont amis et protecteurs les uns des autres ! Et quiconque parmi vous les prendra comme amis et protecteurs, celui-là sera des leurs, des injustes de conviction qu'Allah refuse de guider." (Ce qui signifie qu'il s'est détourné de l'islam, un crime qui mérite la mort.)

Comme toujours, les musulmans vont commencer par dire qu'il s'agit d'une mauvaise traduction, Alors voyons la traduction en anglais réalisée par un musulman, Yusuf Ali, pour le Coran 5 :51 :

"O ye who believe ! Take not the Jews and the Christians for your friends and protectors. They are but friends and protectors to each other, and he among you that turns to them (for friendship) is of them. Verily, Allah guides not the unjust people."

Certains musulmans interpréterons alors ce texte comme signifiant qu'il ne faut pas choisir d'amis parmi ceux contre qui on se trouve en guerre. Mais quelle idée de chercher des amis parmi ceux contre qui on est en guerre !

Le fait est que l'idée de ne pas prendre d'amis parmi ceux contre qui on se trouve en guerre s'applique justement aux relations des musulmans avec les chrétiens et les juifs, parce que ceux-ci sont considérés comme ennemis permanents. Pour l'islam, en effet, le monde entier se divise en deux parties : la terre de Paix et la terre de Guerre, ce qui signifie l'islam d'un côté et le reste du monde de l'autre. Surtout, ne vous laissez pas berner par ceux qui essayent de manipuler l'opinion occidentale en affirmant que l'islam est religion de paix, comme le Sheikh Yusuf Al-Qaradawi. Dans un article du journal londonien Al-Sharq Al-Awsat, daté du 19 juillet 2003, il déclare : "Il est bien établi dans la loi islamique que sont exclus de toute protection légale le sang et les biens des personnes appartenant au Dar Al-Harb (la 'Maison de la Guerre' - autrement dit, tout territoire non encore soumis à Allah), territoire dans lequel les musulmans se trouvent en situation de lutte et de guerre."

Voilà pourtant un homme qui déploie de grands efforts pour essayer de donner une bonne impression aux occidentaux, et malgré tout, il admet que tous ceux qui n'ont pas adopté une attitude de reconnaissance de la supériorité de l'islam méritent d'être tués. Il fonde ce jugement sur les paroles de son prophète (Sahih Al Bukhari, Book 8, Hadith 387) :

"Il m'a été ordonné de combattre à mort tous les hommes jusqu'à ce qu'ils proclament : 'Nul n'est digne d'être adoré à part Allah.' Et s'ils le proclament, et s'ils prient à notre manière, et s'ils se tournent vers la Qibla (la direction de la Kaaba à La Mecque), et s'ils frappent de leurs armes les mêmes ennemis que nous taillons en pièces, alors seulement et après que leur sincérité soit établie, leur sang et leurs biens bénéficieront de ma protection ..."

Ce sont là assurément des paroles très claires de la bouche de Mahomet, signifiant : "convertissez-vous, sous peine de mort !". Venons-en alors à l'examen du mot "islam", que les musulmans présentent volontiers comme ayant la signification de "paix".

"Islam", est-ce que ça veut dire "paix" ?

Rien de plus irritant que de voir un ignorant prendre la parole sur un plateau de télévision et commencer à nous débiter ses inepties en prétendant que "l'Islam est une religion pacifique, l'islam, c'est la paix.". On entend même affirmer : "islam, en arabe, ça signifie paix" !

Malheureusement, ces sornettes sont reprises par des personnalités des médias et du monde politique. Inutile de rappeler toutes leurs déclarations mensongères comme celles du Président Obama et des autres dirigeants occidentaux qui soutiennent que l'islam, c'est la paix. Soit ils sont incroyablement ignorants au sujet de l'islam, soit ils mentent effrontément.

Pour commencer, "islam", ça ne signifie pas "paix". "Paix" en arabe se dit "Salam". Peut-être que les sont paraissent vaguement proches à une oreille étrangère, mais la graphie révèle une structure nettement différente : أسلام et سلام

ISLAM	م	ل	س	أ
SALAM		م	ل	س

| I | S | L | A | M | Islam |
| S | A | L | A | M | PAIX |

Le mot « Islam » est tout le contraire du mot « Paix ».

Mahomet a dit : أسلموا تسلموا , ASLIMOU TASLAMOU

Aslimou = convertissez-vous

taslamou = vous aurez la vie sauve

On se souvient de l'hadith cité un peu plus haut (Sahih Al-Boukhari, Recueil de hadiths, tome I, p. 13), qui est une variante du précédent. Insistons bien sur les termes :

"J'ai reçu d'Allah la mission de combattre à mort (par le jihad) tous les hommes jusqu'à ce qu'ils professent qu'il n'y a pas d'autre dieu qu'Allah et que Mahomet est son messager, et qu'ils instituent la prière et paient la Zakat (contribution). S'ils se soumettent à ces conditions, j'épargnerai leur sang et ne porterai pas atteinte à leur propriété (leur honneur)."

La même histoire se retrouve dans Sahih Muslim, Book 1, hadith 29, 30 et 32.

Rapprochons tout cela de ce que nous dit le Coran en 49 :14 (à partir de la traduction en anglais de Mohsin Khan) :

" ... vous dites seulement : 'Nous nous sommes rendus à l'islam', car la Foi n'est pas encore entrée dans vos cœurs ... "

Dans le chapitre suivant, en effet, nous verrons Mahomet nous fournir la preuve que les nouveaux convertis à l'islam n'agissaient pas par conviction, mais sous la menace de l'épée. Ce qu'il leur fait savoir ici bien clairement, c'est qu'ils ne doivent pas s'imaginer qu'ils peuvent jouer la comédie de la conversion, parce qu'il est bien visible qu'ils agissent seulement par peur de l'épée. C'est bien là le sens exact du mot "islam".

Revenons attentivement sur le verset 14 de la sourate 49 (à partir de la traduction en anglais de Mohsin Khan) :

"Les Bédouins disent : 'Nous croyons.' Mais dis-leur : <u>Vous n'êtes pas croyants, mais vous dites seulement</u> : 'Nous nous sommes <u>rendus à l'islam'</u>, <u>car la Foi n'est pas encore entrée dans vos cœurs</u>. Mais si vous obéissez à Allah et à son Messager (SAWS), Il ne vous diminuera en rien les récompenses qui vous sont dues pour vos bonnes actions. Assurément, Allah est fréquemment pardonneur et très miséricordieux'."

Si l'islam c'est la paix, alors pourquoi Mahomet a-t-il reçu la mission de mener le combat jusqu'à ce que nous nous convertissions ? Si nous nous convertissons et que nous devenions des esclaves de Mahomet, car c'est bien lui le but réel de l'islam, et non Allah, alors et seulement alors, notre sang sera épargné et nos femmes et filles ne seront pas réduites en esclavage, violées et tuées.

Précisons aussi que si un musulman vous tue, il ne subira pas de châtiment, car votre sang ne compte pas. Notez bien que si, par exemple, vous tuez une vache, au regard de la loi islamique, vous devrez payer des dommages au propriétaire de l'animal ; mais si la victime est un chrétien ou un juif, son sang ne compte pas pour les musulmans, ainsi que nous allons le voir dans le hadith suivant.

La notion de justice dans l'islam

Sahih Boukhari, <u>Livre 3</u>, Hadith 111, Sahih Boukhari, <u>Livre 52</u>, Hadith 283, et Sahih Boukhari, <u>Livre 83</u>, Hadith 50 :

"Le prophète a dit qu'aucun musulman ne devait être condamné à mort pour avoir tué un mécréant."

Quelle justice admirable que celle de Mahomet ! Vraiment, il en était imprégné ! Imaginez que nous ayons, nous, des lois spécifiant que celui qui tuera un musulman ne sera pas condamné !

Le président Obama, lors de sa visite officielle en Egypte, en 2009, cita dans son discours une partie du verset 32 de la sourate 5 (Al-Mâ'ida). Voici ce qu'il dit alors :

"Le Saint Coran enseigne que quiconque commet le meurtre d'une seule personne innocente, c'est comme s'il avait tué l'humanité tout entière ; et quiconque sauve la vie d'une seule personne, c'est comme s'il avait sauvé l'humanité tout entière. La foi durable de plus d'un milliard d'individus a tellement plus de poids que la haine et l'esprit borné de quelques-uns. L'islam ne fait pas partie du problème de l'extrémisme violent que nous avons à combattre ; au contraire, il joue un rôle important dans la promotion de la paix."

En réalité, ce verset a été emprunté par Mahomet à la Mishnah juive, Sanhédrin 4 :5, et se trouve exprimé dans la Bible, Genèse 9 :6 (T.O.B.) :

6« Qui verse le sang de l'homme,

par l'homme verra son sang versé ;

car à l'image de Dieu,

Dieu a fait l'homme."

- Notez bien ici la réelle expression de justice. Si vous êtes juif et que vous commettiez un meurtre, pas seulement au cas où la victime est juive, vous serez puni de mort.
- Or nous verrons plus bas que si un musulman tue un non-musulman, il ne s'expose pas à la peine de mort !

Mais le président Obama dans son discours a omis de citer le début de ce verset 32 de la sourate 5, qui précise bien clairement que c'est aux Enfants d'Israël que s'adressent ces sages paroles. Autrement dit, cette partie du verset énonce un principe qui n'est valable que pour le peuple d'Israël. Le sens de ce verset est alors, dans une perspective musulmane, que ceux qui ont la foi musulmane ne sont nullement soumis à cette restriction, du moment qu'il s'agit d'éliminer des individus qui font le mal sur la Terre. Mais qui sont donc ces gens qui font le mal sur la Terre et qu'il faut éliminer ? Dressons-en la liste :

1. Les chrétiens

2. Les juifs

3. Les hindous

4. Les bouddhistes

5. Les athées

Résumons : verser le sang d'un non-musulman n'expose à aucune poursuite.

Mahomet a reçu la mission de nous massacrer tous, à moins que nous ne nous convertissions ou que nous ne payions la Jizyah. Notez bien cependant que l'option "Jizyah" n'est offerte qu'aux chrétiens et aux juifs. La mort est inévitable pour tous les autres, ainsi qu'on peut le voir dans le Coran, 9 :29 :

"Combattez ceux qui ne croient point en Allah ni au Dernier Jour, qui ne déclarent pas illicite ce qu'Allah et son Messager ont déclaré illicite, qui n'adoptent point la religion de Vérité, parmi les Gens du Livre (les chrétiens et les juifs) [combattez-les] jusqu'à ce qu'ils payent la jizyah en acceptant de se soumettre [au conquérant] et qu'ils se sentent réduits et humiliés."

Le mot "combattre" dans le Coran 9 :29 signifie bien "combattre pour tuer"

COMBATTEZ=LES pour LES TUER	COMBAT POUR TUER	A TUE	IL TUE	TUE ! (impér.)
(قاتلوا) comme en Coran 9 :29	يقاتل Youqatil	قتل QATALA	يقتل Yaqtol	قاتل Qatil

"Qatilou"

En langue arabe correcte, on ne dit pas "Qatil" pour une simple joute passagère. Le sens de ce mot ne peut être compris autrement que "combattez avec l'intention de donner la mort !".

Pour prouver que c'est bien nous qui sommes visés par l'expression "les gens qui font le mal sur la terre", relisons encore Sahih Boukhari, <u>Livre 8</u>, Hadith 387 ; Sahih Boukhari, <u>Livre 52</u>, Hadith 196 ;

Sahih Boukhari, <u>Livre 84</u>, Hadith 59 ; Sahih Boukhari, <u>Livre 92, Hadith 388</u> :

"J'ai reçu d'Allah la mission de combattre à mort (par le jihad) tous les hommes jusqu'à ce qu'ils professent qu'il n'y a pas d'autre dieu qu'Allah et que Mahomet est son messager, et qu'ils instituent la prière et paient la Zakat (contribution). S'ils se soumettent à ces conditions, j'épargnerai leur sang et ne porterai pas atteinte à leur propriété (leur honneur)."

La même histoire se retrouve dans Sahih Muslim, <u>Livre 001</u>, numéros 0029 et 0030.

Vous trouverez dans le Coran de nombreux versets similaires au verset du Coran 9 :29. Il est clair que l'interdiction de tuer ne s'applique que lorsque la victime est un musulman, et c'est là le véritable sens du verset du Coran 5 :32 quand il nous dit : **"quiconque commet le meurtre d'une seule personne innocente, c'est comme s'il avait tué l'humanité tout entière** (et donc il doit être puni)". Pour prouver ce point, il suffit de se tourner vers les hadiths (Sahih Boukhari, <u>Livre 3</u>, Hadith 111 ; Sahih Boukhari, <u>Livre 52</u>, Hadith 283 ; et Sahih Boukhari, <u>Livre 83</u>, Hadith 50) :

"Le prophète dit qu'aucun musulman ne doit être puni de mort pour le meurtre d'un infidèle."

Pourquoi un musulman ne mérite-t-il pas de sanction s'il tue un chrétien ? La réponse est simple : selon Mahomet, en tant que chrétien, c'est vous qui "faites le mal sur Terre" en refusant d'accepter l'islam ; cela fait de vous un coupable, et par conséquent, vous tuer n'expose le meurtrier à aucune poursuite. C'est en instituant ce principe que Mahomet propage l'islam, ainsi que nous vous l'avons montré dans le Hadith Sahih Al-Bukhari, tome 1, page1.

Un verset du Coran va nous confirmer qui sont ceux qui "font le mal sur Terre" :

Dans le commentaire d'Ibn Kathir, nous trouvons le Tafsir suivant. Vous pouvez voir la traduction réalisée par des musulmans au lien suivant :

http://tafsir.com/default.asp?sid=5&tid=13723

Mais en réalité, voici le sens véritable : ce que les musulmans traduisent par les mots " ... ce serait comme s'il avait tué toute l'humanité" devrait être traduit : **"Quiconque tue une seule âme qui bénéficie de la protection d'Allah contre le meurtre,** commet un crime aussi grave que celui qui massacre toute l'humanité."

Book of Tafsir Al-Qur'an, Ibn Kathir, Printing 2, 1999, tome 3, page 93 : (en anglais)

« De même, il est rapporté par Sa'id Bin Jubayr que [le prophète] a révélé : 'Celui qui se permet de répandre le sang d'un musulman, il est aussi coupable que celui qui permet de faire couler le sang de toute l'humanité. Et celui qui interdit de répandre le sang d'un seul musulman, il est aussi méritant que celui qui défend de faire couler le sang de toute l'humanité. »

Il s'agit donc non pas du sang de tout individu, mais uniquement de celui des personnes dont Allah interdit qu'on le verse, autrement dit, **il s'agit uniquement du sang des musulmans**. C'est pourquoi Mahomet dit (Sahih Boukhari, Livre 3, Hadith 111 ; Sahih Boukhari, Livre 52, Hadith 283 ; et Sahih Boukhari, Livre 83, Hadith 50) :

« ... Le prophète dit qu'aucun musulman ne doit être puni de mort pour le meurtre d'un infidèle. ... »

Si « le meurtre d'une seule âme » n'était pas à comprendre uniquement comme s'appliquant aux seuls musulmans, alors la peine de mort devrait s'appliquer dans tous les cas au meurtrier. Le verset le dit bien clairement : la mort est la peine méritée pour toute personne coupable d'avoir tué. Toutefois, Mahomet a bien précisé qu'il s'agissait du cas où la victime est un musulman. Or en réalité, il n'est même pas nécessaire de tuer un musulman pour mériter la peine de mort : comme nous l'avons montré précédemment, vous êtes un ennemi d'Allah si vous n'êtes pas musulman. Et c'est l'obligation de chaque musulman de répandre votre sang, à moins que vous ne vous convertissiez à l'islam. On en trouve confirmation dans les hadiths (Al-Muwatta' Imam Malik Ibn Anas, Book 43, Hadith 15 :8), **"Qu'il soit juif ou chrétien, s'il est tué, la somme d'argent à verser en compensation de sa mort est égale à la moitié de celle exigée si la victime est musulmane."** :

"Yahya m'a transmis ce témoignage provenant de Malik, qui avait retenu que 'Omar Ibn 'Abed Al-'Aziz (Calife musulman) avait rendu un jugement selon lequel, si un juif ou un chrétien était tué, la compensation versée pour ce meurtre était la moitié de celle due pour le meurtre d'un homme libre musulman.

Malik a précisé : 'Ce qui est ainsi institué dans notre communauté, c'est qu'on ne peut pas exiger la mort d'un musulman comme compensation pour le meurtre d'un chrétien ou d'un juif, sauf dans le cas où le meurtrier musulman a accompli son acte par trahison, auquel cas il sera puni de mort'."

Dans le livre العبر في خبر من غبر , Al-'Ebar Fe Khabr Man Gaber, par Al-Zahabi, tome 1, page 175, le livre Book of Al-Bedaiah Wal Elnihayah, tome 3, page 318, et tome 11, "La glorieuse année 398" :

"La destruction de l'ordure (nom donné par les musulmans à l'Eglise du Saint-Sépulcre) en l'an 398. Cette année-là, le dirigeant musulman (le Calife) ordonna la destruction de l'Eglise de l'ordure (l'Eglise du Saint-Sépulcre), qui était l'église des chrétiens, et il autorisa tous les musulmans à la piller et à emporter tous les meubles et objets qui pouvaient s'y trouver. Cette décision était motivée par l'histoire répandue [par les chrétiens] selon laquelle, le jour de Pâques, une Sainte Flamme

descendait du ciel dans la tombe vide de Jésus, histoire dénoncée comme fausse, car ce n'était que de la peinture d'Al-Balsan, mais on essayait d'impressionner les chrétiens naïfs au moyen de ce trucage. »

A la même époque, il fut ordonné de détruire de nombreuses églises chrétiennes d'Egypte et des appels furent lancés pour expulser les chrétiens de la Terre d'islam s'ils refusaient d'adhérer à l'islam ou de se soumettre aux conditions qui leur étaient imposées par l'islam. Le calife décida aussi d'ajouter de nouveaux articles au Pacte d'Omar.

1. Chaque chrétien doit porter au cou une croix de bois pesant 1,8 kg.

2. Chaque juif doit porter sur la tête une effigie de bœuf en bois pesant 2,7 kg.

3. Quand ils se rendent aux bains publics, ils doivent suspendre à leur cou un récipient d'eau pesant 2,7kg auquel sont fixés des grelots.

4. Il leur est interdit de monter à cheval.

البداية والنهاية/الجزء الحادي عشر/ثم دخلت سنة ثمان وتسعين وثلاثمائة

تخريب قمامة في هذه السنة

وفيها : أمر الحاكم بتخريب قُمامة وهي كنيسة النصارى ببيت المقدس، وأباح للعامة ما فيها من الأموال والأمتعة وغير ذلك، وكان سبب ذلك البهتان الذي يتعاطاه النصارى في يوم الفصح من النار التي يحتالون بها، وهي التي يوهمون جهلتهم أنها نزلت من السماء، وإنما هي مصنوعة بدهن البلسان في خيوط الإبريسم، والرقاع المدهونة بالكبريت وغيره، بالصنعة اللطيفة التي تروج على الطغام منهم والعوام، وهم إلى الآن يستعملونها في ذلك المكان بعينه.

وكذلك هدم في هذه السنة عدة كنائس ببلاد مصر، ونودي في النصارى : من أحب الدخول في دين الإسلام دخل ومن لا يدخل فليرجع إلى بلاد الروم آمنا، ومن أقام منهم على دينه فليلتزم بما شرط عليهم من الشروط التي زادها الحاكم على العمرية، من تعليق الصلبان على صدورهم، وأن يكون الصليب من خشب زنته أربعة أرطال، وعلى اليهود تعليق رأس العجل زنته ستة أرطال.

وفي الحمام يكون في عنق الواحد منهم قربة زنة خمس أرطال، بأجراس، وأن لا يركبوا خيلا.

Nous avons un récit de l'assassinat sauvage d'une pauvre esclave noire qui n'avait pas commis de faute autre qu'insulter Mahomet. Ce dernier donna sa bénédiction au meurtrier, ainsi que nous pouvons le voir dans le hadith ci-dessous. Livre d'Ibn Dawood, <u>Houdoud (punition) de ceux qui insultent le prophète</u> (Sunan Ibn Dawood, <u>Hodood</u>, page 129, Hadith 4361, (en arabe) ; <u>Book 38</u>, Hadith 4348, (en anglais) :

سنن أبي داود - كِتَابُ الحُدُودِ - ألا اشهدوا أن دمها هدر.2

- »بَابُ الحُكْمِ فِيمَنْ سَبَّ النَّبِيَّ صَلَّى اللَّهُ عَلَيْهِ وَسَلَّمَ129ص -«

4361 حَدَّثَنَا عَبَّادُ بْنُ مُوسَى الْخُتَّلِيُّ أَخْبَرَنَا إِسْمَعِيلُ بْنُ جَعْفَرٍ الْمَدَنِيُّ عَنْ إِسْرَائِيلَ عَنْ عُثْمَانَ الشَّحَّامِ عَنْ عِكْرِمَةَ قَالَ حَدَّثَنَا ابْنُ عَبَّاسٍ أَنَّ أَعْمَى كَانَتْ لَهُ أُمُّ وَلَدٍ تَشْتُمُ النَّبِيَّ صَلَّى اللَّهُ عَلَيْهِ وَسَلَّمَ وَتَقَعُ فِيهِ فَيَنْهَاهَا فَلَا تَنْتَهِي وَيَزْجُرُهَا فَلَا تَنْزَجِرُ قَالَ فَلَمَّا كَانَتْ ذَاتَ لَيْلَةٍ جَعَلَتْ تَقَعُ فِي النَّبِيِّ صَلَّى اللَّهُ عَلَيْهِ وَسَلَّمَ وَتَشْتُمُهُ فَأَخَذَ الْمِغْوَلَ فَوَضَعَهُ فِي بَطْنِهَا وَاتَّكَأَ عَلَيْهَا فَقَتَلَهَا فَوَقَعَ بَيْنَ رِجْلَيْهَا طِفْلٌ فَلَطَّخَتْ مَا هُنَاكَ بِالدَّمِ فَلَمَّا أَصْبَحَ ذُكِرَ ذَلِكَ لِرَسُولِ اللَّهِ صَلَّى اللَّهُ عَلَيْهِ وَسَلَّمَ فَجَمَعَ النَّاسَ فَقَالَ أَنْشُدُ اللَّهَ رَجُلًا فَعَلَ مَا فَعَلَ لِي عَلَيْهِ حَقٌّ إِلَّا قَامَ فَقَامَ الْأَعْمَى يَتَخَطَّى النَّاسَ وَهُوَ يَتَزَلْزَلُ حَتَّى قَعَدَ بَيْنَ يَدَيِ النَّبِيِّ صَلَّى اللَّهُ عَلَيْهِ وَسَلَّمَ فَقَالَ يَا رَسُولَ اللَّهِ أَنَا صَاحِبُهَا كَانَتْ تَشْتُمُكَ وَتَقَعُ فِيكَ فَأَنْهَاهَا فَلَا تَنْتَهِي وَأَزْجُرُهَا فَلَا تَنْزَجِرُ وَلِي مِنْهَا ابْنَانِ مِثْلُ اللُّؤْلُؤَتَيْنِ وَكَانَتْ بِي رَفِيقَةً فَلَمَّا كَانَ الْبَارِحَةَ جَعَلَتْ تَشْتُمُكَ وَتَقَعُ فِيكَ فَأَخَذْتُ الْمِغْوَلَ فَوَضَعْتُهُ فِي بَطْنِهَا وَاتَّكَأْتُ عَلَيْهَا حَتَّى قَتَلْتُهَا فَقَالَ النَّبِيُّ صَلَّى اللَّهُ عَلَيْهِ وَسَلَّمَ أَلَا اشْهَدُوا أَنَّ دَمَهَا هَدَرٌ

Livre d'Ibn Dawood, <u>Houdoud (punition) de ceux qui insultent le prophète</u> (Sunan Ibn Dawood, <u>Hodood</u>, page 129, Hadith 4361, (en arabe) ; <u>Book 38</u>, Hadith 4348, (en anglais) :

« Relaté par Abdallah Ibn 'Abbas : un aveugle possédait une esclave de qui il avait eu aussi des enfants ; elle parlait du Prophète d'Allah en termes grossiers et lui manquait de respect ; son maître lui ordonna de rectifier son attitude, mais elle n'arrêtait pas d'insulter le Prophète. Une nuit, elle reprit ses moqueries ; alors il saisit un stylet pointu et l'enfonça dans le ventre de la femme, et y appliqua tout le poids de son corps de sorte que l'arme lui transperça l'abdomen et qu'elle en mourut. Son enfant se tenait entre ses jambes et fut couvert de son sang. Quand vint le matin, le Prophète fut informé de l'incident. Il convoqua les hommes et dit : 'Au nom d'Allah, je veux voir l'homme qui a commis cet acte (le meurtre de l'esclave) : par l'autorité qui est la mienne sur lui, je demande qu'il se lève !'

L'aveugle se leva, tremblant devant le Prophète. Il vint s'asseoir devant le Prophète et dit : 'O Apôtre d'Allah ! C'est moi qui suis le maître de cette esclave ; elle avait l'habitude de t'insulter et de dire du mal de toi. Je lui ai interdit de se comporter ainsi, mais elle n'arrêtait pas, et je l'ai grondée, mais elle ne voulait pas renoncer à sa mauvaise habitude. J'ai d'elle deux fils qui sont comme des perles, et elle était ma compagne. Hier soir, elle a recommencé à prononcer des paroles méprisantes et injurieuses à ton égard. Alors j'ai pris un stylet, je l'ai appuyé sur son ventre, et j'y ai appliqué tout mon poids jusqu'à ce qu'elle soit transpercée et elle en est morte.' Suite à ce discours, le Prophète déclara : 'O vous, les hommes qui êtes témoins, qu'il ne soit infligé aucune peine à cet homme pour ce meurtre, car verser le sang de cette femme est un acte licite'."

C'est la raison pour laquelle, par exemple, lors d'une manifestation à Londres, on a vu des musulmans porter des panneaux avec des slogans tels que « Que soient décapités ceux qui insultent le Prophète ! », et «L'Islam, c'est la Paix et la Justice ! ». Avez-vous remarqué, dans l'histoire ci-dessus, que Mahomet n'a même pas enquêté sur les circonstances réelles de l'accident pour vérifier si l'homme disait la vérité ? Autrement dit, si vous vivez dans un pays islamique, vous pouvez tuer votre esclave, ou même votre épouse, et pour échapper à toute pénalité, il vous suffit de dire ensuite qu'elle avait insulté le Prophète, et vous serez considéré comme un héros !

Pour confirmation, voici la réponse donnée par un cheikh musulman à des croyants qui lui demandent si cette histoire est fondée sur une tradition solide et digne de confiance :

(http://www.islam.tc/cgi-bin/askimam/ask.pl?q=6491&act=view).

« Réponse à la question 6491 venant du Royaume Uni :

Nous confirmons que cette narration est authentique.

La raison pour laquelle aucune pénalité ne fut infligée à cet homme qui avait tué la femme est que cette dernière avait explicitement prononcé des injures à l'encontre de Rasulullah (Sallallaahu Alayhi Wasallam). Une telle personne est qualifiée de 'Mubaah-ud-dam', c'est à dire que si elle est tuée, cet acte n'ouvre aucun droit à représailles. (Voir <u>Badhlul Majhood</u>, tome 6, page 125). Il y a ijmaa (consensus) sur ce verdict.

Et Allah Ta'ala sait mieux que quiconque.

Moulana Muhammad Ibn Moulana Haroon Abbassommar

FACULTE SPECIALISEE SCIENCE DES HADITHS

VERIFIE ET APPROUVE PAR : Mufti Ebrahim Desai »

De ce cas, il ressort également que Mahomet est plus important qu'Allah. Selon l'islam, si vous insultez Allah, on vous donne trois jours pour vous repentir ou recevoir la peine de mort ; mais si vous insultez Mahomet, c'est la peine de mort immédiate même si vous vous repentez.

Lorsqu'on vous cite le Coran 5 :32 comme preuve que l'islam, c'est la paix, ceci n'est qu'un <u>MENSONGE EHONTE</u> !

Quiconque vous affirme qu'islam signifie « paix » ne fait que manifester son ignorance. Ce qu'on appelle aujourd'hui la politique bien-pensante est fondé sur l'attitude suivante : "faisons semblant de ne pas voir que l'islam est maléfique, et si quelqu'un dit la vérité au sujet de cette religion, accusons-le d'être islamophobe !"

Puisque nous en sommes à parler de justice, voyons comment Mahomet pratiquait sa "justice", non seulement concernant les relations avec les non-musulmans, mais même s'agissant des relations entre musulmans eux-mêmes, notamment dans les questions d'égalité entre hommes et femmes.

Mahomet, le dieu

Mahomet avec la plus grande impudence s'est carrément approprié le nom de

Dieu. Cela vous surprend-il ? Ce personnage ne cessait-il pas de répéter qu'il n'était que l'esclave de Dieu ?

Il nous faut tout d'abord comprendre comment Mahomet a pu si brusquement passer de l'état de quelqu'un qui n'avait pas la foi et ignorait les Ecritures au statut d'un personnage qui se déclare du jour au lendemain prophète de Dieu, ainsi que nous le voyons dans ce verset du Coran : 42 :52 (en se fondant sur la traduction anglaise musulmane de Muhammad Pickthall) :

"Ainsi Nous t'avons révélé, [Prophète !], un esprit de Notre ordre. Tu ignorais jusque là ce qu'étaient les Ecritures et ce qu'était la foi. Mais Nous avons fait une lumière par laquelle Nous dirigeons qui Nous voulons d'entre Nos serviteurs. Et voilà que tu diriges, assurément, [les hommes] sur une voie droite."

Comment les musulmans peuvent-ils prétendre que Mahomet était dès le départ un adepte de la religion d'Abraham, alors qu'il ne savait pas "ce qu'étaient les Ecritures et ce qu'était la foi" ? Cela signifie tout bonnement que Mahomet était bel et bien un kafir (infidèle). Alors, examinons comment un infidèle, qui ne connaissait rien à la foi ni aux Ecritures, selon la révélation fournie par ce verset du Coran, soudainement décide de se présenter comme prophète au point d'assumer carrément la fonction divine de "diriger les hommes" !

La réponse est simple : il s'approprie le nom de Dieu pour usurper la place de Dieu ! Il est bien établi que le nom de cet individu, à l'origine, était Qathem (قثم). A l'âge de trente ans, il décide de changer son nom, et il le fait à l'instigation de sa femme Khadija et du cousin de cette dernière. A ce moment-là, Khadija et son cousin avaient élaboré un plan pour faire de Mahomet le chef suprême de toutes les diverses tribus d'Arabie.

Le meilleur moyen d'y parvenir était de se placer sur un plan religieux : il serait facile pour Mahomet de contrôler les habitants et de leur imposer son autorité, s'il proclamait que son autorité venait de Dieu ; si bien qu'ils lui annoncèrent : "Au nom de Dieu, tu es Dieu !"

Voici donc comment Mahomet prit la place de Dieu : (Sunan Ibn Majah, <u>Book of Jihad</u>, Hadith 2859)

سنن ابن ماجه - كِتَابُ الْجِهَادِ - من أطاعني فقد أطاع الله ومن عصاني فقد عصى الله

باب طَاعَةِ الإِمَامِ

حَدَّثَنَا أَبُو بَكْرِ بْنُ أَبِي شَيْبَةَ وَعَلِيُّ بْنُ مُحَمَّدٍ قَالاَ حَدَّثَنَا وَكِيعٌ حَدَّثَنَا الأَعْمَشُ عَنْ أَبِي صَالِحٍ 2859
عَنْ أَبِي هُرَيْرَةَ قَالَ قَالَ رَسُولُ اللَّهِ صَلَّى اللَّهُ عَلَيْهِ وَسَلَّمَ مَنْ أَطَاعَنِي فَقَدْ أَطَاعَ اللَّهَ وَمَنْ عَصَانِي
فَقَدْ عَصَى اللَّهَ وَمَنْ أَطَاعَ الإِمَامَ فَقَدْ أَطَاعَنِي وَمَنْ عَصَى الإِمَامَ فَقَدْ عَصَانِي ▢

"Le Prophète a déclaré : 'quiconque m'obéit, obéit à Allah, et quiconque me désobéit, désobéit à Allah, et quiconque obéit à l'Imam, il m'obéit à moi, et quiconque désobéit à l'Imam, il me désobéit à moi'."

Confirmation dans le Coran 4 :80 :

« *Quiconque obéit à l'Apôtre obéit effectivement à Allah. Mais quiconque se détourne de lui, [Allah le condamne] : ce n'est pas pour la protection de ces gens-là que Nous t'avons envoyé.* »

مَّن يُطِعِ الرَّسُولَ فَقَدْ أَطَاعَ اللَّهَ وَمَن تَوَلَّىٰ فَمَا أَرْسَلْنَاكَ عَلَيْهِمْ حَفِيظًا

(سورة النساء)

Nous le constatons dans le verset ci-dessus, le Coran offre une justification écrite à Mahomet pour prendre la place de Dieu. Ceci entraîne qu'il existe bien deux sources des lois de l'islam : Mahomet et le Coran (lequel, de toute façon, provient de Mahomet !).

Et c'est un fait que les principales sources du droit islamique sont exclusivement constituées des actes et des discours de Mahomet :

1. Les récitations de Mahomet (Le Coran).

2. Les discours et les commandements de Mahomet (la Sunnah).

3. Les faits et gestes de Mahomet, (même les plus simples ou les plus triviaux, comme la manière d'uriner) (la Sunnah).

C'est évident, Mahomet et Dieu ont fusionné pour devenir une seule entité. La parole de Mahomet est parole de Dieu, et tout commandement de Mahomet est un commandement de Dieu.

Plus grave encore : Mahomet prend le pas sur Dieu. Relisons en effet le Coran 4 :80 :

« Quiconque obéit à l'Apôtre obéit effectivement à Allah. Mais quiconque se détourne de lui, [Allah le condamne] : ce n'est pas pour la protection de ces gens-là que Nous t'avons envoyé. »

L'attitude d'Allah dépend du crédit qu'obtient son prophète, et il est plus important d'obéir à Mahomet que d'obéir à Dieu. C'est probablement ce qui explique le souci extrême qu'a Dieu de satisfaire les désirs sexuels de Mahomet, ainsi que le fait que tout ce que pouvait désirer Mahomet donnait lieu à une loi.

De Qathem à Mahomet

Tout ceci n'était pas encore suffisant pour Mahomet. Quelque chose lui manquait encore : un titre ; et il ne s'agit pas ici du statut de "prophète", car cela, il l'obtint tout simplement par la force du sabre.

A sa naissance, il reçut le nom de Qathem, et non pas Muhammad (Mahomet). Pourquoi ce changement de nom, et quel en est la signification ?

Considérons les personnages bibliques suivants et les titres qu'ils avaient :

1. Abraham : Père de la lignée des Prophètes,

2. Moïse : Interlocuteur de Dieu (Kalem Allah كليم الله),

3. Jésus : Le Messie.

Mais voilà que cherche à s'introduire sur scène un nouveau personnage, et le banal nom de Qathem fait mauvaise figure.

Le verset suivant explique pourquoi Mahomet s'est attribué des noms et des titres (Sahih Al-Boukhari, Livre 56, Hadith 732) :

أنا محمد وأنا أحمد ، وأنا الماحي الذي يمحو الله بي الكفر ، وأنا الحاشر الذي يُحشَرُ الناس على

(رواه البخاري ((4343) ومسلم (3268قدمي ، وأنا العاقب الذي ليس بعده نبي))

"Le Messager d'Allah dit : 'J'ai cinq noms : je suis Muhammad et aussi Ahmad ; je suis l'Effaceur(Al-Mahi), avec qui Allah effacera les infidèles (la chrétienté) ; je suis le Congrégateur (Al-Hashir) (ce qui signifie celui devant qui l'humanité formera une assemblée de croyants), le Premier à être ressuscité, sans que personne passe avant moi ; et je suis le Dernier (Al-Aqib), il n'y aura pas de prophète après moi."

Examinons ces noms de plus près :

	Signification des noms / titres	Noms équivalents attribués à Allah
Muhammad	Celui qui en toutes choses est digne de louanges	Al-Hamîd (N°56)
Ahmad	Celui qui est loué	Al-Hamîd (N°56)
L'Effaceur (Al-Mahi)	Celui par qui la chrétienté sera effacée	Al-Mahi (comme Allah, qui en Coran 22 :52 fait l'effacement ("yansakh") de ce que lance Satan, Mahomet s'arroge le pouvoir d'effacer les autres religions). (Voir Boukhari, Livre 56, Hadith 732)
Le Congrégateur (Al-Hashir)	Celui par qui Allah rassemblera toute l'humanité au Jour du Jugement	Al-Muhsi (N°57)
Le Dernier (Al-Aqib)	Personne ne vient après lui	Al-Akhir (N°74)

Que vous suggère cette liste ? Ne reconnaît-on pas là une machination particulièrement sinistre et blasphématoire ? Notez bien que Mahomet choisit le nom "Celui qui est loué", un nom qu'on retrouve bien entendu sur la liste des 99 noms d'Allah. Ceci équivaut à se désigner comme Dieu, afin que les musulmans le suivent sans poser de questions. Les musulmans approuvent ce qu'il a approuvé et interdisent ce qu'il a interdit, même dans les cas où ce que Mahomet affirme contredit les commandements d'Allah dans le Coran. Les Musulmans continuent de suivre Mahomet plus qu'ils ne suivent Allah.

Mahomet ou Muhammad ("celui qui en toutes choses est digne de louanges") et Ahmed ("celui qui est loué")

Le lecteur pourra vérifier le sens des versets cités, en consultant le site : www.altafsir.com .

Voyons ce verset du Coran : 61 :6 (en se fondant sur la traduction anglaise musulmane de Muhammad Pickthall) :

"Et quand Jésus, fils de Marie, dit : 'O Fils d'Israël, voyez, je suis le messager d'Allah [envoyé] vers vous, confirmant ce qui fut [révélé] avant moi dans la Thora, et apportant l'heureuse annonce d'un messager qui viendra après moi, et dont le nom sera 'Celui qui est Loué'.' Et pourtant, il a beau venir vers eux avec des preuves évidentes, eux disent : 'Ce n'est que de la sorcellerie !'"

Or, partout dans le Coran, l'expression "Celui qui est Loué" est appliquée à Allah, excepté dans la sourate 61, verset 6, où Mahomet reçoit le privilège de partager ce nom avec Allah. Mahomet se trouve donc être, à égalité avec Allah, Celui qui est Loué.

Examinons le mot de plus près : sa racine est H-M-D. De là sont dérivés les mots suivants, qui tous ont une signification équivalente, "celui qui est loué".

'Ham'd	Louange
'Hamîd	Celui qui est loué
Mu'hammad	Celui qui est loué

A'hmad	Celui qui est loué
'Hamdan	Louange

Le premier de ces noms, 'Ham'd, est bien un nom d'Allah, ainsi qu'il apparaît clairement dans les versets suivants :

- Sourate Al-Bourouj, Coran 85 :8   سورة البروج
- Sourate Al-Moumtahana, Coran 60 :6   سورة الممتحنة
- Sourate Muhammad, Coran 47 :2   سورة محمد
- Sourate Al-Hadid, Coran 57 :24   سورة الحديد
- Sourate Al-Shoura, Coran 42 :28   سورة الشورى
- Sourate Fâtir, Coran 35 :15   سورة فاطر
- Sourate Louqman, Coran 31 :26   سورة لقمان
- Sourate Al-Hajj, Coran 22 :64   سورة الحج
- Sourate Al-Hajj, Coran 22 :24   سورة الحج
- Sourate Ibrahim, Coran 14 :1   سورة ابراهيم

Si Mahomet était vraiment, comme il le prétendait, un esclave de Dieu, alors comment pouvait-il se permettre d'usurper le nom du Seigneur ? Clairement, tout indique que Mahomet était bien conscient de n'être qu'un faux prophète, et qu'il comprenait parfaitement l'avantage qu'il pouvait tirer de ce subterfuge : se faire appeler « Celui qui est Loué ». Il souhaitait imposer l'obéissance absolue, le contrôle absolu, la mystification absolue. En se proclamant « Celui qui est Loué », il s'assurait que personne n'oserait émettre des doutes à son sujet.

Les hadiths illustrent abondamment l'existence d'un culte de caractère divin rendu à Mahomet le dieu.

(Sahih-Al-Bukhari, Book of Ablution, Hadith 186) :

صحيح البخاري - كِتَاب الْوُضُوءِ - فتوضأ فجعل الناس يأخذون من فضل وضوئه فيتمسحون به فصلى النبي صلى الله عليه وسلم الظهر ركعتين والعصر ركعتين

186 قَالَ وَهُوَ الَّذِي مَجَّ رَسُولُ اللَّهِ صَلَّى اللَّهُ عَلَيْهِ وَسَلَّمَ فِي وَجْهِهِ وَهُوَ غُلاَمٌ مِنْ بِئْرِهِمْ وَقَالَ عُرْوَةُ عَنِ الْمِسْوَرِ وَغَيْرِهِ يُصَدِّقُ كُلُّ وَاحِدٍ مِنْهُمَا صَاحِبَهُ وَإِذَا تَوَضَّأَ النَّبِيُّ صَلَّى اللَّهُ عَلَيْهِ وَسَلَّمَ كَادُوا يَقْتَتِلُونَ عَلَى وَضُوئِهِ

« Le Prophète procédait à ses ablutions, alors les gens saisissaient les restes de l'eau qu'il avait utilisée et se la répandaient sur tout le visage ... au point même que certains des compagnons du Prophète se disputaient cette eau usée. »

Ajoutons-y encore une autre référence, Sahih Al-Boukhari, Livre 72, Hadith 750 :

« J'ai été témoin de ce que Bilal ramassait l'eau usée provenant des ablutions du Prophète, et une foule de musulmans s'emparaient de cette eau et se la passaient sur le visage. Ceux qui ne parvenaient pas à en saisir tâchaient de recueillir les gouttes sur les mains de leurs compagnons et s'en frottaient tout le visage. »

Rendez-vous compte ! L'eau usée des ablutions est une eau souillée au cours du lavage. N'ayons pas peur des mots ici, il s'agit bien de l'eau avec laquelle on se lave, entre autres, les organes génitaux. Pourquoi donc ces musulmans s'imaginaient-ils que l'eau utilisée par Mahomet pour se laver les parties intimes constituait une eau sainte porteuse de bénédiction ?

Les passages ne manquent pas montrant comment les musulmans recherchaient par ce moyen la bénédiction de Mahomet :

[1] : ص

[2] : 1812 ص 2325 برقم

[3] : 186 حديث الوضوء كتاب البخاري صحيح . Sahih Al-Bukhari, Livre 4 (Ablutions), hadith 186. « ... Le Prophète procédait à ses ablutions, alors les gens saisissaient les restes de l'eau qu'il avait utilisée et se la répandaient sur tout le visage ... au point même que certains des compagnons du Prophète se disputaient cette eau usée. »

947 ص 1305برقم رواه البخاري2 ص ص 589برقم 6181 صحيح مسلم (3/145)

صحيح مسلم - كِتَاب اللِّبَاس وَالزِّينَة - إنما يلبس هذا من لا خلاق له

2069 -«1641»ص -

أَسْمَاءَ فَخَبَّرْتُهَا فَقَالَتْ هَذِهِ جُبَّةُ رَسُولِ اللهِ صلى الله عليه وسلم فَأَخْرَجَتْ إِلَيَّ جُبَّةَ طَيَالِسَةٍ كِسْرَوَانِيَّةٍ لَهَا لِبْنَةُ دِيبَاجٍ وَفَرْجَيْهَا مَكْفُوفَيْنِ بِالدِّيبَاجِ فَقَالَتْ هَذِهِ كَانَتْ عِنْدَ عَائِشَةَ حَتَّى قُبِضَتْ فَلَمَّا قُبِضَتْ قَبَضْتُهَا وَكَانَ النَّبِيُّ صلى الله عليه وسلم يَلْبَسُهَا فَنَحْنُ نَغْسِلُهَا لِلْمَرْضَى يُسْتَشْفَى بِهَا

Le sous-vêtement du prophète est un remède pour guérir les malades.

Voici maintenant un passage instructif du recueil de Sahih Muslim, <u>Livre des vêtements</u>, page 1641, hadith 2069 :

« 'Aisha revint auprès d'Asma' (la sœur d'"Aisha) et lui dit qu'elle tenait là le sous-vêtement du prophète ... On le lavait afin de s'en servir ensuite pour la guérison des malades. »

Mahomet vendait des terrains au paradis.

Quant aux passages suivants, ils nous apprennent qu'on peut verser des avances en ce monde afin d'acquérir au paradis un emplacement avec un terrain fertile.

حَدَّثَنَا خَلَفُ بْنُ خَلِيفَةَ عَنْ حُمَيْدٍ الأَعْرَجِ عَنْ عَبْدِ اللهِ بْنِ الْحَارِثِ عَنْ عَبْدِ اللهِ بْنِ مَسْعُودٍ قَالَهُ : لَمَّا نَزَلَتْ : " مَنْ ذَا الَّذِي يُقْرِضُ اللهَ قَرْضًا حَسَنًا " قَالَ أَبُو الدَّحْدَاحِ : يَا رَسُولَ اللهِ وَإِنَّ اللهَ تَعَالَى يُرِيدُ مِنَّا الْقَرْضَ ؟ قَالَ : (نَعَمْ يَا أَبَا الدَّحْدَاحِ) قَالَ : أَرِنِي يَدَكَ ؛ قَالَ فَنَاوَلَهُ ؛ قَالَ : فَإِنِّي أَقْرَضْتُ اللهَ حَائِطًا فِيهِ سِتُّمِائَةِ نَخْلَةٍ . . ثُمَّ جَاءَ يَمْشِي حَتَّى أَتَى الْحَائِطَ وَأُمُّ الدَّحْدَاحِ فِيهِ وَعِيَالُهَا ؛ فَنَادَاهَا : يَا

أُمّ الدَّحْدَاحِ ; قالَتْ : لَبَّيْكَ ; قالَ : اخْرُجِي , قَدْ أَقْرَضْتُ رَبّي عَزَّ وَجَلَّ حَائِطًا فيهِ سِتِّمَائَةِ نَخْلَة .

17 اية64سوره التغابن Taha

En effet, le Coran, dans la sourate At-Taghaabun (« la mutuelle duperie »), 64 :17, enseigne (en se fondant sur la traduction anglaise musulmane de Muhammad Pickthall) :

« *Si vous faites à Allah un prêt conséquent, Il vous le rendra au double et vous pardonnera. Allah est très fiable et clément.* »

Ce verset 64 :17 est interprété de la manière suivante dans le Livre d'Al-Qur'tubi :

« *Mahomet vendit un terrain situé au paradis d'Allah à un homme appelé Abu Al-Da'hda'h en échange d'une palmeraie de 600 arbres. Mahomet expliqua à Abu Al-Da'hda'h que cette palmeraie constituait un prêt à Allah, en vertu de quoi il accorda à Abu Al-Da'hda'h une place au paradis.* »

On trouvera la même histoire dans les références suivantes :

Commentaire d'Ibn Kathir, tome 8, page 14, Edition 2000, (en arabe) pour le Coran 2 :245.

Commentaire d'Ibn Kathir, tome 1, page 663, Edition 1999, Royaume D'Arabie Saoudite, تفسير القرآن العظيم بن كثير القرشي الدمشقي

Al 'Tabarani Al-Mu'ejam Al-Kaber, tome 22, page 301, الطبراني في المعجم الكبير 22/301

On entend toujours les musulmans critiquer le Pape catholique, qui, selon eux, aurait vendu aux gens des promesses de place au paradis. Que cela se soit produit ou non, aucun chrétien actuel ne considèrerait cette pratique comme acceptable ; au contraire, elle ne pourrait être qualifiée que de crime d'escroquerie et de grave péché au regard des enseignements de Jésus Christ.

Mais Mahomet, quant à lui, se permit de s'approprier un terrain en échange d'une place offerte au paradis. Qu'en est-il alors des indigents qui n'ont pas les moyens d'offrir un terrain ou une somme d'argent pour obtenir leur place au paradis ?

Remarquez bien que Mahomet prenait possession de ce terrain pour en faire sa propriété personnelle. Il ne s'agissait pas de réunir des biens en vue d'une œuvre charitable au bénéfice des pauvres !

Mahomet aimait l'argent.

Voyons ce que nous dit Sahih Al-Boukhari, Livre 46, hadith 771 :

« Jaber Ibn Abdullah rapporte qu'il y avait un homme qui avait promis qu'après sa mort son esclave serait affranchi. Survint la mort du maître ; mais le Prophète appela cet esclave et le mit en vente pour lui trouver un nouveau maître. Cet esclave mourut l'année même de cette vente. »

Notez bien à quel point cet acte est perfide. Dieu était témoin de cette promesse qui avait été faite à cet esclave de l'affranchir après la mort du maître. Cependant, Mahomet avait des projets différents. Il envoya ses hommes s'emparer de l'esclave, et ensuite, il le vendit à un nouveau maître. Mahomet priva ainsi cet esclave de la liberté qu'il avait obtenue et s'appropria le produit de cette vente illicite. Il apparaît clairement que Mahomet n'avait aucune limite morale à son avidité. Et, outre qu'il s'agit d'une attitude caractéristique du « shirk », où l'homme se permet d'imposer sa volonté à Dieu, on essaye encore de nous faire croire que c'est là un homme idéal, un exemple moral parfait que chacun devrait imiter !

Par jalousie, Mahomet a ordonné le meurtre d'un fidèle croyant.

Il est facile de trouver encore des manifestations de ce comportement « exemplaire » du prophète : Sahih Al-Bukhari, Book of Al-Futo'h, hadith 4599 :

« Récit rapporté par Anas Ibn Malik : 'Il y avait parmi nous un homme, jeune, très pratiquant et religieux, humble de caractère et assidu à appliquer les préceptes de la foi. Nous évoquâmes son nom devant le Prophète, mais il ne le connaissait pas. Alors nous le décrivîmes au Prophète, mais il ne voyait toujours pas de qui il s'agissait. Quand soudainement, l'homme en question apparut, et nous dîmes au Prophète : 'Le voilà justement !' Le Prophète répondit : 'Son visage ressemble à celui de Satan.'

Alors le jeune homme s'approcha et dit : 'Paix à vous tous !' Le Prophète s'adressa à lui et demanda : 'T'imagines-tu être le meilleur des hommes ici présents ?' Le jeune home répondit : 'Par Allah, oui, je le crois.' Sur ce, il nous quitta et entra dans la mosquée. Le Prophète alors s'exclama : 'Qui donc voudra bien [me rendre le service de] tuer cet homme ?' Abou Bakr répondit : 'Moi, je m'en charge !' Abou Bakr alla repérer le jeune homme à l'intérieur de la mosquée et le trouva debout, accomplissant la prière. Abou Bakr se dit alors : 'Le Prophète nous interdit de tuer un musulman lorsque celui-ci est occupé à la prière !'

Alors le Prophète répéta encore une fois : 'Qui donc voudra bien [me rendre le service de] tuer cet homme ?' Omar répondit : 'C'est moi, ô Prophète, qui le ferai !' Omar entra donc dans la mosquée et trouva l'homme prosterné la face contre terre, accomplissant la prière. Omar se dit alors : 'Le Prophète nous interdit de tuer un musulman lorsque celui-ci est occupé à la prière. Je reviendrai donc [le tuer plus tard, quand il aura terminé ses prières].' Alors le Prophète répéta encore une fois : 'Qui donc voudra bien [me rendre le service de] tuer cet homme ?' Alors Ali répondit : 'Moi, ô

Prophète, je le tuerai.' Ali entra <u>dans la mosquée et vit que le jeune homme avait disparu ! Alors Mahomet s'exclama : 'Si cet homme était tué, jamais aucune discorde ne verrait le jour entre deux hommes de notre nation !'</u>"

Ce récit se trouve également dans le livre مجمع الزوائد ومنبع الفوائد (Majma' Al-Zawa'ed wa Manba' Al-Fawa'ed), tome 6, hadith 10401, qu'on pourra consulter sur les sites suivants : al-eman.com

En voici le texte en arabe :

10401 قال : وعن أنس بن مالك قال :

كان رجل على عهد رسول الله - صلى الله عليه وسلم - يغزو مع رسول الله - صلى الله عليه وسلم - فإذا رجع وحط عن راحلته عمد إلى مسجد الرسول ، فجعل يصلي فيه ، فيطيل الصلاة حتى جعل أصحاب رسول الله - صلى الله عليه وسلم - يرون أن له فضلا عليهم . فمر يوما ورسول الله - صلى الله عليه وسلم - قاعد في أصحابه ، فقال له بعض أصحابه : يا رسول الله ، هو ذاك الرجل ، فإما أرسل إليه نبي الله - صلى الله عليه وسلم - وإما جاء من قبل نفسه ، فلما رآه رسول الله - صلى الله عليه وسلم - مقبلا ، قال : " والذي نفسي بيده ، إن بين عينيه سفعة من الشيطان " . فلما وقف على المجلس ، قال له رسول الله - صلى الله عليه وسلم - : " أقلت في نفسك حين وقفت على المجلس : ليس في القوم خير مني ؟ " . قال : نعم ، ثم انصرف فأتى ناحية من المسجد فخط خطا برجله ، ثم صف كعبيه فقام يصلي ، فقال رسول الله - صلى الله عليه وسلم - : " أيكم يقوم إلى هذا فيقتله ؟ " . فقام أبو بكر ، فقال رسول الله - صلى الله عليه وسلم - : " أقتلت الرجل ؟ " فقال : وجدته يصلي فهبته " .

فقال رسول الله - صلى الله عليه وسلم - : " أيكم يقوم إلى هذا فيقتله ؟ " فقال عمر : أنا ، وأخذ السيف فوجده يصلي فرجع . فقال رسول الله - صلى الله عليه وسلم - لعمر : " أقتلت الرجل ؟ " . فقال : يا رسول الله ، وجدته يصلي فهبته .

فقال رسول الله - صلى الله عليه وسلم - : " أيكم يقوم إلى هذا فيقتله ؟ " . قال علي : أنا ، قال رسول الله - صلى الله عليه وسلم - : " أنت له إن أدركته " . فذهب علي فلم يجده ، قال رسول الله - صلى الله عليه وسلم - : " أقتلت الرجل ؟ " . قال : لم أدر أين سلك من الأرض .

" فقال رسول الله - صلى الله عليه وسلم - : " إن هذا أول قرن خرج في أمتي

قال رسول الله - صلى الله عليه وسلم - : " لو قتلته - أو قتله - ما اختلف في أمتي اثنان ، إن بني إسرائيل تفرقوا على إحدى وسبعين فرقة ، وإن هذه الأمة - يعني أمته - ستفترق على ثنتين وسبعين فرقة ، كلها في النار إلا فرقة

Reprenons le détail de cette histoire. L'homme que Mahomet désirait voir exécuter n'avait commis aucun crime. Tous les musulmans, y compris ceux qui avaient des fonctions de commandement, s'accordaient à dire que cet homme était un excellent musulman. Il était en effet un croyant ferme, humble, fidèle et très appliqué à la prière. Il ne doutait pas que Mahomet fût le prophète d'Allah. Il était si exemplaire dans sa foi que les autres musulmans dans l'entourage du prophète estimaient que ses bonnes qualités méritaient d'être portées à la connaissance du prophète, et c'est pourquoi ils décidèrent d'évoquer le nom de ce jeune homme devant Mahomet. Quand il fut donné à cet homme de se trouver en présence du prophète, il offrit à toutes les personnes présentes des salutations de paix. L'entretien une fois terminé, il prit congé de manière encore une fois pacifique, et se rendit tout droit à la mosquée pour accomplir la prière.

On s'attendrait à ce que Mahomet fasse l'éloge de cet homme et le désigne comme exemple à suivre pour tous les musulmans, mais au lieu de cela, d'après cette histoire, le prophète exprime son souhait qu'il soit tué. Pourquoi cette réaction ? La raison est tout simplement que l'existence de ce jeune homme vertueux menaçait éventuellement d'éclipser l'image de Mahomet en tant que représentant idéal du parfait musulman. En effet, il avait suffi de très peu de temps pour que l'entourage de Mahomet remarque ce jeune homme et fasse l'éloge de sa piété. Manifestement, ils avaient pour lui un très grand respect, mais Mahomet eut une réaction tout à fait différente. Lorsque l'homme se trouva en présence du prophète, il lui fut demandé s'il pensait être le meilleur des hommes. Or, ayant probablement remarqué les turpitudes de tous ces gens, il ne craignit pas de répondre franchement en prenant Allah à témoin : "Par Allah, oui, je le crois.". Notez bien qu'il se rend ensuite à la mosquée avant tous les autres. Cela, la vanité de Mahomet et sa peur de toute concurrence ne pouvait le souffrir. Il ne voulait pas qu'on commence à faire des comparaisons entre lui-même et la piété de cet homme. Alors, il donne l'ordre de le tuer.

La réaction de Mahomet dans le cas de cet homme manifeste clairement son côté pernicieux. Il est censé être prophète, mais son comportement ressemble plus à celui d'un suppôt de Satan qu'à l'attitude d'un saint homme. S'il était effectivement un homme saint, quel besoin aurait-il d'ordonner le meurtre d'un vrai croyant musulman qui obéissait à Allah et reconnaissait Mahomet comme son prophète ? Plus grave encore, il sait que l'homme est en train d'accomplir la prière à la mosquée, et malgré le caractère sacré de cette situation, il continue à envoyer ses hommes avec mission de le tuer. Après plusieurs essais infructueux, l'homme finalement dut recourir à la fuite pour sauver sa vie.

Le péché originel

Les musulmans se moquent de la doctrine chrétienne du péché originel et considèrent celle-ci comme tout à fait erronée ; or, en réalité, l'idée du péché originel est l'objet de croyances encore plus fortes dans l'islam que dans le christianisme.

On nous répète souvent que l'islam n'accepte pas l'idée chrétienne du *péché originel*. Mais si c'est réellement le cas, alors comment les musulmans expliquent-ils le hadith suivant (Boukhari, Livre 77, hadith 611) ?

« Témoignage rapporté par Abu Huraira : le Messager d'Allah a dit : Adam et Moïse étaient engagés dans une discussion. Moïse dit à Adam : '[Je m'adresse] à toi, Adam ! C'est toi notre ancêtre qui nous as affligés et qui es la cause que nous avons été chassés du paradis céleste !' »

. *« Moïse dit à Adam : '[Je m'adresse] à toi, Adam ! C'est toi notre ancêtre qui nous as affligés et qui es la cause que nous avons été chassés du paradis céleste !'* » (N.B. : Mahomet apparemment confond le jardin d'Eden avec le paradis céleste ; il croyait qu'Adam et Eve avaient vécu au paradis céleste avant de commettre le péché et d'en être chassés.)

- Cette réplique de Moïse ne se réfère-t-elle pas de manière explicite à ce qui correspond exactement au péché originel ? En effet, il nous est bien dit que si les musulmans sont maintenant exclus du monde (paradis) céleste, ce n'est pas à cause du péché des musulmans, mais bien par la faute d'Adam. Voyez encore cette tradition recueillie par Sahih Muslim, (Livre 016, hadith 4156) :

« *Le Messager d'Allah dit : 'Aucun homme ne périt de manière injuste sans qu'un tel crime ne partage la transgression inscrite dans la lignée établie par le premier fils d'Adam, car il fut le premier à instituer le meurtre.* »

Certains essaieront peut-être d'objecter que ce cas n'a rien à voir avec le péché originel. Mais en réalité, nous sommes bien dans le sujet. Quand Caïn, le premier fils d'Adam, tua son frère, il agit de son propre chef. Si moi, aujourd'hui, je commets un meurtre, je le fais également par ma propre décision. Cela étant dit, s'il est vrai que mon acte n'est pas provoqué par celui de Caïn, c'est néanmoins à cause de ce dernier que ce que je fais peut être qualifié de péché de meurtre, parce que c'est par lui que ce type de péché prit naissance. Le penchant meurtrier de Caïn devint notre héritage, ou, comme l'exprime Mahomet, **nous *partageons* le péché de Caïn**, ce qui revient bien à décrire le principe d'un péché originel transmis aux générations suivantes.

Dans le même ordre d'idées, d'autres hadiths expriment ce principe de transmission de la faute de manière encore plus claire. Ainsi, dans Sahih Al-Boukhari, <u>Livre 55</u>, hadith 547 :

"Témoignage rapporté par Abu Huraira : le Messager d'Allah a dit : 'Si le judaïsme n'était pas venu au monde, la viande ne deviendrait jamais avariée, et si Eve n'avait pas vécu, les femmes ne tromperaient jamais leur époux'."

Ce passage apporte la preuve que Mahomet lui-même croyait qu'il y avait une transmission ininterrompue entre le péché commis par Eve et le péché de chaque femme. Si ce n'était pas le cas, alors comment expliquer le rapport entre ce qu'Eve avait fait à son époque et ce que les femmes font aujourd'hui ?

- Le péché commis par Eve est la raison du péché de toutes les femmes, d'après Mahomet.
- Les paroles de Mahomet de toute évidence nous incitent à penser que le péché est pareil à une maladie héréditaire.

Il nous est expliqué dans le Coran, en 2 :35-38, qu'Adam avait reçu le don de vivre dans le paradis céleste, mais que par la suite, il commit un péché, ce qui entraîna son exclusion de ce séjour. Puisqu'Adam seul avait commis ce péché, pourquoi sommes-nous, nous aussi, exclus de ce paradis céleste ? S'il n'existait aucun rapport de transmission entre son péché à lui et nos fautes à nous, alors nous devrions, pour notre part, conserver maintenant notre résidence au paradis.

A qui donc revient la faute ? A Adam, ou bien à nous ? Sommes nous exclus du paradis à cause du péché d'Adam ou bien à cause de nos péchés à nous ? N'oublions pas qu'un nouveau-né ne peut pas avoir, dès l'instant de sa naissance, commis un péché qui justifie qu'il n'ait plus le droit de naître au paradis. Si ce bébé peut prétendre au même don que celui qui fut accordé à Adam et à Eve, il faudrait qu'il commette une faute pour se retrouver hors du paradis. La seule explication qui s'impose, c'est que nous sommes hors du paradis précisément parce qu'Adam a désobéi à Dieu.

Nous constatons également que Mahomet manifeste son hypocrisie en soulignant la culpabilité des femmes d'aujourd'hui à partir du péché d'Eve, comme si Eve était la seule coupable. Il est important de rappeler ici que même dans la doctrine de l'islam, le premier péché, ou péché originel, c'est à dire celui qui fut commis conjointement par Adam et par Eve, a des conséquences sur notre vie aujourd'hui.

Ne posez pas de questions, abstenez-vous de remarquer le mal !

En récitant le verset suivant et en l'érigeant en loi permanente, Mahomet réussit à subjuguer l'esprit de ses adeptes. Emettre le moindre doute au sujet de Mahomet revient à s'opposer à Allah (Coran 5 :101) :

{ يَا أَيُّهَا الَّذِينَ آمَنُوا لَا تَسْأَلُوا عَنْ أَشْيَاءَ إِنْ تُبْدَ لَكُمْ تَسُؤْكُمْ وَإِنْ تَسْأَلُوا عَنْهَا حِينَ يُنَزَّلُ الْقُرْآنُ تُبْدَ لَكُمْ عَفَا اللَّهُ عَنْهَا وَاللَّهُ غَفُورٌ حَلِيمٌ 101}

"O vous qui croyez !, ne posez pas de questions sur des choses qui vous paraissent propres à vous affecter en mal dans le Coran."

Mahomet précisa concrètement sa menace dans la suite du passage, avec un verset qui qualifie de traître et d'apostat toute personne qui ose poser des questions. (Coran 5 :102)

"Un peuple, avant vous, avait posé les mêmes questions et ces gens devinrent des infidèles."

Vous n'avez pas le droit de soulever des questions sur Mahomet et sur le Coran. Si vous le faites, vous vous exposerez aux accusations suivantes :

1. Vous êtes un apostat (celui qui quitte l'islam).
2. Vous essayez de détourner les musulmans de leur religion.
3. Vous insultez le prophète.

Poser des questions sur Mahomet et / ou sur le Coran est mal vu. En effet, soulever des questions équivaut à supposer que Mahomet a pu mentir.

Toute personne convaincue de l'un quelconque des chefs d'accusation énumérés ci-dessus s'expose à recevoir la peine de mort.

Si vous vous demandez ce qui peut bien effrayer Mahomet à tel point dans le fait de poser des questions, la réponse vous est fournie dans le Coran, sourate 5, verset 102. Là, il est dit très clairement que poser des questions signifie s'engager sur le chemin qui mène à quitter l'islam. Pourquoi ? Il est facile de deviner les raisons suivantes :

- Mahomet n'est pas capable de fournir une explication convaincante ;
- le Coran ne fournit aucune preuve convaincante ; et
- le Coran n'est pas clair et ne sera jamais clair.

Allah seul sait.

Le Coran lui-même reconnaît que la signification d'une grande partie de son texte échappe à tout le monde excepté à Allah. Seul Allah sait. (Coran 3 :7, et sur la base de la traduction anglaise faite par Usama Dakdok)

"C'est Lui qui a fait descendre sur toi l'Ecriture (le Coran) ; certains de ses versets sont décisifs (univoques). Ceux-là sont la Mère de l'Ecriture, tandis que les autres sont équivoques. Si bien que les hommes dont le cœur a tendance à dévier suivent la partie du texte qui est équivoque : ils aspirent au trouble et recherchent des interprétations, alors que personne n'en connaît la [juste] interprétation à part Allah. Mais ceux qui sont solidement enracinés dans la Connaissance déclarent : 'Nous croyons à cela. Tout émane de notre Seigneur.' [...]"

L'information que nous apporte ce verset complète celle que nous avons trouvée plus haut, en Coran 5 :101, où il était dit que nul ne doit poser de questions. Nous comprenons maintenant, d'après Coran 3 :7, que Mahomet lui-même ignore les réponses.

L'auteur de la confusion

Mahomet, voulant échapper aux questions, s'est piégé lui-même lorsqu'il a décidé de les éviter en inventant le verset 3 :7 du Coran. En effet, s'il affirme que personne - absolument personne - sauf Allah, ne peut connaître le sens de la plus grande partie des versets du Coran, cela implique que Mahomet lui-même n'est pas compétent pour les interpréter. Ses disciples se retrouvent alors sans personne vers qui se tourner pour des explications valables.

- Etant donné que le sens d'une partie considérable du Coran **échappe à tout le monde sauf à Allah**, alors **aucune** des interprétations existantes des versets de la partie équivoque de ce texte n'est correcte.

- Puisque toutes ces interprétations sont fausses, alors celles de Mahomet n'ont pas plus de valeur que celles de n'importe qui. Quelle valeur dans ce cas accorder à la sunna du prophète ?

- Si toutes les interprétations, aussi bien celles de Mahomet que celles des autres, sont fausses, alors quelle était l'utilité de révéler tous ces versets ambigus?

La seule réponse que nous fournit Allah est que ces versets sont là pour pouvoir être utilisés par "les hommes dont le cœur a tendance à dévier" et qui "suivent la partie du texte qui est équivoque : ils aspirent au trouble et recherchent des interprétations [...] ". Est-ce à dire qu'Allah a révélé ces versets pour le seul objectif de fournir aux individus mal intentionnés matière à semer le trouble et la confusion dans l'esprit des gens ? Autrement dit, Allah, dans ce verset, avoue que son livre est rempli d'obscurité et que c'est lui qui est l'auteur de cette confusion.

Bien entendu, les gens s'efforcent d'interpréter les paroles d'Allah afin de saisir ce qu'il attend de ses fidèles, mais ils échouent chaque fois. Jamais Allah n'indique qu'il est prêt à guider chaque personne qui désirera connaître et comprendre ses paroles. Il n'encourage pas les questions. Tout ce qui l'intéresse, c'est de s'assurer que les gens croient qu'il sait ce qu'il veut dire, et d'exiger qu'ils proclament leur croyance qu'Allah leur a parlé par l'intermédiaire de Mahomet.

Il est donc justifié de dire que pour être considéré comme une personne possédant la connaissance, il vous suffira de croire aveuglément. Cette connaissance s'acquiert par la mémorisation purement mécanique, sans aucun appel à la réflexion et sans qu'aucune question puisse être posée. C'est par ce moyen que Mahomet a endoctriné les musulmans, en obtenant qu'ils apprennent par cœur le Coran au lieu de véritablement l'étudier. En même temps, il les a détournés de poser des questions et de réfléchir sur le sens des versets en maintenant les fidèles occupés de manière continue par l'obligation des cinq prières quotidiennes et des perpétuelles guerres menées sous sa bannière.

Ne posez pas de questions, mais apprenez par cœur !

Un exemple de la manière dont Mahomet persuade les musulmans d'apprendre les versets par cœur : il leur promet que ceux qui sauront réciter les quatre-vingt-dix-neuf noms d'Allah gagneront l'accès au paradis (Sahih Al-Boukhari, Livre 75, hadith 419 ; Livre 50, hadith 894) :

"Le Messager d'Allah a révélé : votre Dieu Allah possède quatre-vingt-dix-neuf noms, soit cent noms moins un, et quiconque sera capable de les apprendre par cœur et de les réciter ira au Paradis [...]"

Mais on découvre mieux encore : Book of Zad Al-Ma'ad, Tome 1, pages 57-59 :

إنا لله عز وجل ألف اسم وللنبي صلى الله عليه وسلم ألف اسم ، قاله أبو الخطاب بن دحية 1/57-59 بتصرف من زاد المعاد0ومقصودة الاوصاف

"Allah, qu'il soit loué en toutes choses, possède mille noms et le Prophète aussi possède mille noms."

A bien retenir :

| Mahomet possède 1000 noms | Allah possède 1000 noms |

Ici, l'intention de Mahomet est claire : apprendre par cœur est bien mieux agréé par Allah que poser des questions pour essayer de comprendre ce qui est écrit.

On peut facilement multiplier les exemples illustrant ce principe : les soixante-dix règles à suivre avant de se rendre aux toilettes, ou celles qui s'appliquent avant la prière, avant les relations sexuelles, avant les repas, après les repas, et quantité d'autres règles, toutes destinées à maintenir les musulmans dans un état de préoccupation continuelle tout au long de leur vie sur des sujets plus ridicules les uns que les autres, pour savoir ce qui est halal (licite, autorisé) et ce qui est haraam (interdit) aux yeux de la loi islamique.

Ceux de nos lecteurs qui maîtrisent suffisamment la langue arabe pour suivre les émissions de télévision islamiques pourront constater l'effarante nature des discussions et des commentaires qui se succèdent sur des sujets aussi grotesques que :

- Est-il halal d'acheter des sous-vêtements chrétiens ?

- Est-il halal de consommer des glaces qui sont, on le sait, une invention des infidèles ?

- Je suis une femme mariée musulmane, et j'ai six enfants de mon mari. Est-il halal pour moi de prendre l'initiative de l'embrasser ou dois-je attendre qu'il fasse le premier pas?

- Pendant un rapport amoureux avec ma femme, j'ai avalé du lait de son sein. Est-elle maintenant devenue haraam pour moi?

- Je suis gaucher. Est-ce que cela signifie que je suis sous l'emprise de Satan et qu'il mange et dort à mes côtés ? (Ceci d'après Sahih Muslim, Livre 23, hadith 5007, qui rapporte la tradition légale ci-dessous)

"Le Messager d'Allah, que Dieu prie sur lui, a déclaré : 'Ne vous servez pas de votre main gauche pour prendre de la nourriture, car c'est Satan qui s'alimente de cette manière'."

- J'ai dû rentrer chez moi l'autre jour avec une seule sandale au pied après avoir perdu l'autre à la mosquée, et je sais que le prophète nous interdit de marcher avec un seul pied chaussé. Suis-je condamné à aller en Enfer ? Note : il est interdit pour un homme de manger en se servant de la main gauche ou de marcher en n'ayant qu'une seule sandale. (Voir Sahih Muslim, Livre 24, hadith 5234)

- Question en direct d'un auditeur au téléphone : "Je suis musulman et parfois il m'arrive d'emporter un livre à lire quand j'ai besoin d'être assis aux toilettes. Est-il licite pour moi de prendre le Coran dans cette situation ?" Réponse du docteur en sciences islamiques : "Non, impossible ! Les toilettes sont un lieu impur et le Coran est sacré. Ceci est une profanation !" Réplique de l'auditeur : "Mais j'ai appris le Coran par cœur dès l'âge de huit ans ; alors que dois-je faire ? Déposer mon cerveau à l'entrée avant d'aller aux toilettes ?"

Récapitulation

- Mahomet était incapable de fournir des interprétations correctes du Coran, mais il se conduisait comme ayant reçu l'autorité de Dieu sur Terre.
- Si Mahomet était incapable de comprendre ce qu'Allah disait, comment pouvait-il savoir s'il appliquait correctement les instructions d'Allah ?
- Mahomet pensait avoir correctement transmis les versets du Coran, mais comment pouvait-il en être sûr s'il ne comprenait pas la plupart d'entre eux ?
- Mahomet interdisait de poser des questions sur les versets qui n'étaient pas clairs et pouvaient donner une mauvaise impression de l'islam. Ceci signifie-t-il que nous n'avons le droit de poser des questions que sur les versets qui sont clairs pour nous ? Où est la logique dans tout cela ?
- Etant donné que Mahomet lui-même est ignorant quant au sens des versets du Coran, nous tenons là l'explication probable de la déclaration d'Allah dans le Coran 62 :2, selon laquelle il a "envoyé un ignorant aux ignorants" !

Rappelons-nous ce verset de la Bible qui montre que le Coran ne peut pas venir de Dieu (1 Corinthiens 14 :33) :

"Car Dieu n'est pas Créateur de la Confusion, mais de la Paix."

Justice coranique vis-à-vis des gays et des lesbiennes

Le châtiment réservé aux lesbiennes dans le Coran

سورة النساء , Sourate An-Nisa, Coran 4 :15 :

"A l'encontre de celles de vos femmes qui se rendent coupables de relations homosexuelles, requérez témoignage contre elles de quatre d'entre vous. Puis séquestrez-les dans leur demeure jusqu'à ce que la mort les emporte et qu'elles réalisent les voies du Seigneur."

Donc. la punition infligée aux lesbiennes consiste à les enfermer jusqu'à ce qu'elles meurent. Les hommes homosexuels encourent-ils la même punition ?

Le châtiment réservé aux hommes gay dans le Coran

سورة النساء , Sourate An-Nisa, Coran 4 :16 :

"Si deux hommes d'entre vous se rendent coupables de relations homosexuelles, punissez-les tous les deux. Mais s'ils se repentent tous les deux, alors laissez-les tranquilles, car Allah est accueillant à l'égard du repentir et très miséricordieux."

Ce qu'il faut souligner ici :

1. Les hommes homosexuels ne sont pas emprisonnés.

2. Ils ont la possibilité d'exprimer leur repentir.

3. La peine infligée est assez légère, même s'ils n'expriment pas de repentir : on se contente de les battre à coups de sandales, ainsi que nous le voyons l'interprétation donnée par Ibn 'Abbas du verset du Coran 4 :16 :

Punissez-les tous les deux, en leur lançant des insultes et en les battant à coups de sandales ; mais s'ils se repentent de leur acte, alors laissez-les tranquilles."

Pour résumer :

Les hommes gays	Les femmes lesbiennes
Coups de sandale	Les châtiments corporels infligés aux femmes sont la norme dans l'islam (cf. le traitement des épouses, Coran 4 :34)
Possibilité de se repentir	Pas de repentir possible
S'ils se repentent, les laisser en paix (cesser les insultes)	Séquestration jusqu'à la mort

Tout cela reflète-t-il vraiment la justice divine ? Si Allah considère que de telles relations constituent un crime, la sentence ne devrait-elle pas être la même pour un couple d'hommes et pour un couple de femmes ? Pourquoi une telle différence de traitement : extrême intransigeance pour les femmes, mais indulgence pour les hommes ?

Peut-être un musulman tentera-t-il de détourner la critique en affirmant que ce verset gênant a été ultérieurement "abrogé". En effet, curieusement pour un dieu, Allah se réserve le droit de modifier ses dispositions au cours de ses révélations successives selon un procédé appelé "naskh" ("abrogation"). Mais peu importe que ce dieu ait ou non changé d'avis, ce verset est bien inscrit dans le Coran éternel, livre d'un dieu qui devrait représenter le summum de la justice, et il révèle chez ce dieu une conception tout à fait déficiente de la justice et de l'équité. Et si ce verset a été abrogé, pourquoi avoir effectué cette modification ? **Dieu se trompe-t-il parfois ? A-t-il trouvé sa première formulation fausse au point qu'il en a éprouvé du repentir ?**

Les musulmans ne peuvent pas rester liés d'amitié avec des non-musulmans, même si ce sont des membres de leur propre famille

Celui qui se convertit à l'islam n'a pas d'autre choix que de se retourner contre les membres de sa propre famille et il ne peut les conserver comme amis tant qu'ils demeurent des mécréants (c'est à dire des non-musulmans). Ceci est enseigné dans le Coran, sourate 9, verset 23 :

"O vous qui croyez ! ne prenez pas vos ascendants mâles ni vos frères comme amis ou protecteurs s'ils trouvent leur félicité dans l'infidélité au lieu de la foi [musulmane] !Ceux qui, parmi vous, les prennent comme amis, ceux-là ne devront s'en prendre qu'à eux-mêmes [lorsque viendra leur châtiment mérité] !"

- Ici encore, avec leur mauvaise foi coutumière, les musulmans vont tâcher de vous berner en affirmant que leur dieu donne dans ce passage un avertissement de ne pas se compromettre avec "les ennemis", quand il dit de ne pas les prendre comme "alliés". Mais comment accepter une telle interprétation, quand le texte désigne bien clairement les parents et les frères et sœurs, et comment les qualifier d'ennemis, alors qu'ils continuent à vous aimer, même s'il n'acceptent pas la religion à laquelle vous vous êtes converti ?

- S'ils n'ont pas de haine pour vous, pourquoi alors ne peut-on conserver avec eux des relations au moins amicales ?

- Notez bien qu'il n'est pas dit ici de refuser de les avoir comme amis seulement dans le cas où ces personnes auraient une mauvaise nature. C'est tout simplement une consigne donnée à tous les musulmans qui se trouvent dans la situation où des membres de leur famille ne partagent pas leur religion.

Vous êtes un chrétien : Allah peut-il vous aimer ?

On entend toujours les musulmans répéter que l'islam ne hait pas les chrétiens, que ceux-ci sont honorés comme "gens du Livre". A l'appui, on vous cite certains versets ; mais il se trouve justement que ces versets font partie des versets "abrogés". "Abroger" signifie abolir par une mesure formelle ou officielle, annuler par décision d'une instance faisant autorité, rejeter ou supprimer les dispositions d'une loi. Dans l'islam, le passage demeure dans le Coran, mais, - ce qui vous surprendra - , les musulmans ne sont plus tenus de s'y conformer, Allah ayant eu une meilleure idée.

Alors examinons l'étendue de l'amour d'Allah pour les chrétiens. Commençons par Coran 5 :51, ou nous trouvons ces paroles d'Allah :

"O vous qui croyez !, ne prenez point les Juifs et les Chrétiens comme amis et protecteurs : ils sont amis et protecteurs les uns des autres ! Et quiconque parmi vous les prendra comme amis et protecteurs, celui-là sera des leurs, des injustes de conviction qu'Allah refuse de guider." (Ce qui signifie qu'il s'est détourné de l'islam, un crime qui mérite la mort.)

Poursuivons avec ce commandement donné en Coran 9 :29 :

"Combattez ceux qui ne croient point en Allah ni au Dernier Jour, qui ne déclarent pas illicite ce qu'Allah et son Messager ont déclaré illicite, qui n'adoptent point la religion de Vérité, parmi les Gens du Livre (les chrétiens et les juifs) [combattez-les] jusqu'à ce qu'ils payent la jizyah en acceptant de se soumettre [au conquérant] et qu'ils se sentent réduits et humiliés."

Nous avons expliqué plus haut que les musulmans ont l'obligation de nous combattre jusqu'à ce que nous nous convertissions à l'islam ou bien que nous leur payions un tribut mensuel pour rester en vie et qu'en plus, nous devons verser ces sommes dans un état d'humiliation, comme des chiens soumis à leur maître.

Dans le verset suivant, quelle admirable étendue de l'amour d'Allah pour les chrétiens ! C'est là un texte que tout chrétien devrait constamment avoir à l'esprit pour comprendre à quel point il peut compter sur l'amitié des musulmans. Coran 5 :14 :

"De ceux qui disent <u>'nous sommes chrétiens'</u>, Nous avons reçu alliance. [Toutefois], ils ont oublié une partie des Ecritures que Nous leur avions envoyées ; c'est pourquoi <u>Nous les avons désavoués en excitant entre eux l'hostilité et la haine jusqu'au jour du Jugement final</u>. Bientôt, Allah leur montrera quelle était la

gravité de leurs actes."

وَمِنَ الَّذِينَ قَالُوا إِنَّا نَصَارَىٰ أَخَذْنَا مِيثَاقَهُمْ فَنَسُوا حَظًّا مِمَّا ذُكِّرُوا بِهِ فَأَغْرَيْنَا بَيْنَهُمُ الْعَدَاوَةَ وَالْبَغْضَاءَ إِلَىٰ يَوْمِ الْقِيَامَةِ وَسَوْفَ يُنَبِّئُهُمُ اللَّهُ بِمَا كَانُوا يَصْنَعُونَ 14}

Ce verset 5 :14 montre bien qu'Allah a une stratégie contre vous en tant que chrétien. Il est dit bien clairement qu'il va exciter l'hostilité et la haine parmi les chrétiens pour les dresser les uns contre les autres ("**les avons désavoués en excitant entre eux l'hostilité et la haine**").

Voyons donc ce plan de bataille élaboré par Allah pour combattre les chrétiens.

1. Allah ne va pas nous faire haïr les musulmans (les chrétiens n'ont pas de haine à l'encontre des musulmans).

2. Allah va nous faire nous haïr les uns les autres en tant que chrétiens et provoquer des guerres intestines entre nous. Reconnaissons que ce plan machiavélique a connu un certain succès et que bien des chrétiens semblent suivre ce complot d'Allah. Nous pouvons voir en effet des chrétiens se lancer dans des attaques réciproques sur leurs églises, mais ils s'abstiennent de toute critique à l'encontre de l'islam.

Cette stratégie insidieuse apparaît comme un effort délibéré d'affaiblir la chrétienté et on ne peut s'empêcher de se rappeler les avertissements des théologiens du Moyen-Age qui nous avaient prévenus que ceci était conforme à la volonté de Satan de semer la discorde parmi les chrétiens afin de les empêcher de s'unir en un corps unique ; ainsi a surgi par la suite la division entre catholiques, orthodoxes et, plus tard, protestants. Et c'est bien la volonté expresse d'Allah qui annonce en termes clairs : " Je vais vous diviser et je vous ferai vous haïr les uns les autres, et ainsi je ferai de l'Eglise de Jésus un royaume morcelé".

N'oubliez pas que Jésus a dit, en Matthieu 12 :25 :

"Voyant leurs réactions, il leur dit : ' Tout royaume divisé contre lui-même court à la ruine ; aucune ville, aucune famille, divisée contre elle-même, ne se maintiendra'."

Il est pénible de voir les chrétiens s'acharner contre les uns contre les autres sur des questions doctrinales, alors que si vous interrogez un prêtre ou un pasteur à propos de l'islam, il ne formulera pas la moindre critique ! C'est bien en effet le projet d'Allah, l'Anti-Christ, de nous diviser, nous les chrétiens. Quiconque contribue à ce projet, cela revient à dire qu'il travaille pour Allah. Comment donc comprendre autrement ce verset du Coran, à relire attentivement ? (Coran 5 :14)

"De ceux qui disent 'nous sommes chrétiens', Nous avons reçu alliance. [Toutefois], ils ont oublié une partie des Ecritures que Nous leur avions envoyées ; c'est pourquoi Nous les avons désavoués en excitant entre eux l'hostilité et la haine jusqu'au jour du Jugement final. Bientôt, Allah leur montrera quelle était la gravité de leurs actes."

Si nous avons la foi, nous devrions croire en Jésus et c'est Lui que nous devrions suivre, non pas un faiseur de sermons, un simple être humain, fût-il ministre du culte ou évêque ! Et seulement le Nom du Seigneur, et aucun autre ! Pourquoi devrions-nous suivre les pécheurs ? Rappelons-nous cette leçon qui nous est donnée dans la Bible (Epître aux Romains, 3 :23) :

"Tous ont péché, sont privés de la gloire de Dieu,"

L'union avec le Christ est la voie qui mène à Son royaume. Or c'est là justement ce que craint l'islam : que tous nous devenions par notre foi les bons fruits de Jésus le Christ. Voyez ce qui est dit un peu plus loin en Romains 3 :28 :

"Nous estimons en effet que l'homme est justifié par la foi, indépendamment des œuvres de la loi. "

Lorsque Jésus viendra, Il ne vous demandera pas le nom de l'église que vous fréquentez, mais, comme on juge un arbre à ses fruits, Il regardera ceux que vous avez produits. Sans ces bons fruits, tous les grands discours ne sont qu'hypocrisie. C'est pourquoi Jésus a dit (Matthieu 7 :16) :

"C'est à leurs fruits que vous les reconnaîtrez. Cueille-t-on des raisins sur un buisson d'épines, ou des figues sur des chardons ?"

Voyez aussi l'Epître aux Galates, 5 :22-23 :

"Mais voici le fruit de l'Esprit : amour, joie, paix, patience, bonté, bienveillance, foi, douceur, maîtrise de soi ; contre de telles choses, il n'y a pas de loi."

Nous avons là un moyen efficace de déterminer la nature trompeuse et satanique de l'islam. C'est bien par ses fruits qu'il faut le juger, et non uniquement par ses belles paroles. Certes, vous rencontrerez des discoureurs habiles, mais la plupart d'entre eux sont des menteurs. Ne vous attachez donc pas aux paroles, mais aux fruits, et vous connaîtrez leur véritable nature.

Il est important que tous ceux qui se considèrent chrétiens, qu'ils soient protestants, catholiques ou orthodoxes, consacrent tous leurs efforts à éviter de diviser l'Eglise du Christ, car tous, nous formons un Corps en Lui. Comme vous avez pu le voir, Allah nous a pris pour cibles tous ensemble, et non pas l'église d'une seule dénomination particulière. N'est-ce pas trahir l'attente de notre Seigneur que de nous perdre en luttes intestines ? Ne vous laissez donc pas entraîner par vos chefs spirituels, à la recherche de leur propre prestige, loin des principes auxquels vous vous êtes attachés. Allez-vous donc vous laisser transformer en jouets au service du plan d'Allah ? Etes-vous donc ses agents ? A cette question, vous connaissez la réponse : voyez la Première épître aux Corinthiens, 12 :13 :

"Car nous avons tous été baptisés dans un seul Esprit en un seul corps, Juifs ou Grecs, esclaves ou hommes libres, et nous avons tous été abreuvés d'un seul Esprit."

Allah et les juifs : jusqu'où va sa haine à leur égard ?

Sur cette question, reportons-nous tout d'abord à Sahih Muslim, Livre 41, hadith 6981 :

"Le Messager d'Allah a dit : 'Vous serez engagés dans le combat contre les juifs et vous les taillerez en pièces, au point que même un rocher s'écrira : 'viens par ci, ô musulman, il y a un juif qui se cache derrière moi ! Viens et tue-le !'.' "

Et complétons avec Sahih Muslim, Livre 41, hadith 6985 :

"Le Messager d'Allah a dit : 'L'heure du Jugement ne s'annoncera

pas avant que les musulmans ne fassent la guerre aux juifs et qu'ils ne les exterminent tous ; et si un juif se cache derrière un rocher ou un arbre, alors ce rocher ou cet arbre s'écriera : 'ô musulman, il y a un juif caché derrière moi, viens le tuer !' Mais seul l'arbre appelé Gharqaad restera silencieux, car c'est l'arbre des juifs'."

Tout ceci pourrait se passer de commentaire. Mais nous allons y revenir dans la suite. Nous voilà maintenant avec des rochers, sans doute des rochers musulmans, qui se mettent à dénoncer les personnes juives qui tentent d'échapper au massacre, que ce soient des hommes, des femmes ou des enfants, afin que les musulmans puissent accomplir entièrement ce génocide voulu par Allah. Et notez bien qu'on a même ici un arbre juif !

L'islam et Israël

L'un des conflits qui reçoit le plus d'attention dans le monde de nos jours, c'est celui que l'on désigne sous les termes de "conflit israélo-palestinien". Pour la plupart d'entre nous, ce conflit se résume à une lutte entre Israël et le monde arabe pour la possession d'une étendue de territoire. Cela est vrai dans une certaine mesure, mais ne décrit que partiellement le problème. La plupart des commentateurs qui discutent au sujet de ce conflit abordent le problème d'un point de vue politique, et par conséquent, ils sont à la recherche de solutions politiques. Nos dirigeants révèlent ici leur ignorance, car ils ne se rendent pas compte que ce conflit dépasse la dimension politique. Vérité que personne n'accepte de reconnaître, car elle implique malheureusement que les solutions diplomatiques sont tout simplement inexistantes ; autrement dit, il n'existe pas de solution permettant d'éviter le recours aux armes. Ceci n'est pas un appel lancé au déclenchement d'une guerre, mais c'est un triste constat d'une réalité sans issue. Recherchons dans les hadiths l'origine de cette situation inextricable.

Rappelons d'abord Sahih Muslim, Livre 41, hadith 6981 :

"Le Messager d'Allah a dit : 'Vous serez engagés dans le combat contre les juifs et vous les taillerez en pièces, au point que même un rocher s'écria : 'viens par ci, ô musulman, il y a un juif qui se cache derrière moi ! Viens et tue-le !'.' "

Rappelons également son pendant, Sahih Muslim, Livre 41, hadith 6985 :

"Le Messager d'Allah a dit : 'L'heure du Jugement ne s'annoncera pas avant que les musulmans ne fassent la guerre aux juifs et qu'ils ne les exterminent tous ; et si un juif se cache derrière un rocher ou un arbre, alors ce rocher ou cet arbre s'écria : 'ô musulman, il y a un juif caché derrière moi, viens le tuer !' Mais seul l'arbre appelé Gharqaad restera silencieux, car c'est l'arbre des juifs'."

Nous avons là les racines de ce problème insoluble : selon Mahomet, les rochers eux-mêmes dénonceront tous les juifs : hommes, femmes et enfants. Allah et sa création toute entière désirent l'élimination totale des juifs, au point qu'il ne leur sera offert nul refuge, si bien qu'aucun survivant ne pourra échapper au massacre.

Aucun appel à la miséricorde de la part de Mahomet : il s'agit bel et bien d'un appel explicite au génocide. Cela étant, comment peut-on accorder le moindre crédit aux suppositions selon lesquelles les musulmans seraient prêts à rechercher une solution pacifique au conflit israélo-palestinien ? Ce conflit est en effet programmé de manière inéluctable, et personne depuis l'époque de Mahomet jusqu'au jour du jugement dernier n'a le pouvoir de l'empêcher.

Mahomet est celui qui a établi une religion de la haine. La haine est le moteur de l'islam. Il a essayé de dresser ses ennemis les uns contre les autres et s'est efforcé pendant un temps de prendre le parti des juifs contre les chrétiens, avec l'espoir de gagner ainsi leur soutien. Mais cette stratégie ayant échoué, il se tourna vers les chrétiens, et essaya cette fois-ci de les séduire en faisant semblant de les soutenir par des attaques contre les juifs.

Lisons dans le Coran ces versets destinés à diviser ses adversaires tout en aggravant les conflits : Coran, sourate Al-Ma'ida, 5 :82 :

"Tu trouveras certes que les gens qui manifestent la plus grande haine à l'égard de ceux qui croient sont les juifs et les Associateurs, tandis que les plus proches par l'amitié à l'égard des musulmans sont ceux qui se désignent comme chrétiens."

لَتَجِدَنَّ أَشَدَّ النَّاسِ عَدَاوَةً لِلَّذِينَ آمَنُوا الْيَهُودَ وَالَّذِينَ أَشْرَكُوا وَلَتَجِدَنَّ أَقْرَبَهُمْ مَوَدَّةً لِلَّذِينَ آمَنُوا الَّذِينَ قَالُوا إِنَّا نَصَارَىٰ ذَٰلِكَ بِأَنَّ مِنْهُمْ قِسِّيسِينَ وَرُهْبَانًا وَأَنَّهُمْ لَا يَسْتَكْبِرُونَ 82}

Mahomet utilise les prétendues révélations d'Allah pour parvenir à ses objectifs politiques. On voit qu'il n'hésite pas à retourner sa veste quand cela est avantageux pour lui et Allah change de camp avec lui ! Voyons par exemple une première manœuvre, en Coran 2 :62 :

"Ceux qui croient, ceux qui pratiquent le judaïsme ainsi que les chrétiens, tous ceux qui font le bien, n'ont pas à s'inquiéter ; Allah leur donnera leur rétribution et ils ne seront point affectés par la misère ou la tristesse."

A ce stade, dans la sourate Al-Baqara 2 :62, tout est au beau fixe ; les juifs comme les chrétiens sont gens de bien, ils peuvent même être admis au paradis ! Mais les choses vont changer.

Les étapes de la stratégie de Mahomet pour vaincre ses adversaires

I. Mahomet, l'homme de la paix

A ce stade initial, Mahomet n'a aucun poids politique. Il n'a pas de pouvoir, pas d'armée, et pas de partisans. Durant les treize premières années de sa vocation de prophète, il n'eut que 70 partisans. Il n'avait pas d'autre choix que de demeurer un homme pacifique.

La plupart de ceux qui devinrent ensuite ses partisans étaient des esclaves, ainsi que le rapporte 'Ammar bin Yasir dans le hadith suivant : Sahih Al-Boukhari, Livre 58, hadith 197 :

"Je vis le Messager d'Allah, et avec lui se trouvaient les seules personnes qui s'étaient converties à l'islam : cinq esclaves, deux femmes et Abou Bakr."

Remarquez bien que ces cinq disciples de Mahomet continuent à être désignés par le terme "esclaves", même après qu'ils se sont convertis à l'islam. Mahomet continuait à considérer ses frères dans la foi comme ses esclaves.

A la réflexion, on se rend compte que ces hommes, étant donnée leur condition servile, n'avaient pas eu d'autre choix que de suivre les divagations de celui qui était leur maître. D'ailleurs, Mahomet n'hésitait pas, au début, à manipuler ses esclaves en leur demandant de se convertir et de se battre pour lui contre de fausses promesses d'affranchissement ultérieur. C'est ce qui arriva au malheureux Bilal, esclave africain de son état, qui se convertit à l'islam et combattit au service de Mahomet, mais ne reçut jamais la libération promise.

II. L'étape de la Hijra (l'émigration)

Cette étape correspond exactement à ce que les musulmans pratiquent de nos jours.

Afin de se préparer pour une offensive d'envergure dans un pays étranger, ils affluent vers ce pays sous des apparences pacifiques et tiennent des réunions sous prétexte de culte, où ils planifient et organisent les attaques jusqu'à ce que leur nombre soit suffisamment important pour passer à l'action sous forme de bandes armées. C'est là ce que Osama bin Laden et son organisation Al-Qa'ida firent quand ils s'installèrent en Afghanistan. Ils émigrèrent dans ce pays afin de s'y préparer pour la prochaine grande offensive, et lorsqu'ils furent prêts, ils attaquèrent sans pitié : exactement la démarche suivie par Mahomet en son temps. Cette étape nécessite un financement, lequel est alimenté par le produit de pillages, trafics et banditisme.

Par ces pratiques criminelles, ils remplissent deux objectifs :

- Ils amassent des richesses en dérobant les biens d'autrui, les animaux, les propriétés.

- Ils répandent la terreur dans les esprits des infidèles.

Cette stratégie de la terreur est fondamentale pour l'islam. C'est un des moyens les plus rapides et les plus efficaces d'abattre un ennemi même si celui-ci est largement supérieur en nombre. On dit ainsi que si la frayeur entre dans son cœur, même un éléphant s'inclinera devant une souris, image qui n'est pas sans rappeler celle du président Obama s'inclinant devant le roi d'Arabie Saoudite ! Les musulmans comprennent parfaitement l'effet destructeur que peut avoir un climat de peur sur le mode de vie de ses ennemis.

Ils savent très bien qu'il leur suffit d'être patients et d'attendre que la peur se répande et s'installe. Si l'ennemi est habité par la peur, il ne pourra jamais remporter la victoire. Si l'Amérique vit dans la crainte, l'Amérique sombrera.

Avant de devenir le nouveau dieu de ce monde en Arabie, Mahomet dirigea plus de 56 attaques contre des marchands, et 28 de ces attaques étaient du type "Gazwah" (razzias, pillage de caravanes).

III. L'étape de la guerre totale : soit vous êtes mes partisans, soit vous êtes mes ennemis

A ce stade final, Mahomet n'était plus en position de faiblesse. Il énonçait ses objectifs de manière plus franche et plus explicite. Toute personne qui ne s'inclinait pas devant lui méritait d'être tuée. Et en effet, tous ceux qui refusèrent de le suivre, en particulier ceux qui s'opposaient à lui, comme les juifs, furent massacrés.

Le Coran précise qui sont les habitants légitimes du territoire d'Israël

Le débat sur cette question se résume toujours aux mêmes arguments avancés par chaque côté respectivement : les musulmans se plaignent que les Israéliens leur ont pris leur territoire, tandis que les Israéliens affirment que ce territoire leur appartient légitimement depuis l'époque biblique.

Hélas, le monde des médias est rempli de sujets superficiels et de voix faussement progressistes et bien-pensantes, telles que, aux Etats-Unis, le talk-show Oprah, dont l'animatrice ne sait toujours pas de quelle partie du monde vient le café, ou bien l'émission de John Stewart qui nous fait certes rire, mais où l'on ne sait pas trop de quoi on parle. Si vous préférez vous aventurer sur YouTube, difficile d'échapper aux présentations tendancieuses des vidéos de propagande. Malgré le large éventail des sources d'information, il est bien difficile d'en trouver une seule qui soit suffisamment honnête pour aborder les sujets qui se situent véritablement au cœur de ce conflit.

Penchons-nous donc sérieusement sur le problème et tâchons de comprendre à qui revient vraiment le territoire en question. Rejetons pour commencer les arguments du type "un tel ou une telle a dit que ...". Concentrons-nous sur les faits, et nous allons constater que ceux-ci indiquent clairement qu'Israël appartient aux juifs. Si nous prenons comme texte de référence la Bible, alors, personne ne peut avoir de doutes. Mais mettons cette source de côté, et allons voir ce que le Coran a à nous dire sur ce sujet. C'est la meilleure manière de faire taire les soi-disants progressistes ainsi que les adorateurs du Coran qui n'oseront jamais émettre le moindre doute à l'égard de ce livre censé être divin.

Vous êtes sans doute nombreux à ignorer que le Coran déclare en termes très clairs que ce territoire d'Israël, que certains tiennent absolument à désigner sous le nom de Palestine, est bel et bien le pays des juifs. Lisons bien attentivement le passage suivant :

Coran, Sourate 5

Coran, Sourate 5 Al-Mâ'ida, Ayat 20 à 26 (sur la base de la traduction anglaise faite par Usama Dakdok) :

"20 Et quand Moïse dit à son peuple : 'O mon peuple ! rappelez-vous le bienfait d'Allah envers vous, quand il fit parmi vous des prophètes. Et il fit de vous des rois il vous donna ce qu'il n'avait donné à personne au monde.

21 O mon peuple ! entrez dans la Terre Sainte qu'Allah vous a assignée, et ne lui tournez pas le dos afin de ne pas être rejetés comme des perdants !'

22 Et eux de dire : 'O Moïse ! Sûrement il s'y trouve un peuple de géants et sûrement nous n'y entrerons pas avant qu'ils en soient sortis. Mais s'ils en sortent, alors sûrement nous y entrerons.'

23 Alors deux hommes d'entre ceux qui craignaient Allah et qui avaient sur eux sa générosité dirent : 'Franchissez la porte qui mène chez eux et quand vous l'aurez passée, alors sûrement vous serez victorieux par Allah votre allié fidèle si vous étiez croyants.'

24 Les gens répondirent : 'O Moïse ! sûrement nous n'y entrerons pas tant qu'ils seront là, alors vous et votre seigneur, allez-y ! Faites-leur la guerre, quant à nous, c'est sûr, nous ne bougeons pas d'ici.'

25 Lui dit alors : 'Seigneur, sûrement, je ne réponds que de moi et de mon frère ; alors sépare-nous du peuple transgresseur.'

26 [Le Seigneur] répondit : 'Sûrement, [la Terre Sainte] leur est interdite pour quarante ans ; ils seront perdus dans le pays. Alors ne te lamente pas sur le peuple transgresseur !'."

Revenons attentivement sur chacun de ces versets :

Verset 20 - *Nous sommes informés que ce sont les juifs qui sont le peuple élu de Dieu, pas seulement d'après la Bible, mais aussi dans le Coran, et nous lisons bien : [Il (Allah)] "vous donna ce qu'il n'avait donné à personne au monde."*

Verset 21 - *Allah ordonne aux juifs d'entrer en guerre et d'enlever ce territoire aux gens qui y habitent. Il les avertit sous peine de châtiment de ne pas abandonner cette mission de guerre : "O mon peuple !, entrez dans la Terre Sainte qu'Allah vous a assignée, et ne lui tournez pas le dos afin de ne pas être rejetés comme des perdants !"*

Verset 22 - *Les juifs pacifiques refusent d'envahir le territoire et de déclencher une guerre, mais Allah tient absolument à voir la guerre éclater et le sang couler. Ils disent : "O Moïse ! Sûrement il s'y trouve un peuple de géants et sûrement nous n'y entrerons pas avant qu'ils en soient sortis. Mais s'ils en sortent, alors sûrement nous y entrerons." Ils proposent un mode pacifique de résolution, qu'Allah pourrait très bien accomplir.*

Verset 23 - *Parmi tous les juifs, deux seulement acceptent de faire la guerre. Cela plaît à Allah et il leur promet la victoire.*

Verset 24 - *Mais les juifs continuent de refuser de faire la guerre. Ils demandent à Moïse pourquoi son seigneur adore la guerre. Ils lui disent qu'il n'a qu'à y aller lui-même accompagné de son seigneur ; quant à eux, ils ne sont pas intéressés et demeureront sur place. Ils disent : "O Moïse ! sûrement nous n'y entrerons pas tant qu'ils seront là, alors vous et votre seigneur, allez-y ! Faites-leur la guerre, quant à nous, c'est sûr, nous ne bougeons pas d'ici."*

Verset 25 - *Allah met des étiquettes sur les bons et sur les mauvais. Lisons bien : "Seigneur, sûrement, je ne réponds que de moi et de mon frère ; alors sépare-nous du peuple transgresseur." Nous avons ici, exprimé par la bouche de Moïse, le jugement d'Allah sur les juifs qui refusent d'aller massacrer les habitants de cette terre. Il les qualifie de **"peuple transgresseur"**.*

Verset 26 - *Allah s'énerve parce que les juifs refusent de prendre les armes et de massacrer le peuple qui habite là. Il les punit d'une interdiction d'y entrer pendant 40 ans.*

Tout ceci soulève des questions. Le Coran, donc, nous informe que ce sont des géants qui sont les habitants de la Palestine. Il ne peut s'agir des mêmes populations que ceux qui de nos jours ont pris le nom de Palestiniens, car pour la taille, ces derniers sont plutôt inférieurs à la moyenne générale. Alors, qui sont ces Palestiniens actuels, et quelle est leur origine ? L'Histoire nous donne une réponse très claire : ce sont des musulmans qui ont envahi ce territoire sous le commandement de Omar Ibn El-Ka'tab en 717 après J.C. Voyez plus haut le chapitre consacré au "Pacte d'Omar". Yasser Arafat pouvait-il prétendre être un descendant de ces géants ? Il ne mesurait pas même 1,60 m !

Pourquoi alors ces populations ont-elles choisi de s'établir sur cette terre et l'ont appelée "terre sainte" (Coran 5 :21) alors qu'aucun prophète d'Allah n'y avait encore vécu ?

Allah lui-même avait déclaré qu'Israël était la terre destinée spécifiquement aux juifs (Coran 5 :21), même s'il était nécessaire pour atteindre cet objectif de conquérir ce pays par la force en chassant ses habitants d'origine. Aujourd'hui, les musulmans font tout un scandale, en proclamant que c'est une action injuste, honteuse, révoltante et criminelle que d'occuper le territoire d'Israël, c'est à dire de Palestine, qui appartient aux Palestiniens. Ces mêmes musulmans sont-ils prêts à faire le même scandale au sujet de la décision d'Allah de faire tuer et chasser d'Israël les géants, et à qualifier cette action d'injuste, honteuse, révoltante et criminelle ?

Ce qui est certainement injuste, c'est bien la décision d'Allah de punir les juifs en leur barrant l'accès pendant 40 ans à la terre qu'il leur a lui-même attribuée, pour la seule raison qu'ils n'ont pas voulu utiliser la violence contre les géants qui s'y trouvaient à l'origine. Cela prouve que pour être considérés comme justes par Allah, les juifs auraient dû massacrer les géants et occuper la terre sainte. C'est à cette seule condition qu'Allah aurait pu avoir une attitude favorable aux juifs.

Malédiction quotidienne adressée aux juifs et aux chrétiens

Il faut savoir que les musulmans maudissent les juifs et les chrétiens cinq fois par jour. En effet, dès la septième aya de la Fatiha (Coran 1 :7), répétée à chaque rak'ah de la prière musulmane, les juifs aussi bien que les chrétiens sont décrits comme des hommes maudits :

"la voie de ceux à qui Tu as donné Tes bienfaits, non pas de ceux qui ont mérité Ta colère (les juifs) ou qui ont perdu [la juste direction] (les chrétiens)."

Faut-il donc comprendre que les juifs sont maudits cinq fois par jour pour la simple raison qu'ils ont refusé de massacrer les Palestiniens (géants) ?

J'ai personnellement posé la question à un érudit islamique, un jour, à l'occasion de l'un des milliers de débats auxquels j'ai participé : pourquoi était-ce une action vertueuse aux yeux d'Allah, à l'époque, de tuer ces géants ? Sa réponse fut que ces géants n'étaient pas alors des musulmans, si bien que c'était le devoir sacré des croyants de les tuer. C'est cela que les musulmans appellent la justice. N'est-ce pas plutôt une hypocrisie totale ?

Récapitulons :

- Pourquoi Allah a-t-il choisi précisément ce territoire pour les juifs ? Pourquoi le leur a-t-il expressément attribué ?

- Si Allah est le vrai Dieu, il aurait bien dû savoir d'avance que donner ce territoire aux juifs constituerait une grave erreur, parce que cette décision entraînerait plus tard comme conséquence une longue guerre meurtrière. Puisque c'est bien Allah qui a attribué formellement cette terre aux juifs, alors les nombreuses victimes qui périssent aujourd'hui dans ce conflit meurent par la faute et le crime d'Allah.

- De toute évidence, Allah ignorait totalement à l'époque que quelques décennies plus tard, cette terre sainte serait envahie par des musulmans. Il lui aurait été facile d'offrir une justification aux Palestiniens d'aujourd'hui dans son Coran. Malheureusement, il est impossible de considérer que ces géants sont leurs ancêtres.

- Allah ne mentionne pas une seule fois le nom des Palestiniens dans le Coran. Etait-il donc incapable de prévoir l'avenir ? Manquait-il de renseignement ?

- De tout ceci, il ressort bien clairement que le Coran lui-même fournit la preuve que les revendications des musulmans concernant la terre d'Israël sont mensongères. Allah précise sans aucune ambiguïté qu'Israël appartient aux juifs.

Pourquoi Allah a métamorphosé les juifs en cochons et en singes

C'est dans le Coran, sourate 2 (Al-Baqara), aya 65, que nous trouvons cette information importante :

{ وَلَقَدْ عَلِمْتُمُ الَّذِينَ اعْتَدَوْا مِنكُمْ فِي السَّبْتِ فَقُلْنَا لَهُمْ كُونُوا قِرَدَةً خَاسِئِينَ }65

"Vous avez connaissance du cas de ceux qui ont commis la transgression un samedi, et à qui Nous avons dit : 'Soyez des singes abjects !'."

Ceci est confirmé par la sourate 5 (Al-Mâ'ida), aya 60 :

"C'est d'eux que nous avons fait les singes et les cochons."

Apparemment, Allah s'est fâché contre les juifs qui allèrent à la pêche un samedi, jour du sabbat, alors il les a maudits en les transformant en cochons et en singes. On se pose alors la question : pourquoi cette malédiction n'a-t-elle pas donné lieu à la moindre métamorphose constatée par témoin sur un juif ou une juive changée en singe ou en cochon durant les deux ou trois mille dernières années ?

D'après ce que nous savons, Allah n'a jamais levé l'obligation faite aux juifs d'observer le jour du sabbat. A cela s'ajoute le fait que cette malédiction d'Allah, elle non plus, n'a jamais été annulée. D'où la suggestion de réaliser l'expérience suivante : samedi prochain, trouvez un ami juif et emmenez-le à la campagne pour une partie de pêche ; n'oubliez surtout pas d'emporter votre caméra vidéo, et commencez immédiatement à filmer si votre ami se transforme subitement en singe ou en cochon. S'il conserve une apparence humaine à la fin de la journée de sabbat, alors c'est que les malédictions d'Allah n'ont pas beaucoup d'effet.

Autre question qu'il faut poser : si Allah ne veut pas que les juifs fassent le moindre travail le samedi, pourquoi n'a-t-il pas imposé la même restriction aux musulmans ? Pourquoi ces derniers peuvent-ils travailler toute la journée du vendredi?

Allah a transformé les juifs en singes et en cochons parce qu'ils avaient pêché le jour du sabbat. Voici ce récit tel qu'il se trouve dans le Coran, sourate 7 (Al-'A'raf), aya 163 :

"Et interroge-les au sujet du village qui se trouve non loin de la mer. Voyez ! Ils commirent la faute relative au sabbat. Car le jour du sabbat, leurs poissons venaient d'eux-mêmes à eux, tandis que les autres jours de la semaine, ils ne se laissaient pas pêcher :

c'est ainsi que Nous leur avons infligé ce tourment, en raison de leur faute."

Lisons le commentaire d'Ibn Kathir sur ce verset, Coran 7 :163 (Ibn Kathir, 2002 Printing, publié par Dar-'Tiba, tome 2, page 163) :

تفسير ابن كثير

163إسماعيل بن عمر بن كثير القرشي الدمشقي المجلد الثاني ص

دار طيبة

م2002هـ / 1422سنة النشر :

ابن عباس، وقوله : {إذ يعدون في السبت} أي يعتدون فيه ويخالفون أمر الله فيه لهم بالوصاة به إذ ذاك {إذ تأتيهم حيتانهم يوم سبتهم شرعا}، قال ابن عباس : أي ظاهرة على الماء، {ويوم لا يسبتون لا تأتيهم كذلك نبلوهم} أي نختبرهم بإظهار السمك لهم على ظهر الماء في اليوم المحرم عليهم صيده، وإخفائها عنهم في اليوم الحلال لهم صيده،

"C'est lorsque les poissons qu'ils voulaient pêcher s'offraient d'eux-mêmes à ces hommes, en flottant à la surface de l'eau, tout au long du jour du sabbat, et demeuraient bien visibles : d'après Al-Dahhak, qui le tient de Ibn 'Abbas Ibn Jarir, qui a dit : 'La phrase d'Allah ('tandis que les autres jours de la semaine, ils ne se laissaient pas pêcher : c'est ainsi que Nous leur avons infligé ce tourment, en raison de leur faute.') signifie qu'Allah les a mis à l'épreuve en faisant nager les poissons tout près de la surface de l'eau justement le jour où il était interdit aux hommes de pêcher du poisson. Mais le reste de la semaine, les jours où les hommes avaient le droit de pêcher, le poisson restait caché hors de leur vue ('c'est ainsi que Nous leur avons infligé ce tourment'), ainsi Allah les a mis à l'épreuve '..."

Il est clair, si l'on rapproche ce récit de la citation suivante, qu'Allah utilise deux poids et deux mesures. (Coran, sourate 2 (Al-Baqara), aya 173)

"Allah a seulement déclaré illicite pour vous la chair [d'une bête] morte, le sang, la chair du porc et toute nourriture sur laquelle a été invoqué un nom autre que celui d'Allah. Cependant, quiconque est contraint [à en manger] sans [intention d'être] rebelle ou transgresseur, cela ne lui sera pas compté comme faute : assurément, Allah est pardonneur et miséricordieux."

- Donc, apparemment, pas de problème si un musulman mange du porc parce qu'il est obligé par la faim d'enfreindre la loi d'Allah.

- Alors pourquoi Allah ne manifeste-t-il aucune miséricorde vis-à-vis des malheureux juifs qu'il a obligés à souffrir de famine six jours par semaine, alors que les poissons n'apparaissent que le samedi quand il est interdit de les pêcher ? Pendant combien de semaines les juifs sont-ils censés devoir se priver ainsi de nourriture ? Autrement dit, les juifs se sont retrouvés précisément dans une nécessité résultant de la machination et du sadisme d'Allah, à la suite de quoi ce dernier se félicite de les avoir punis pour avoir péché le jour du sabbat !

- Allah leur a ordonné de ne pas pêcher de poisson le samedi, mais il fait en sorte que le poisson désiré ne monte en surface que ce jour-là. C'est donc lui qui accomplit en ce jour sacré de repos le travail sacrilège de l'incitation à la désobéissance.

- Comment ces malheureux pêcheurs peuvent-ils nourrir leur famille pendant six jours de la semaine, si Allah fait disparaître le poisson pendant tout ce temps pour ensuite ne le faire reparaître que le samedi quand la pêche est interdite?

- Peut-on donc ici parler de justice ? Allah se livre à un jeu cruel sur les juifs, en les réduisant à la famine pour qu'ils finissent par désobéir à ses commandements ; après quoi, il leur inflige un châtiment qui les transforme en rats, en cochons et en singes !

- De toute cette histoire se dégage une évidence bien nette : celui qui a conçu ce récit a l'esprit totalement pervers, car il nous représente Allah provoquant la souffrance des hommes par simple désir bassement humain de s'amuser, d'éprouver du plaisir à regarder des enfants tourmentés par la faim pendant six jours par semaine, et tout cela afin de satisfaire son amour-propre.

Même les rats, à l'origine, sont des juifs

Nous trouvons le récit suivant dans Sahih Al-Boukhari, Livre 54, hadith 524 :

"Abu Huraira rapporte que le Prophète a dit : 'Une tribu des fils d'Israël s'est perdue. Personne ne sait ce qu'ils sont devenus. Mais moi, je ne vois pas qu'il ait pu leur arriver autre chose qu'une malédiction [d'Allah] qui les a métamorphosés en rats, car si vous mettez du lait de chamelle devant un rat, il n'y touche pas, tandis que si vous lui présentez du lait de brebis, il le boit.' J'ai raconté cette histoire à Ka'eb qui m'a demandé : 'Cette histoire, c'est bien du Prophète que tu la tiens ? ' J'ai répondu : 'Absolument !' Mais Ka'eb m'a reposé la question plusieurs fois. J'ai fini par lui dire : 'Eh quoi ? Tu t'imagines que je lis la Torah ?' (C'est à dire : 'Crois-moi, c'est bien le Prophète qui l'a racontée')"

Arrêtons-nous un peu sur la logique de Mahomet concernant les conclusions qu'on peut tirer du fait qu'un animal refuse de manger. Si un animal refuse de manger une nourriture que votre religion interdit, alors cela veut dire que cet animal est votre congénère. Mais si cet animal est devenu tel en raison d'un châtiment d'Allah pour une faute grave, ne cesse-t-il pas alors d'appartenir à votre groupe ethnico-religieux ?

Eh bien appliquons la logique de cette géniale découverte de Mahomet à la résolution d'un autre mystère :

Nous savons que les ânes ne boivent pas de whisky ni d'autres alcools, or les musulmans non plus ne boivent pas d'alcool. Par conséquent, ne faut-il pas en déduire que les ânes étaient autrefois des hommes musulmans qu'Allah dut un jour transformer en ânes ?

Que le lecteur toutefois ne se méprenne pas sur nos intentions : notre but dans ce livre n'est pas de désigner tous les musulmans comme étant des ânes, notre propos n'est absolument pas de les insulter, mais nous voulons faire l'expérience de suivre la logique de Mahomet et voir où cela nous mène. Après tout, n'est-il pas censé être le représentant de la perfection, le meilleur exemple à suivre ?

Se pose alors la question de savoir comment Mahomet a bien pu concevoir un tel raisonnement. On se rend compte, en fait, que Mahomet ne peut pas s'arrêter de penser aux juifs. C'est au point que lorsqu'il commandait aux musulmans de faire ou ne pas faire telle ou telle chose, il se fondait non pas sur une quelconque doctrine d'Allah qui permettrait de distinguer le bien du mal, mais sur la volonté de prendre le contrepied, la plupart du temps, de ce que font les juifs. Ceci apparaît clairement dans maint hadith. Voici quelques exemples :

Mahomet établit des règles non pas d'après les directives d'Allah, mais simplement par opposition aux juifs

Sunan Abu-Dawood, Livre 2, hadith 0652 :

"Aws Ibn 'Thabit Al-Ansari rapporte : 'Le messager d'Allah a dit : 'Conduisez-vous différemment des juifs, relativement au fait qu'ils ne font pas la prière en portant leurs sandales ou leurs chaussures.' "

Mahomet ne pouvait-il donc pas donner des instructions pour la prière sans se référer aux pratiques des juifs ? Pourquoi est-il si important que les musulmans fassent le contraire de ce que font les juifs en toutes circonstances ? Cela devient tout à fait drôle avec le hadith suivant (Sunan Abu-Dawood, Livre 20, hadith 3170) :

"'Ubadah Ibn Assamet rapporte : 'Le messager d'Allah avait coutume de se tenir debout pendant le déroulement des funérailles jusqu'au moment où le corps du défunt était déposé dans la tombe. Un juif bien versé dans sa religion passa un jour près du lieu où il (Mahomet) se tenait debout à côté de la tombe pendant des funérailles, et ensuite, il dit au Prophète : 'C'est justement de cette manière que nous nous tenons (debout pendant la prière).' Alors le Prophète s'assit et dit : 'Asseyez-vous ! Conduisez-vous d'une manière différente de leur manière (de la manière des juifs).' "

- Cela n'est-il pas incroyable ? Mahomet toujours debout pendant les prières des funérailles jusqu'au jour où un juif lui dit : "c'est ainsi que nous prions", et alors d'un seul coup, il se met à faire le contraire !

- Faut-il alors en conclure que Mahomet était dans l'erreur pendant tout le temps où il se tenait debout pour faire la prière pendant des funérailles ?

- Pourquoi Mahomet ne s'est-il pas tourné vers Allah pour le consulter sur la bonne conduite à suivre après la remarque du juif, au lieu d'adopter cette conduite infantile quand " … le Prophète s'assit et dit : 'Asseyez-vous ! Conduisez-vous d'une manière différente de leur manière !' "

Autre exemple : dans Sahih Al-Boukhari, Livre 56, hadith 668 :

"Abu Huraira rapporte : 'Le messager d'Allah dit : 'Les juifs ainsi que les chrétiens ne mettent pas de teinture sur leurs cheveux gris ; puisqu'il en est ainsi, vous ferez le contraire de ce qu'ils font (autrement dit, vous mettrez de la teinture sur vos cheveux et sur vos poils de barbe gris)."

C'est tout à fait évident, l'islam est délibérément organisé de manière à prendre le contre-pied des valeurs qui forment la base du christianisme et du judaïsme. Pour cette raison, quand un musulman s'approche de vous en vous disant : "Nous vénérons le même Dieu", cela n'est qu'une ruse. Car il sait parfaitement que quelles que soient nos croyances et nos pratiques, son prophète a presque systématiquement décidé de suivre la voie contraire, non pas parce qu'il a démontré que nous avions tort, mais par désir obsessionnel de se démarquer de nous.

Les accords de paix et l'islam

Peu de gens sont conscients de la gravité du danger. Ainsi que nous l'avons expliqué, Allah hait les chrétiens et ordonne aux musulmans de les combattre. Cela fait environ trois milliards d'êtres humains qui sont chrétiens et que les musulmans devront vaincre. Ce qui est proposé à ces populations menacées, c'est de choisir entre trois solutions : ou bien se soumettre et payer le tribut, ou bien se convertir, ou bien mourir. Où, dans tout ceci, où, dans les hadiths précités, trouve-t-on le moindre soupçon de tolérance ou de potentiel de coexistence pacifique ? Les banalités que nous répètent, au sujet de l'islam et des musulmans, nos dirigeants politiques, tels Obama ou les autres hommes d'Etat occidentaux, reflètent leur totale ignorance de cette idéologie. Leur naïveté les conduit à un aveuglement complet. La seule attitude qu'ils sachent adopter consiste à balayer le problème sous le tapis en attendant de voir la suite du scénario.

Mais ce scénario est tout à fait sinistre : on peut s'attendre à voir couler du sang, beaucoup de sang de par le monde, car l'islam est un monstre assoiffé de sang. Certains objecteront : "mais il y a bien, n'est-ce pas, des pays musulmans qui ont accepté de signer la paix avec Israël !". Certes, mais il faut bien comprendre qu'il ne peut s'agir, pour l'islam, que d'une manœuvre temporaire, d'une tactique pour se consolider en attendant que les musulmans accumulent suffisamment de puissance, en nombre ou en armement, pour provoquer la chute d'Israël et de tout l'Occident, comme cela est souhaité, nous l'avons vu, par Allah dans le Coran. Cette stratégie est décrite de manière explicite dans le Coran, sourate 47 (Muhammad), aya 35 :

{ 35فلا تَهِنُوا وَتَدْعُوا إِلَى السَّلْمِ وَأَنْتُمُ الْأَعْلَوْنَ وَاللَّهُ مَعَكُمْ وَلَنْ يَتِرَكُمْ أَعْمَالَكُمْ }

(Coran 47 :35)

"Ne faiblissez donc pas ! N'appelez point à la paix tant que vous avez la puissance et la supériorité ! Alors Allah veillera à ce que vos actions ne soient pas perdues."

C'est une évidence, les musulmans ne sont pas autorisés à rechercher une paix durable et sincère, car la notion de paix, à leurs yeux, ne peut exister que dans un contexte où l'islam occupe une position dominante. Certes, il existe des situations dans lesquelles les musulmans doivent accepter de conclure un traité de paix, et Allah y consent à condition qu'il ne s'agisse que d'une trêve passagère.

C'est dans le cas où les musulmans se trouvent incapables de vaincre les juifs qu'il est acceptable de conclure un traité. Mahomet lui-même a agi de cette manière avec les chrétiens et les juifs. Il l'a fait quand il s'est trouvé en position de faiblesse. Il se rendait compte que s'il prenait l'offensive, il risquait fort de perdre, et s'exposerait alors à être tué : c'est pourquoi il a signé un accord de paix ; mais il l'a rompu dès qu'il s'est senti suffisamment fort, comme nous l'apprend le Coran, sourate 9 (At-Tawba), aya 1 :

{ بَرَاءَةٌ مِنَ اللّهِ وَرَسُولِهِ إِلَى الّذِينَ عَاهَدْتُمْ مِنَ الْمُشْرِكِينَ 1}

(Coran 9 :1)

"Affranchissement de toute obligation, serment ou traité de paix, octroyée par Allah et son messager, vis-à-vis de ceux des moushrikine (païens, chrétiens et juifs) avec qui vous avez conclu un traité."

Avec une proclamation aussi explicite, pourquoi un pays quel qu'il soit se fierait-il à un traité signé par des musulmans ? Cela n'est possible que par naïveté et ignorance. C'est pourtant la situation dans laquelle se trouve actuellement l'Etat d'Israël. Il subit des pressions de la part des Etats-Unis précisément pour faire confiance à des accords de paix. Bientôt, les musulmans iraniens auront leur bombe atomique, arme que possèdent déjà certains pays musulmans. On peut alors tenter un peu de prospective et imaginer la frénésie sanguinaire qui se déclenchera dans moins de 25 ans. N'oublions pas non plus que la population musulmane va rapidement se multiplier dans les pays occidentaux, et qu'ils s'emploieront à modifier les législations pour imposer leurs lois sur le reste du monde. On peut même supposer qu'ils feront tout pour placer leurs hommes dans les postes sensibles, au point qu'un jour, ils pourraient fort bien se trouver aux commandes d'unités dotées d'armes nucléaires dans un pays occidental et en profiter pour utiliser ces armes contre Israël, puis ils menaceraient toute nation qui ne se soumet pas à l'islam. Tout cela bien sûr n'est que spéculation, au cas où ils réussiraient à mener à bien leur stratégie. Il n'est pas difficile d'imaginer que si les musulmans parvenaient à avoir une armée aussi puissante que celle des Etats-Unis, ils n'hésiteraient pas à lancer l'avertissement impitoyable : "Nous vous donnons trois jours pour choisir : conversion à l'islam où la mort."

C'est pour cette raison que Mahomet a envoyé trois lettres aux trois souverains des plus grands royaumes voisins de l'époque, les sommant de se convertir sous peine de subir le jihad. Le terrorisme était le moyen favori de Mahomet pour obtenir la victoire. Voyez Coran, sourate 8 (Al-Anfal), aya 12 :

إِذْ يُوحِي رَبُّكَ إِلَى الْمَلَائِكَةِ أَنِّي مَعَكُمْ فَثَبِّتُوا الَّذِينَ آمَنُوا سَأُلْقِي فِي قُلُوبِ الَّذِينَ كَفَرُوا الرُّعْبَ 12فَاضْرِبُوا فَوْقَ الْأَعْنَاقِ وَاضْرِبُوا مِنْهُمْ كُلَّ بَنَانٍ

(Coran 8 :12)

"Quand Allah inspire les Anges (en leur disant) : 'Je suis avec vous (Musulmans), je vais <u>semer la terreur</u> dans le cœur des infidèles, alors coupez-leur le cou et les phalanges'."

C'est de cette manière que les musulmans, après les attentats du 11 Septembre 2001, ont pu manipuler le président américain George W. Bush, comme un chiot qu'on mène en laisse, pour le faire aller à la mosquée : une visite censée être un signe d'apaisement, mais qui fut largement interprétée comme une soumission. Même procédé pour toutes les personnalités politiques suivantes, que ce soit Hillary Clinton ou le président Obama. Vous les voyez maintenant s'incliner devant les souverains musulmans, parce qu'ils s'imaginent ainsi apaiser la terreur islamique.

Est-il besoin d'en dire davantage ? Voyons : combien de films ont été réalisés pour dénigrer le Christ ? Combien de livres écrits ? Combien de mensonges proférés ? Et pendant ce temps, qui ose élever la voix ou produire un film contre Mahomet ? C'est au point que même à Hollywood s'est tenue une conférence sur le thème **"changeons les idées reçues au cinéma sur le monde islamique"** et il en est résulté une résolution contraignant tous les réalisateurs à **faire des films positifs sur les musulmans** !

Oui, la terreur fonctionne ! Se sentant augmenter en nombre, ils imposent leurs exigences avec de plus en plus d'arrogance. Et ils font tout pour réduire au silence ceux qui défendent la vérité.

D'après l'islam, les musulmans ont-ils le droit de mentir?

Il peut paraître naturel de penser que la réponse doit être négative. Une religion digne de ce nom peut-elle encourager le mensonge ? C'est difficile à croire, mais il en est bien ainsi : l'islam déclare tout à fait licite le mensonge.

Il existe deux catégories de mensonge dans l'islam :

1. Les mensonges adressés aux non-musulmans sur un sujet quelconque, en particulier sur ce qui concerne l'islam (pour en occulter les turpitudes).

2. Les mensonges adressés aux musulmans.

Pour la première catégorie, reportons-nous au Coran, sourate 3 ('Al 'Imrân), aya 28 :

"Les croyants ne sont pas autorisés à prendre comme amis des infidèles au lieu de croyants. Quiconque fait cela perd toute liaison avec Allah, sauf [dans le cas où] vous avez à vous protéger contre eux au sujet de votre crainte [d'Allah]. Allah vous met en garde à l'égard de Lui-même. C'est vers Allah que toutes choses reviennent."

C'est ce verset qui est souvent considéré comme la principale expression justifiant la pratique du mensonge vis-à-vis des non-musulmans. Insistons bien sur ses dispositions : les croyants (autrement dit, les musulmans) n'ont pas le droit de choisir des infidèles (c'est-à-dire des non-musulmans) comme amis ou comme alliés à la place d'autres croyants (musulmans). Tout musulman qui se laisserait aller à prendre des infidèles comme amis sera privé de toute relation avec Allah, sauf s'il a besoin de le faire pour "**se protéger contre eux**", et, selon certaines traductions, "**par mesure de précaution**".

C'est là une tactique que chaque musulman connaît parfaitement. Cela s'appelle en arabe "Taqiyya", تقية (ruse défensive). Si vous interrogez les musulmans au sujet de l'autorisation du mensonge, ils vous citeront sans doute ce même verset. Ils expliqueront que cela concerne uniquement des situations de guerre, comme, par exemple, si un musulman se trouve à la merci d'un ennemi qui lui met le couteau sous la gorge en lui demandant quelle est sa religion, et qui est prêt à exécuter tout musulman ; alors, selon eux, ce verset signifie qu'Allah vous autorise à mentir pour garder la vie sauve. Est-ce là une juste interprétation ?

En réalité, ce n'est là qu'un cas extrême, alors que ce verset s'applique beaucoup plus largement, puisque <u>tout non-musulman est à considérer comme</u>

un ennemi et que dans ce cas, la situation de guerre, active ou passive, existe aussi longtemps que le monde n'est pas soumis entièrement à Allah et à son prophète. Ce verset accorde aux musulmans l'autorisation d'utiliser toutes sortes de subterfuges pour assurer leur protection personnelle ainsi que pour consolider la présence de leur culte dans la société. Par conséquent, ils sont autorisés à mentir à leur ennemi, c'est-à-dire à vous, puisque c'est ainsi que vous êtes étiqueté, même s'ils vous sourient et que vous les considériez comme vos amis.

Si j'ai un voisin musulman, il se peut que nous échangions des salutations, mais au fond, il a le devoir de me considérer comme un ennemi, ainsi que cela est révélé dans le Coran, sourate 5 Al-Mâ'ida, aya 5, (traduction basée sur la version anglaise de Yusuf Ali, traducteur musulman) :

"O vous qui croyez ! ne prenez point les Juifs et les Chrétiens comme amis et protecteurs : ils sont amis et protecteurs les uns des autres ! Et quiconque parmi vous les prendra comme amis et protecteurs, celui-là sera des leurs, des injustes de conviction qu'Allah refuse de guider." (Ce qui signifie qu'il s'est détourné de l'islam, un crime qui mérite la mort.)

"Mais, direz-vous, j'ai un voisin musulman qui chaque matin me salue en m'appelant son ami et même parfois me dit que je suis comme son frère !" Malheureusement, ceci n'est que Taqiyya. Tant que l'islam ne fait pas la loi dans votre société, il s'agit en réalité d'un état de guerre larvée, dans lequel ruse et perfidie sont de mise. Pour nous en assurer, voyons quelle est l'interprétation de ce verset faite par les musulmans eux-mêmes, en l'occurrence, le <u>Commentaire du Coran Tafsir Ibn 'Abbas</u> (texte original, puis traduction basée sur la version anglaise de Mokrane Guezzou) :

لَا يَتَّخِذِ ٱلْمُؤْمِنُونَ ٱلْكَافِرِينَ أَوْلِيَآءَ مِن دُونِ ٱلْمُؤْمِنِينَ وَمَن يَفْعَلْ ذَٰلِكَ فَلَيْسَ مِنَ ٱللَّهِ فِي شَيْءٍ إِلَّا أَن تَتَّقُوا مِنْهُمْ تُقَاةً وَيُحَذِّرُكُمُ ٱللَّهُ نَفْسَهُ وَإِلَى ٱللَّهِ ٱلْمَصِيرُ

"Celui qui a pris les kafirine (infidèles) et les non-croyants comme amis, celui-là est privé de liaison avec Allah, il n'a aucun honneur, ne reçoit aucune miséricorde ni aucune protection de la part d'Allah ; seule exception : si vous le faites pour vous protéger contre eux, pour conserver votre intégrité, et pour ainsi dire,

prendre des mesures de précaution en leur parlant d'une voix aimable, alors que votre cœur y répugne."

Ce verset ordonne donc aux musulmans de ne pas prendre des non-croyants au lieu de musulmans comme amis, en les avertissant que celui qui se rendrait coupable d'une telle faiblesse perdrait toute protection de la part d'Allah, sauf dans les cas où vous le faites par besoin de vous protéger ou de conforter votre situation. Cet avertissement est donné par Allah lui-même, et c'est devant lui que vous êtes responsables de toutes choses.

En conclusion donc, comme nous l'avons vu, il est impossible pour les musulmans de devenir sincèrement amis des non-musulmans.

Les musulmans on le droit de mentir même lorsqu'ils prêtent serment

Reportons-nous au Coran, sourate 2 (Al-Baqara), aya 225, texte original suivi de sa traduction basée sur la version anglaise du musulman Muhammad Habib Shakir :

{ 225لاَ يُؤَاخِذُكُمُ اللهُ بِاللَّغْوِ فِي أَيْمَانِكُمْ وَلَكِنْ يُؤَاخِذُكُمْ بِمَا كَسَبَتْ قُلُوبُكُمْ وَاللهُ غَفُورٌ حَلِيمٌ }

(Coran 2 :225)

"Allah n'exigera pas que vous rendiez des comptes sur les paroles vaines prononcées dans les serments que vous avez faits, mais il vous demandera des comptes sur ce que vos cœurs auront acquis pour vous, et Allah est absoluteur, compréhensif."

De même, en Coran 5 :89, (en suivant la traduction anglaise de Muhammad Habib Shakir), nous trouvons :

"Allah n'exigera pas que vous rendiez des comptes sur les paroles vaines prononcées dans vos serments."

Cela revient tout simplement à dire que vous êtes libres de prononcer un serment sans avoir dans votre cœur d'intention sincère de le respecter. Allah vous jugera d'après vos intentions, mais ne tiendra pas compte de vos paroles, même sous forme de serment solennel. Allah vous donne donc la permission de jurer en son nom et, ensuite, de ne pas respecter vos promesses. Quelle société digne de ce nom peut se maintenir si chaque musulman est prêt à tout moment à prononcer n'importe quel serment, mais n'estime pas nécessaire de tenir parole ? Prenons l'exemple de Faisal Shahzad, qui, en 2010, essaya de faire exploser une voiture chargée d'explosifs à Times Square à New-York. Lors de son procès, le juge lui demanda s'il se rappelait les engagements pris lorsqu'il avait prêté serment au moment de sa naturalisation pour obtenir la nationalité américaine. Shahzad répondit en disant qu'il reconnaissait avoir prêté serment, mais qu'il "n'avait pas eu l'intention sincère de tenir ses engagements".

En outre, ces faux serments sont considérés comme des procédés particulièrement méritoires aux yeux d'Allah, s'ils sont destinés à piéger les chrétiens et les juifs. Allah ajoute aussi qu'il a une grande estime pour les musulmans qui utilisent cette ruse. Un musulman peut donc affirmer par de belles paroles qu'il est votre ami, tout en vous haïssant dans son for intérieur.

Le mensonge peut aussi en toute légalité être utilisé par le musulman vis-à-vis même de sa propre famille. Vous pouvez ainsi parfaitement faire une promesse à votre épouse tout en n'ayant aucune intention de la tenir. Ce qui compte pour Allah, ce n'est pas ce que vous dites de votre bouche, mais l'intention que vous avez dans votre cœur. Allah encourage la pratique du double jeu, c'est-à-dire des faux engagements, ce qui a pour résultat d'engendrer une société de menteurs. Les musulmans sont ainsi perpétuellement aux prises avec le problème de la confiance. Car comment accorder sa confiance à un individu qu'Allah a autorisé à vous mentir ? De qui procède donc une telle doctrine, contre laquelle nous avons été mis en garde par le Christ Lui-même, dans la Bible, en Matthieu 5 :37 :

بَلْ لِيَكُنْ كَلاَمُكُمْ : نَعَمْ نَعَمْ لاَ لاَ. وَمَا زَادَ عَلَى ذَلِكَ فَهُوَ مِنَ الشِّرِّيرِ

متى5 : 37

"Quand vous parlez, que votre "oui" soit un vrai "oui" et votre

"non" un vrai "non" : tout le reste vient du Malin." (Matthieu 5 :37)

D'après l'islam, ce musulman n'a pas le droit de faire de vous son ami !

Nous venons de voir que de nombreux versets, tels que 3 :28, 5 :51 et 60 :1, insistent clairement que les musulmans ne doivent pas nouer de liens d'amitié avec nous. Toutefois, il se peut que nous rencontrions un musulman qui paraisse être une personne tout à fait aimable. Comment expliquer ce fait ?

N'oublions pas qu'un nombre non négligeable de musulmans n'ont qu'une foi passive et superficielle et sont eux-même assez ignorants de leurs propres textes. Cette personne, homme ou femme, peut tout simplement être née avec une bonne nature et s'être peu imprégnée des préceptes de l'islam. Elle a naturellement un bon caractère et ne hait personne. Elle ne se doute probablement pas qu'Allah déclare en Coran 3 :28 que cette personne n'est tout simplement plus musulmane. Elle a perdu la protection d'Allah assurée par le sabre de l'islam.

Alors, suivant leur doctrine, ils nous parlent de manière amicale tandis que **"leur cœur y répugne"** ! Est-ce donc là ce qui mérite de s'appeler "amitié" ? Une guerre ! Comment donc ? Celui-ci proteste qu'il est votre ami, mais cela vient de sa bouche, et non de son cœur ! Rappelons encore une fois le commentaire musulman expliquant le verset du Coran 3 :28, le Tafsir Ibn 'Abbas, traduction basée sur la version anglaise de Mokrane Guezzou :

"[...] vous le faites pour vous protéger contre eux, pour conserver votre intégrité, et pour ainsi dire, prendre des mesures de précaution en leur parlant d'une voix aimable, alors que votre cœur y répugne."

Après avoir lu tout cela, franchement, est-il encore possible de jamais accorder sa confiance à un musulman ?

Peut-on imaginer que nos gouvernements accordent à ces individus des emplois sensibles dans la sécurité des aéroports, les services de renseignement, et même des grades militaires de responsabilité, comme ce fut le cas pour Nidal Malik Hasan, qui était capitaine de l'armée américaine et psychiatre, et qui, en 2009, abattit froidement, au nom du jihad, une douzaine de ses "amis et collègues" ?

"Mais, dira-t-on, n'est-ce pas une attitude extrémiste que de prôner la méfiance vis-à-vis de toute une catégorie de personnes ? Qu'en est-il de ceux qui, comme nous l'évoquions plus haut, ne sont guère pratiquants et même peut-être n'ont jamais lu le Coran ?" Certes, ils sont capables de sincérité. Mais s'ils reconnaissent leur identité dans le système mahométan, qui nous dit qu'ils ne voudront pas un beau jour approfondir leurs racines ou chercher une inspiration en ouvrant ce livre fatal pour s'imprégner de ses versets remplis de haine, capables en quelques minutes de transformer un homme de naturel paisible en un terroriste assoiffé de sang ? Ce Coran est le livre le plus pernicieux qu'on puisse jamais concevoir. C'est pourquoi nous avons choisi notre titre original en anglais : *"The Deception of Allah"* ("l'imposture d'Allah").

La place du repentir dans l'islam

Dans mainte sourate, si ce n'est dans chacune d'elles, nous voyons Allah évoquer le repentir. En réalité, cette notion n'est, dans l'islam, qu'un mot vide et trompeur, et cela pour plusieurs raisons. Penchons-nous par exemple sur l'histoire du pharaon d'Egypte telle qu'elle est présentée dans le Coran : nous voyons le pharaon offrir son repentir à Allah, mais ce dernier le repousser. Ainsi, dans la sourate 40 (Al-Ghâfir), ayat 84 à 85 :

{ 84فلمَّا رَأَوْا بَأْسَنَا قَالُوا آمَنَّا بِاللَّهِ وَحْدَهُ وَكَفَرْنَا بِمَا كُنَّا بِهِ مُشْرِكِينَ }

فَلَمْ يَكُ يَنفَعُهُمْ إِيمَانُهُمْ لَمَّا رَأَوْا بَأْسَنَا سُنَّتَ اللَّهِ الَّتِي قَدْ خَلَتْ فِي عِبَادِهِ وَخَسِرَ هُنَالِكَ الْكَافِرُونَ }85

(Coran 40 :84-85)

"84 Ayant vu Notre violence, ils (le pharaon et sa suite) s'écrièrent : 'Nous croyons en Allah uniquement et nous avons cessé de

*croire aux partenaires que nous avions coutume de Lui associer !'
85 Mais leur foi ne leur fut d'aucune utilité après qu'ils eurent vu Notre puissance de châtiment. Et c'est là constamment la manière d'agir d'Allah envers Ses esclaves, et les infidèles ont toujours été les perdants."*

Ce que ces versets nous apprennent, c'est que le pharaon a bien récité la Shahada (profession de foi récitée lorsqu'on se convertit à l'islam, et qui consiste à affirmer solennellement qu'on accepte Allah comme dieu unique) ; mais avez-vous bien saisi le fait que malgré cela, Allah n'a pas accepté sa conversion ? Allah, sans y accorder d'attention, a continué à lui infliger son cruel châtiment. Cette situation est à rapprocher de celle d'Adam, qui s'est également repenti. Dans ce dernier cas, Allah a bien accepté son repentir, mais cela ne l'a pas empêché d'appliquer son châtiment à Adam et de l'éjecter hors du paradis ! C'est ce que nous voyons dans la sourate 2 (Al-Baqara), ayat 37 à 38 :

{ 37فَتَلَقَّىٰ آدَمُ مِنْ رَبِّهِ كَلِمَاتٍ فَتَابَ عَلَيْهِ إِنَّهُ هُوَ التَّوَّابُ الرَّحِيمُ }

{ 38قُلْنَا اهْبِطُوا مِنْهَا جَمِيعًا فَإِمَّا يَأْتِيَنَّكُم مِّنِّي هُدًى فَمَن تَبِعَ هُدَايَ فَلَا خَوْفٌ عَلَيْهِمْ وَلَا هُمْ يَحْزَنُونَ }

(Coran 2 :37-38)

"37 Ensuite, Adam reçut des admonestations de son Seigneur et [Celui-ci] reçut son repentir : Il est le Révocateur, le Miséricordieux. 38 Nous [leur] dîmes : 'Descendez [de ce lieu], tous ! Toutefois, jusqu'à ce que vous receviez de Nous une Direction, et pour ceux qui suivront Notre Direction, nulle crainte sur eux et ils ne seront pas attristés'."

1. Ce qui ressort de la comparaison de ces deux histoires, c'est que le châtiment appliqué au pharaon est la peine de mort, tandis que pour sa part, Adam est seulement condamné à descendre sur Terre.

2. Pourquoi Allah dans le Coran ne cessait-il de demander aux êtres humains de se repentir, alors que visiblement, cela n'eut aucun effet dans le cas du pharaon ? Allah avait bien fait connaître sa demande en ce temps-là, comme nous le voyons en Coran 5 :44 :

"En vérité, nous avons fait descendre la Taurat (Thora) [à Moussa (Moïse)], dans laquelle se trouvent Direction et Lumière. Par elle, les Prophètes, qui s'étaient soumis à la volonté d'Allah, rendaient des jugements pour les juifs."

Moïse et les autres prophètes d'Allah possèdent les meilleurs testicules

C'est là une information manifestement importante aux yeux de l'islam. Elle est relevée et éclairée par le commentaire (تفسير) Tafsir Al-Jalalayn, au sujet de la sourate 33 (Al-Ahzâb), aya 69 :

{ يَا أَيُّهَا الَّذِينَ آمَنُوا لَا تَكُونُوا كَالَّذِينَ آذَوْا مُوسَىٰ فَبَرَّأَهُ اللَّهُ مِمَّا قَالُوا وَكَانَ عِندَ اللَّهِ وَجِيهًا }69

Noté par Sahih Al-Boukhari, كتاب الغسل , tome 1, livre 5, "Le Bain", article numéro 278, que l'on pourra consulter à l'adresse suivante :

(http ://www.altafsir.com/Tafasir.asp?tMadhNo=0&tTafsirNo=74&tSoraNo=33&tAyahNo=69&tDisplay=yes&UserProfile=0&LanguageId=2) :

يَا أَيُّهَا الَّذِينَ آمَنُوا لَا تَكُونُوا "كَالَّذِينَ آذَوْا مُوسَىٰ" مَعَ نَبِيّكُمْ بِقَوْلِهِمْ مَثَلًا : مَا يَمْنَعهُ أَنْ يَغْتَسِل مَعَنَا إلَّا أَنَّهُ آدَر "فَبَرَّأَهُ اللَّه مِمَّا قَالُوا" بِأَنْ وَضَعَ ثَوْبه عَلَى حَجَر لِيَغْتَسِل فَفَرَّ الْحَجَر بِهِ حَتَّى وَقَفَ بَيْن مَلَإ مِنْ بَنِي إسْرَائِيل فَأَدْرَكَهُ مُوسَى فَأَخَذَ ثَوْبه فَاسْتَتَرَ بِهِ فَرَأَوْهُ وَلَا أُدْرَة بِهِ وَهِيَ نَفْخَة فِي الْخُصْيَة "وَكَانَ عِنْد اللَّه وَجِيهًا" ذَا جَاه : وَمِمَّا أُوذِيَ بِهِ نَبِيّنَا صَلَّى اللَّه عَلَيْهِ وَسَلَّمَ أَنَّهُ قَسَمَ قَسْمًا فَقَالَ رَجُل هَذِهِ قِسْمَة مَا أُرِيد بِهَا وَجْه اللَّه تَعَالَى فَغَضِبَ النَّبِيّ صَلَّى اللَّه عَلَيْهِ وَسَلَّمَ مِنْ ذَلِكَ وَقَالَ : (يَرْحَم اللَّه مُوسَى لَقَدْ أُوذِيَ بِأَكْثَر مِنْ هَذَا فَصَبَرَ) رَوَاهُ الْبُخَارِيّ

"O vous qui croyez !, ne manquez point de respect envers votre Prophète, comme ceux qui manifestèrent leur irrévérence à l'égard de Moïse en disant, par exemple : 'La raison pour laquelle il refuse d'être avec nous quand il prend son bain, c'est qu'il a un œdème aux testicules.' Alors Dieu ôta ce soupçon qu'ils avaient à son sujet quand Moïse déposa ses vêtements sur un rocher avant d'aller se laver. Ce rocher soudain s'éloigna de lui en emportant [son linge] et fila jusqu'à ce qu'il atteignît une assemblée nombreuse de fils d'Israel et il s'arrêta parmi eux.

Moïse s'était mis à courir après le rocher pour récupérer ses vêtements et se couvrir, alors les juifs purent observer ses testicules et constater qu'il n'avait nulle infection ou maladie affectant ses organes virils. Et ainsi il fut honoré par la grâce de Dieu.

Nos Prophètes durent en effet faire face à des comportements blessants, comme par exemple, lors d'un partage de dépouilles des vaincus après la bataille, un musulman se plaignit au Prophète en disant : 'Cette répartition n'est pas pour plaire à Dieu (n'est pas équitable) !' Alors le Prophète fut offensé et dit : 'Que Dieu exerce sa compassion à l'égard de Moïse, car vraiment il fut traité de manière plus blessante encore, et dût le supporter !'."

Enseignements à retenir :

- Allah s'empresse de faire littéralement l'impossible pour prouver à tous que les testicules de ses prophètes sont les plus robustes.

- Dans ce récit, il semble qu'il faille supposer que des rochers courant dans la nature étaient une chose banale et quotidienne à cette époque, car pas un seul juif ne paraît se poser de questions.

- Corollaire du principe illustré par ce récit : faut-il supposer que si Moïse avait eu de mauvais testicules, cette infirmité l'aurait rendu indigne d'exercer la fonction de prophète?

- Enfin, il importe de bien saisir la portée de la seconde partie de ce passage : le musulman, à l'occasion du partage des dépouilles de guerre, découvre l'avidité de Mahomet et la facilité avec laquelle ce dernier impose un partage inique, révélant ainsi qu'il n'est pas le modèle de justice qu'il prétend être. Pour se débarrasser du problème, Mahomet cite le cas des testicules de Moïse, mais cela n'est qu'une diversion sans aucun rapport avec ce qui est en train d'être accompli, à savoir le pillage des biens des juifs et des chrétiens d'Arabie à l'occasion du génocide de ces populations.

Combien de fois le compte des bonnes actions sera-t-il multiplié par Allah?

Reportons-nous d'abord à la sourate 2 (Al-Baqara), aya 261 du Coran, traduction basée sur le texte anglais d'Usama Dakdok :

مَثَلُ الَّذِينَ يُنْفِقُونَ أَمْوَالَهُمْ فِي سَبِيلِ اللَّهِ كَمَثَلِ حَبَّةٍ أَنْبَتَتْ سَبْعَ سَنَابِلَ فِي كُلِّ سُنْبُلَةٍ مِائَةُ حَبَّةٍ وَاللَّهُ يُضَاعِفُ لِمَنْ يَشَاءُ وَاللَّهُ وَاسِعٌ عَلِيمٌ 261

(Coran 2 :261)

"*La parabole de ceux qui dépensent leurs biens dans le Chemin d'Allah est semblable à la parabole du grain qui fait pousser sept sanabul (épis de blé) dont chacun contient cent grains, et Allah multiplie [leur nombre] pour qui Il veut. Allah est large et omniscient.*"

Mettons cela sous forme claire :

   1 bonne action = (7 épis x 100 grains) = 700

   1 bonne action x 700 = 700 bonnes actions

Comparons maintenant avec le compte qui nous est donné dans la sourate 6 (Al-'An'âm), aya 160, en prenant pour base la traduction d'Usama Dakdok :

مَنْ جَاءَ بِالْحَسَنَةِ فَلَهُ عَشْرُ أَمْثَالِهَا وَمَنْ جَاءَ بِالسَّيِّئَةِ فَلَا يُجْزَى إِلَّا مِثْلَهَا وَهُمْ لَا يُظْلَمُونَ 160

(Coran 6 :160)

"*Quiconque se présente avec (à son actif) une bonne action, alors cela lui sera compté comme dix [...]*"

Ici, la formule devient :

   1 bonne action x 10 = 10 bonnes actions

Question : alors, la bonne action est multipliée par, ou comptée comme, 700 ou bien 10 ? Peut-être une troisième référence nous éclairera-t-elle sur cet épineux problème : voyons la sourate 4 (An-Nisâ'), aya 40, traduction sur la base du travail d'Usama Dakdok :

{ إِنَّ اللَّهَ لَا يَظْلِمُ مِثْقَالَ ذَرَّةٍ وَإِنْ تَكُ حَسَنَةً يُضَاعِفْهَا وَيُؤْتِ مِنْ لَدُنْهُ أَجْرًا عَظِيمًا 40}

(Coran 4 :40)

"Assurément, Allah ne lèse point ne serait-ce que du poids d'une fourmi. S'il se trouve une bonne action, Il la doublera, et Il donnera, de Sa part, une grande récompense."

Voilà que maintenant, il ne s'agit plus que de doubler la valeur d'une bonne action, si bien que maintenant le nombre n'est à multiplier que par deux, et non par 10 ou par 700.

Cela nous permet de dresser le tableau suivant des hésitations d'Allah :

Passage du Coran	Nombre de bonnes actions	Multipli-cateur	Résultat au jour du Jugement
Coran 2 :261	1	700	Sept cents
Coran 6 :160	1	10	Dix
Coran 4 :40	1	2	Le double

Le moins qu'on puisse dire, c'est qu'Allah a besoin de réviser sa comptabilité afin que le contrat concernant sa manière de récompenser les bonnes actions soit plus clair.

Le Prophète Idris

On sait que Mahomet affirme être l'ultime élu d'une très longue lignée de prophètes, mais le seul à avoir préservé le message d'Allah dans son intégralité. Cependant, tous ces prophètes en leur temps avaient apporté des signes de la puissance d'Allah. Parmi les quelques noms cités, plusieurs sont visiblement empruntés à la Bible, d'autres sont plus mystérieux, et l'on aimerait bien savoir quelles traces de leur faveur auprès d'Allah a pu rester dans la mémoire de ces cultures : miracles ? Personnalité hors du commun ? Puissance spirituelle?

Attardons-nous sur le cas du prophète Idris, intéressant parce qu'il aurait vécu à une époque reculée en Arabie. Pouvons-nous retrouver quelque souvenir le concernant?

Voyons d'abord ce que nous dit le Coran à son sujet : sourate 19 (Maryam), aya 56 :

56وَاذْكُرْ فِي الْكِتَابِ إِدْرِيسَ إِنَّهُ كَانَ صِدِّيقًا نَبِيًّا }

(Coran 19 :56)

"En outre, mentionne dans le Livre le cas d'Idris : il mérita Notre faveur et Notre confiance et reçut de Nous la qualité de Prophète."

Recherchons donc, dans la mémoire des peuples de la région, le souvenir de cette puissance que lui confia Allah. Il se trouve en effet que son nom, sous la forme "Adarès", est cité dans des chroniques relatives à l'époque du roi Salomon : on les trouvera décrites dans l'ouvrage suivant :

Louis Ginzberg, Legends of the Jews, The Jewish Publication Society of America, Philadelphia, 1909, tome IV, chapitre V : Salomon.

Lisons ce chapitre et voyons à quel point le pouvoir spirituel, don d'Allah, mentionné dans le Coran, fut efficace chez ce personnage, ce qui fournit une admirable confirmation du Coran.

"Après quelque temps, Salomon reçut une lettre d'Adarès, roi d'Arabie. Dans celle-ci, ce souverain suppliait le roi juif d'user de son pouvoir pour chasser un mauvais esprit de son pays, où il provoquait de terribles ravages. Or il s'était avéré impossible de capturer et de rendre inoffensif ce démon, parce que son apparence était celle d'un vent insaisissable. Salomon fit venir un de ses esclaves et lui confia son anneau magique ainsi qu'une outre en cuir, puis il l'envoya en Arabie. Ce messager de Salomon parvint à enfermer le mauvais esprit dans l'outre. Quelques jours plus tard, en arrivant au Temple, Salomon ne fut pas peu surpris de voir une outre s'avancer dans sa direction et s'incliner respectueusement devant lui : c'était l'outre dans laquelle le mauvais esprit avait été enfermé. Plus tard, cet esprit dompté rendit un grand service à Salomon : avec l'aide d'autres démons, il souleva hors de la Mer Rouge une pierre géante. Ni les hommes ni les démons n'étaient capables de la transporter, mais il la porta jusqu'au Temple, où elle fut utilisée comme pierre angulaire.

Malheureusement, Salomon commit des fautes qui lui retirèrent le pouvoir que l'Esprit Divin lui avait accordé de faire des miracles. Il tomba amoureux de la femme jébusite Sonmanitès. Cette dernière vénérait les faux dieux païens Moloch et Raphan, et les prêtres de ce culte la persuadèrent de repousser les avances de Salomon, à moins que ce dernier ne rendît hommage à leurs dieux. Au début, Salomon tint bon et résista à ses pressions. Mais un jour, alors qu'elle lui demandait de prendre quatre sauterelles et de les écraser dans ses mains en honneur à Moloch, il finit par céder et lui obéit. Aussitôt, l'Esprit Divin lui fut retiré, ainsi que sa force et sa sagesse, mais lui persévéra dans son égarement jusqu'à construire, par amour pour sa bien-aimée, des temples consacrés à Baal et à Raphan."

Ce qu'on retiendra avant tout de ce pittoresque récit, c'est le tableau, resté dans la tradition, d'un esclave de Salomon réussissant là où Idris, le distingué prophète d'Allah, se trouvait dans une impasse totale.

Selon l'islam, l'intercession est elle permise ou non ?

Il y a ici un invraisemblable imbroglio, voyons s'il peut être démêlé. Apparemment, Allah dit que supplier en faveur d'autrui est une procédure autorisée, dans la sourate 4 (An-Nisâ'), aya 85, en prenant pour base la traduction d'Usama Dakdok :

مَنْ يَشْفَعْ شَفَاعَةً حَسَنَةً يَكُنْ لَهُ نَصِيبٌ مِنْهَا وَمَنْ يَشْفَعْ شَفَاعَةً سَيِّئَةً يَكُنْ لَهُ كِفْلٌ مِنْهَا وَكَانَ اللَّهُ عَلَى كُلِّ شَيْءٍ مُقِيتًا

(Coran 4 :85)

"Quiconque fait jouer une heureuse intercession bénéficiera d'une part de celle-ci. Et quiconque fait jouer une mauvaise intercession verra celle-ci se retourner contre lui […]"

Pourtant, Mahomet nous apprend que la procédure n'est pas admise, dans la sourate 74 (al-Muddathir), aya 48 :

{ فَمَا تَنْفَعُهُمْ شَفَاعَةُ الشَّافِعِينَ 48}

(Coran 74 :48)

"Vaine pour eux [au jour du jugement dernier] sera l'intercession des intercesseurs !"

Allah dit que l'intercession pourra être bénéfique au jour du jugement dernier, mais Mahomet enseigne le contraire. Telle est la clarté de la lumière d'Allah !Peut-être d'autres références permettront-elles de mieux comprendre?

Mahomet affirme que l'intercession est autorisée.

Cela est attesté par une solide tradition : Sahih Muslim, Book 1, Hadith 352 (Lien direct :

http ://www.searchtruth.com/book_display.php?book=001&translator=2&start=0&number=0352#0352) :

"Je suis votre Seigneur (c'est Allah qui parle). Les musulmans diront : 'Oui, Tu es notre seigneur.' Alors, le pont sera établi au-dessus de l'Enfer et l'intercession sera permise. Ils diront : 'O notre Seigneur, protège-nous, protège-nous !' "

Sahih Muslim, Book 1, Hadith 369 (Lien direct :

http ://www.searchtruth.com/book_display.php?book=001&translator=2&start=0&number=0369#0369) :

"J'ai demandé au Messager d'Allah si Allah retirerait quelqu'un du feu de l'Enfer dans le cas où une personne méritante le suppliait d'épargner le coupable. Le Prophète a répondu par l'affirmative."

La Nation de Mahomet a besoin de son intercession.

Sahih Muslim, Book 1, Hadith 385 (Lien direct :

http ://www.searchtruth.com/book_display.php?book=001&translator=2&start=385&number=0385) :

"Le Messager d'Allah dit : 'Il existe pour chaque messager d'Allah une prière qui est la sienne propre. Je voudrais consacrer la mienne à l'intercession pour moi de ma Nation le jour de la Résurrection."

N'est-ce pas Mahomet qui est censé intercéder pour tous les musulmans ? Mais alors, pourquoi est-ce lui qui demande aux musulmans d'être intercesseurs en priant pour lui?

Sahih Al-Boukhari, texte original en arabe, page 2374 :

- فإنه لا 2374عن عائشة عن النبي صلى الله عليه وسلم قال سددوا وقاربوا وأبشروا - ص يدخل أحدا الجنة عمله قالوا ولا أنت يا رسول الله قال ولا أنا إلا أن يتغمدني الله بمغفرة ورحمة

"'Aisha rapporte : 'Le Prophète, qu'Allah prie sur lui et le salue, dit : 'Concentrez-vous et rapprochez-vous de moi et espérez la bonne nouvelle, parce que personne ne gagnera le Paradis grâce à ses bonnes œuvres.' Et eux lui demandèrent : 'Pas même toi?' Le Prophète répliqua : 'Non, pas même moi, à moins qu'Allah ne m'accorde sa grâce par sa compassion et sa miséricorde'.' "

Or, comme nous allons le voir, Mahomet, inquiet à son propre sujet, a besoin d'être soutenu.

Mahomet a besoin que les musulmans intercèdent pour lui afin de pouvoir accéder à la plus haute dignité.

Le hadith suivant fait parfaitement ressortir l'égoïsme de Mahomet : il ne s'agit que de lui et de ses désirs, et tout homme qui prie pour Mahomet reçoit dix bénédictions (Sahih Muslim, Book 4, Hadith 747) :

"L'apôtre d'Allah dit : 'Chaque fois que vous entendez le muezzin (l'homme qui lance l'appel à la prière) réciter l'appel à la prière, répétez d'abord les mots qu'il proclame, puis demandez à Allah de m'accorder sa bénédiction, car tout homme qui demande qu'une bénédiction me soit accordée recevra lui-même <u>dix bénédictions</u> de la part d'Allah ; ensuite, <u>suppliez Allah qu'il veuille bien m'accorder Al-Wasilah (la plus haute dignité au Paradis)</u>, qui est une dignité réservée à l'un seulement des serviteurs d'Allah , et j'espère que ce sera moi qui l'obtiendrai. Ceux d'entre vous qui demanderont à Allah de me la donner, moi, à mon tour, j'intercéderai pour eux'."

Cette tradition mérite toute notre attention, car elle montre toute l'ambition de Mahomet qui se considère comme le plus méritant des hommes, un homme si grand qu'Allah et ses anges prient sur lui, comme nous le certifie le Coran, sourate 33 (Al-Azhâb), aya 56 :

إِنَّ اللَّهَ وَمَلَائِكَتَهُ يُصَلُّونَ عَلَى النَّبِيِّ يَا أَيُّهَا الَّذِينَ آمَنُوا صَلُّوا عَلَيْهِ وَسَلِّمُوا تَسْلِيمًا56

(Coran 33 :56)

"Allah et Ses Anges prient sur le Prophète. O vous qui croyez ! priez sur le Prophète et adressez-lui les salutations les plus dignes !"

Comment donc trouver normal que le dieu de Mahomet et ses anges prient sur cet homme ? Et Allah ordonne également aux musulmans de prier sur Mahomet, et cela ne suffit pas, Mahomet demande encore plus : il veut que les musulmans prient sur lui chaque fois qu'ils vont à la prière afin que cela lui rapporte la plus haute dignité au Paradis.

On voit ici le degré d'égocentrisme atteint par Mahomet. Notez bien qu'il demande aux musulmans de prier *sur* lui et non pas *pour* lui, ce qui fait de Mahomet un objet de dévotion sur un pied d'égalité avec Allah. Nous reviendrons sur ce point dans un chapitre ultérieur intitulé **Mahomet, le Dieu**.

Mahomet est l'intercesseur suprême.

Sahih Muslim, Livre 30, hadith 5655 :

"Abu Huraira a dit : 'Le Messager d'Allah, qu'Allah prie sur lui, a dit : 'C'est moi qui, le premier parmi les descendants d'Adam, serai ressuscité au Jour de la Résurrection, et je serai l'intercesseur suprême et le premier dont l'intercession sera acceptée par Allah'.' "

Mahomet ne peut pas intercéder en faveur de sa mère

Après avoir consacré tellement de temps et d'effort à expliquer aux musulmans que c'est sur son intercession qu'il faut compter pour espérer obtenir le salut au Jour du Jugement, voilà que dans un autre hadith il se contredit en nous confiant une histoire d'où il ressort qu'il ne peut pas intercéder pour sa propre mère. (Sahih Muslim, Book 4, Hadith 2129) :

"Abu Huraira rapporte : 'L'Apôtre d'Allah, qu'Allah prie sur lui, a dit : 'J'ai demandé à Allah qu'Il permette que le pardon soit

accordé à ma mère, mais il ne me l'a pas accordé. J'ai demandé qu'Il permette que je rende visite à sa tombe, et Il me l'a permis'. "

Aucune intercession ne sera admise au Jour du Jugement.

Rappelons encore une fois le hadith précédemment cité : (Sahih Muslim, Livre 30, hadith 5655) :

"Abu Huraira a dit : 'Le Messager d'Allah, qu'Allah prie sur lui, a dit : 'C'est moi qui, le premier parmi les descendants d'Adam, serai ressuscité au Jour de la Résurrection, et je serai l'intercesseur suprême et le premier dont l'intercession sera acceptée par Allah'.' "

Maintenant, rapprochons ce témoignage de la sourate 2 (Al-Baqara) du Coran,

aya 48 : وَاتَّقُوا يَوْمًا لَا تَجْزِي نَفْسٌ عَنْ نَفْسٍ شَيْئًا وَلَا يُقْبَلُ مِنْهَا شَفَاعَةٌ وَلَا يُؤْخَذُ مِنْهَا عَدْلٌ وَلَا هُمْ يُنْصَرُونَ }48

(Coran 2 :48)

"Prenez garde à ce Jour où nulle âme ne sera en rien utile à une autre âme et où aucune intercession ne sera acceptée et où aucune aide ne viendra de personne."

Mahomet nous a assurés qu'il serait l'intercesseur suprême, mais ensuite, nous découvrons qu'il ne peut pas même intercéder pour sa propre mère. Et qui plus est, nous dit-on, personne ne peut intercéder pour qui que ce soit. Il faut bien en conclure que toutes ces contradictions évidentes nous prouvent de la manière la plus claire que ces prétendues "révélations" de Mahomet ne sont que le fruit de son invention et qu'il ment lorsqu'il prétend qu'elles lui sont venues de Dieu.

Contradictions idéologiques

Pour tenter de prouver son propos, Mahomet fait lancer par Allah un défi aux Arabes, dans le verset 23 de la sourate 2 du Coran, de produire un texte qui soit comparable en qualité à son Coran :

"Et si vous avez un doute à l'égard de ce que Nous avons révélé à Notre serviteur [Mahomet], alors apportez une sourate égale [en qualité] à ce Coran et appelez votre Dieu différent d'Allah pour qu'il vous aide, si vous dites la vérité."

Le même défi lancé par Allah se trouve également en Coran 17 :88 :

"Dis : 'Certes, si tous les Humains et les Djinns s'unissaient pour produire un ouvrage pareil à ce Coran, ils n'y parviendraient pas !'"

Nous ne pouvons pas, dans le cadre de cet ouvrage, et sachant que la majorité de nos lecteurs ne sont pas à même de juger de la correction linguistique, détailler ici les maladresses et erreurs de langue arabe qui se trouvent dans le Coran. Sachez qu'on en trouve en abondance. Contentons-nous pour l'instant de montrer que, selon les propres paroles d'Allah, n'importe qui peut créer un Coran ; y compris Monsieur Satan en personne !

Voyons à ce sujet le Coran, sourate 22 (Al-Hajj), ayat 52 à 53 :

"52 Avant toi, Nous n'avons jamais envoyé aucun Messager ni aucun Prophète, sans que, pendant qu'il récitait [Notre Révélation], Satan n'interpolât [des mots à lui] dans sa récitation ; mais ensuite, Allah abroge ce que Satan a introduit, puis Allah confirmera Ses révélations, et Allah est omniscient et sage. 53 Allah permet ce que Satan a interpolé comme manière de mettre à l'épreuve ceux au cœur desquels est un mal et dont le cœur est dur, car en vérité, les Injustes sont dans une profonde divergence."

Nous retrouvons ici le célèbre problème des versets sataniques !

Dans le Coran 2 :23, Allah posait la question : "Qui peut réaliser un Coran aussi parfait que celui-ci ?" Toutefois, dans le Coran 22 :52-53, Allah avoue qu'il laisse régulièrement passer dans le Coran des paroles que Satan a introduites dans la bouche de Mahomet. Cela signifie bien que Mahomet lui-même pouvait réciter, sans marquer d'hésitation, le Coran créé par Satan. Mahomet donc n'était même pas en mesure de reconnaître la différence entre le Coran d'Allah et le Coran de Satan, au point qu'il est obligé d'admettre que c'est une pratique régulière d'Allah avec tous les prophètes qui l'ont précédé !

Quelles sont donc les conséquences de ces informations données sur lui-même par le Coran ?

1. Satan a toujours été l'auteur de portions du Coran. Personne n'a été en mesure de reconnaître qu'elles n'étaient pas d'Allah.

2. Satan s'est livré à cette manœuvre avec tous les prophètes d'Allah et il a toujours réussi. Les musulmans ne contestent pas que cela se soit passé avec tous les prophètes de l'islam, tels qu'Issa et Moussa (Moïse) : Satan a bel et bien dénaturé leurs livres et Allah n'a pas pu faire quoi que ce soit pour l'en empêcher. Ceci est particulièrement inquiétant quand on se rappelle que l'islam nous demande de croire qu'Allah a envoyé à l'humanité 124 000 prophètes jusqu'à Mahomet !

3. Il faut donc en déduire que Satan a réussi l'opération 124 000 fois, interpolant des mots et des sourates dans les révélations récitées par les prophètes d'Allah, et aucun de ces derniers n'a eu le moindre doute.

4. Alors Allah présente après coup une solution pour remédier à ce piratage ("[…] mais ensuite, Allah abroge ce que Satan a introduit, […]") : il recourt à l'abrogation ! Solution à vrai dire troublante : en effet, cela semble contredire la sempiternelle affirmation de Mahomet selon laquelle tous les textes laissés par les autres prophètes, et qui devraient correspondre exactement au Coran, demeurent dénaturés. Pourquoi donc Allah n'a-t-il pas appliqué son abrogation aux passages interpolés chez les prophètes qui ont précédé Mahomet ?

5. Le Coran défie l'humanité aussi bien que les djinns de produire une Ecriture de perfection égale à la sienne. Les musulmans tenteront peut-être de vous dire que ce défi ne s'adresse qu'aux humains, mais il suffit de relire encore une fois

le Coran 17 :88, pour se rendre compte que leur explication est fausse :

"Dis : 'Certes, si tous les Humains et les Djinns s'unissaient pour produire un ouvrage pareil à ce Coran, ils n'y parviendraient pas, même en s'aidant les uns les autres !' "

Par conséquent, il nous faut poser aux musulmans la question suivante : si Allah est véritablement Dieu, ne devrait-il pas savoir que Satan appartient au monde des djinns, ainsi que l'affirme l'islam ? On en trouve la confirmation dans le Coran lui-même, en 18 :50 : "[...] **Ils se prosternèrent donc, sauf Iblis** (Satan). **qui était d'entre les Djinns,** [...]". Oui, c'est bien Satan qui réussit à souffler son inspiration sur le Coran, et il l'a toujours fait pour les 124 000 prophètes avant Mahomet : cela nous est bien confirmé par le Coran ; relisons encore une fois le Coran 22 :52 :

"[...] Nous n'avons jamais envoyé aucun Messager ni aucun Prophète, sans que, pendant qu'il récitait [Notre Révélation], Satan n'interpolât [des mots à lui] dans sa récitation ; mais ensuite, Allah abroge ce que Satan a introduit [...]"

Allah a assuré qu'il abrogeait les interpolations de Satan, mais il n'a jamais précisé aux musulmans exactement quels versets il abrogeait ou lesquels avaient été introduits par Satan. Comment les musulmans peuvent-ils reconnaître les mauvais versets sataniques s'il ne les a pas désigné pour eux individuellement de manière claire ? Peut-être faut-il comprendre qu'Allah les abrogera dans son livre céleste (voir Coran 85 :22 : **"Sur une Table conservée."**) ! Mais la question la plus importante est la suivante : à quoi donc sert cette mesure prise par Allah si finalement, elle n'empêche pas que les musulmans restent aujourd'hui avec, entre les mains, une Écriture souillée par les enseignements de Satan ?

Tant qu'on y est, on est même libre de se demander si ce verset du Coran 22 :52 lui-même n'est pas une interpolation de Satan, puisqu'aucune barrière n'empêche ce dernier de souffler ses versets d'une facture coranique parfaite dans la bouche de Mahomet. Pourquoi pas un de plus ? Ne serait-ce pas une ruse particulièrement machiavélique de la part de Satan que de donner aux musulmans une fausse impression d'être protégés par Allah ? Ainsi, Allah semblerait dire : "Ne vous inquiétez pas, ô vous qui croyez, au sujet des maudits versets mensongers que Satan a introduits ici : je m'en occupe, faites-moi confiance, ils seront éliminés !" Et les musulmans continuent à les mémoriser avec vénération !

6. Enfin, dernier point important sur ce sujet : lorsque les fameux versets sataniques (Coran 53 :19-22) furent soufflés à Mahomet, non seulement ce dernier récita les paroles de Satan, mais il se prosterna devant les idoles. Autrement dit, Satan avait réussi à prendre contrôle physiquement de Mahomet. Cela nous est décrit dans <u>Tafsir Ibn Kathir</u>, 1999 Printing, Kingdom of Saudi Arabia, V.5, Page 442

قرَأ رَسُول اللَّه صلَّى اللَّه عَلَيْهِ وَسَلَّمَ بِمَكَّة النَّجْم فلمَّا بَلَغَ هَذَا الْمَوْضِع " أفرأَيْتُمُ اللَّاتَ وَالْعُزَّى وَمَنَاةَ الثَّالِثَةَ الأُخْرَى " قَالَ فَألقَى الشَّيْطَان عَلَى لِسَانِه : تِلكَ الغَرَانِيق العُلَى وَإنَّ شَفَاعَتهنَّ لتُرتَجَى " قَالُوا مَا ذَكَرَ آلِهَتنَا بِخَيْر قَبْل اليَوْم فسَجَدَ وسَجَدُوا فَأنزَلَ اللَّه عَزَّ وَجَلَّ هَذِه الآيَة "

"Alors que le Prophète était en train de réciter la sourate An-Najm (Coran 53 : "L'Etoile"), Satan souffla dans sa bouche les paroles suivantes : 'Voyez-vous Al-Lat et Al-'Uza et Manat la troisième divinité ? Il convient de leur adresser des louanges et de demander leur intercession'. Et alors les païens s'exclamèrent : 'Jamais Mahomet n'a honoré nos dieux comme aujourd'hui !' Et lui (Mahomet) se prosterna et eux aussi (les païens) se prosternèrent en même temps que lui (devant les idoles, les trois déesses filles d'Allah)."

Cet épisode nous fournit des raisons supplémentaires de rejeter les prétentions de Mahomet d'être un prophète inspiré par Dieu, parce que nous avons là, sous bien des aspects, une contradiction majeure du Coran, ainsi que nous pouvons le constater en lisant le Coran 15 :42, où Allah déclare :

"Sur mes esclaves, toi, Satan, tu n'as aucune autorité (je les protège), <u>sauf sur les mauvais d'entre eux,</u> qui te suivent (toi, Satan)."

- Les conclusions possibles à tirer de ces données sont les suivantes :
- Mahomet, puisqu'il s'est laissé manipuler par Satan, est parmi les

mauvais esclaves d'Allah.

- Mahomet ne peut pas être un vrai prophète.

- Mahomet ne bénéficie pas de la protection d'Allah.

- La protection offerte par Allah est fausse et même inexistante. C'est pourquoi Mahomet est dans la confusion totale.

- Comment Satan a-t-il réussi à faire en sorte que Mahomet se prosterne devant les idoles ? Mahomet était-il tombé entièrement sous son pouvoir ? Ou bien faut-il aller jusqu'à supposer que Mahomet et Satan soient une seule et même personne ? Dans le meilleur des cas, Mahomet a dû se trouver possédé par Satan. Cela est une souillure très grave qui rend l'homme absolument indigne d'être prophète.

Mahomet : un homme possédé par les démons

D'aucuns peuvent penser peut-être qu'il s'agit ici de préjugés et d'opinions subjectives, mais le fait est que ce sont les musulmans eux-mêmes qui sont la source de ces informations sur leur prophète. Nous trouvons en effet chez Sahih Al-Boukhari, <u>Livre 53</u>, hadith 400, le renseignement suivant :

حدثني محمد بن المثنى حدثنا يحيى حدثنا هشام قال حدثني أبي عن عائشة

أن النبي صلى الله عليه وسلم سحر حتى كان يخيل إليه أنه صنع شيئا ولم يصنعه

"'Aïsha rapporte le témoignage suivant : 'Le Prophète était envoûté au point qu'il se mit à imaginer qu'il avait accompli des actions qu'il n'avait en fait jamais accomplies'."

C'est donc un fait attesté par les musulmans et par son épouse, que Mahomet était ensorcelé. Mais alors, comment concilier ce fait avec la garantie, déjà citée plus haut, donnée par le Coran, dans la sourate 15 (Al-Hijr), aya 42 :

"Sur mes esclaves, toi, Satan, tu n'as aucune autorité (je les protège), <u>sauf sur les mauvais d'entre eux,</u> qui te suivent (toi, Satan)."

(Coran 15 :42)

Comme ci-dessus, il nous faut poser la question : Mahomet offre-t-il ici la preuve qu'il est mauvais serviteur d'Allah ? Car comment expliquer que la magie noire inspirée de Satan et prétendument condamnée par l'islam puisse si bien opérer son effet sur lui ? Or le fait est confirmé également par plusieurs hadiths : Boukhari, <u>Livre 71</u>, hadith 658 ; Boukhari, <u>Livre 73</u>, hadith 89 ; Boukhari, <u>Livre 7</u>, tome 71, hadith 661 :

"Ce fait est rapporté par 'Aisha : 'L'envoûtement fit son effet sur le prophète d'Allah (Mahomet), de sorte qu'il se mit à croire qu'il avait fait une chose qu'en réalité il n'avait pas faite'."

Il est aisé de voir que ces histoires sont risibles, et on constate que la vie de Mahomet est remplie d'incidents fantaisistes semblant sortir tout droit des contes de fées. Comme toujours, la faute est aux juifs, ou bien c'est un juif qui jette le mauvais sort. Si vous consultez la référence ci-dessous, par exemple, vous trouverez une histoire où un juif, d'après les déclarations de Mahomet, parvint à l'envoûter "avec un peigne sur lequel étaient restés attachés des cheveux du prophète et avec une couche de pollen prélevée sur un palmier-dattier mâle."

http ://sunnah.com/bukhari/80/86

A quel point faut-il avoir l'esprit borné pour croire de telles histoires !

Quelle peut donc être la raison qui pousse Mahomet à multiplier à son sujet ces récits fictifs ?

1. Tout d'abord, il cherche à fournir une justification pour les cas où il a eu un comportement anormal.

2. C'était sa manie de créer des histoires fictives en prétendant qu'il était sous l'influence de la magie noire (selon le nom que lui donnent les musulmans ; mais le terme de possession semble plus approprié). Ainsi, il trouvait une excuse pour

faire passer, aux yeux de l'opinion publique, les actes sordides auxquels il se livrait.

3. On peut voir l'intérêt que Mahomet avait pour les pratiques de sorcellerie dans ce type de conseil mensonger qu'il aimait donner, attesté par exemple par ce hadith : Sahih Muslim, Livre 23, hadith 5081 :

"'Amir bin Sa'd bin Abu Wa'qas rapporte que l'Apôtre d'Allah a dit : 'Celui qui, le matin, mange sept fruits du palmier-dattier, sur celui-là les poisons et les envoûtements n'auront aucun effet jusqu'à la fin de la journée'."

C'est ainsi que Mahomet distribuait des conseils mensongers, relevant de la sorcellerie, alors que lui-même, par la suite, finit par périr des suites d'un empoisonnement ! Nous ne manquerons pas de revenir, un peu plus loin, sur le sujet important de sa mort.

Pour mieux saisir la gravité du cas de possession que présente Mahomet, il faut se référer au début du hadith suivant : Sahih Al-Boukhari, Livre 73, hadith 89 :

"Aïsha (que Mahomet a épousée alors qu'elle n'était encore qu'une petite enfant), a raconté : 'Le Prophète continua [pendant tout ce temps] à s'imaginer qu'il avait couché avec ses femmes, mais en réalité, il ne l'avait pas fait !'"

En fait, peu importent les gigantesques efforts que déploient les musulmans pour essayer de justifier ce triste personnage et pour occulter son problème mental pourtant évident. Rien ne peut raisonnablement expliquer la gravité de son délire et le caractère obsessionnel de ses fantasmes, au point qu'il ne pouvait pas se rendre compte s'il était réellement en train d'avoir des rapports sexuels avec ses neuf épouses ou bien s'il vivait une situation imaginaire.

Tous ces témoignages sur les troubles de personnalité de Mahomet nous amènent à nous poser quelques questions importantes :

1. En tenant compte de ses constantes tendances à la mythomanie, comment ajouter foi aux propos de Mahomet quand il affirme avoir vu un ange, dont le nom est Jibril (Gabriel), alors que nous venons de voir la preuve qu'il était perdu

dans un monde imaginaire ? Qui sait ? Peut-être cette histoire de l'ange était-elle un délire parmi d'autres ?

2. Pourquoi Allah n'a-t-il pas été capable de protéger son prophète contre les entreprises de Satan ? Alors que le Coran affirme bien qu'Allah a pu protéger Maryam et son fils contre ce même Prince des Ténèbres, ainsi que cela nous est décrit dans le Coran 3 :36 :

" *(C'est la femme de 'Imran qui parle, s'adressant à Allah :) [...] Je la nomme Maryam (Marie). Je la mets sous Ta protection ainsi que sa descendance, contre le Démon maudit.*"

3. Faut-il comprendre que 'Issa (nom incorrect censé désigner Jésus dans le Coran) était plus aimé d'Allah que Mahomet ? N'est-ce pas lui qu'Allah a promis de protéger ? Le verset 15 :42 dit bien qu'Allah donnera sa protection à ses vrais serviteurs, aux bons musulmans. Et Mahomet n'a pas eu droit à cette protection. Cela nous oblige à choisir, en conclusion, entre ces deux seules possibilités :

- Le Coran est un livre mensonger, Allah est représenté par un faux prophète, et ce nom n'est qu'une imposture créée par Mahomet et sa clique (Waraqa Ibn Naofal et le moine Buhira).

Ou bien :

- Mahomet n'est pas un vrai musulman, et le verset 15 :42 ne s'applique pas à lui, mais seulement aux vrais musulmans.

Dans les deux cas, impossible de se soustraire à une évidence : l'islam apparaît comme une fausse religion montée de toutes pièces par un homme, dans l'intérêt de ce même homme.

Meurtre d'un enfant innocent : comment et pourquoi ?

C'est l'histoire de la rencontre entre Moussa (Moïse) et un autre prophète appelé Al Khader, telle qu'elle est décrite dans le Coran, sourate 18 (Al-Kahf), aya 65 :

{ فَوَجَدَا عَبْدًا مِنْ عِبَادِنَا آتَيْنَاهُ رَحْمَةً مِنْ عِنْدِنَا وَعَلَّمْنَاهُ مِنْ لَدُنَّا عِلْمًا 65}

(Coran 18 :65)

"Il (Moussa) rencontra un de Nos esclaves à qui Nous (Allah) avions donné Miséricorde issue de Nous et à qui Nous avions enseigné Science émanant de Nous."

Ce qui nous est donné à comprendre ici, c'est que cet homme (Al Khader) est un prophète de dieu, à qui Allah a donné sa miséricorde et des connaissances telles que Moïse lui-même demande à devenir son disciple, ainsi qu'il est indiqué dans le verset qui fait suite au précédent (Coran 18 :66) :

{ قَالَ لَهُ مُوسَى هَلْ أَتَّبِعُكَ عَلَى أَنْ تُعَلِّمَنِ مِمَّا عُلِّمْتَ رُشْدًا 66}

(Coran 18 :66)

"Moussa lui dit : 'Puis-je te suivre afin de pouvoir apprendre [un peu] de ta science et de ta sagesse ?'"

On voit, d'après ces indications, que ce Al Khader est vraiment un prophète de première catégorie. Retenons surtout, car c'est important pour la suite, que cet homme a bien reçu d'Allah le don de "miséricorde" et de "science". Donc, il est spécialement capable d'éprouver de la pitié et a une haute compréhension des choses et des personnes.

Le récit se poursuit : alors qu'ils font chemin ensemble, Al Khader aperçoit un jeune garçon et, subitement, il le tue ! Moïse, choqué, lui demande comment il peut ainsi tuer un garçon innocent.

Al Khader lui répond : "Je t'avais bien prévenu que tu ne serais probablement pas capable de te mettre à la hauteur de mon niveau !" Voici comment cela est exprimé dans le Coran, sourate 18 (Al-Kahf), aya 74 :

{ فَانْطَلَقَا حَتَّى إِذَا لَقِيَا غُلَامًا فَقَتَلَهُ قَالَ أَقَتَلْتَ نَفْسًا زَكِيَّةً بِغَيْرِ نَفْسٍ لَقَدْ جِئْتَ شَيْئًا نُكْرًا 74}

(Coran 18 :74)

"Ils (Moussa et Al Khader) repartirent jusqu'à ce qu'ils rencontrassent un jeune garçon. Alors il (Al Khader) le tua. [Moussa] s'écria : 'Tu as certes commis une chose monstrueuse' !"

L'histoire continue sans explication, jusqu'au verset 18 :80, où Al Khader fournit sa justification :

{ وَأَمَّا الْغُلَامُ فَكَانَ أَبَوَاهُ مُؤْمِنَيْنِ فَخَشِينَا أَنْ يُرْهِقَهُمَا طُغْيَانًا وَكُفْرًا 80}

(Coran 18 :80)

"Ce garçon avait pour père et mère deux purs croyants, et nous avons craint qu'en grandissant, il ne leur imposât rébellion et infidélité [envers Allah] !"

Un commentaire sur cet incident est donné par Sahih Muslim, Livre 033, hadith 6434 :

"Le prophète d'Allah a expliqué : 'Le garçon que le prophète Al-Khader a tué avait une personnalité telle qu'il était destiné à devenir un infidèle, et s'il n'avait pas été assassiné, il aurait incité ses parents à devenir des rebelles et des mécréants'."

Revenons sur ce récit et dégageons les éléments qui posent problème :

1. Le garçon est un jeune musulman qui n'a commis aucune faute. Les deux prophètes de l'islam s'accordent à dire qu'il était incontestablement innocent !

2. Comment peut-il être conforme à la justice de condamner une personne pour un crime qu'elle n'a pas encore commis ? Nous avons ici tout juste un gamin qui n'était pas en mesure de comprendre ce qu'il faisait à ce moment, et encore moins ce qu'il allait faire dans l'avenir. En fait, il n'avait même pas encore ne serait-ce que commencé à désobéir à l'islam !

3. Le verset 80 nous dit que Al Khader craignait que le garçon ne devienne un injuste.

4. Tout est sur le mode du "peut-être", et Al Khader ne sait même pas avec

certitude si ce garçon quittera ou non l'islam.

5. Point très important : si Allah nous livre ici une histoire véridique, comment se fait-il qu'il puisse y avoir des millions d'enfants qui grandissent et deviennent des athées, et qui même insultent leurs parents, sans qu'Allah envoie qui que ce soit pour les éliminer dans leur enfance ? Pourquoi avoir agi ainsi envers ce seul et unique garçon?

6. Il est impossible de qualifier la manière dont le prophète de l'islam Al Khader assassine cet enfant autrement que de crime barbare.

7. Si nous nous reportons au commentaire d'Al Jalalayn sur le verset 18 :74, nous trouvons les détails supplémentaires suivants propres à satisfaire le sadisme musulman :

فانْطَلَقَا" بَعْدَ خُرُوجِهِمَا مِنْ السَّفِينَة يَمْشِيَان "حَتَّى إِذَا لَقِيَا غُلَامًا" لَمْ يَبْلُغ الْحِنْث يَلْعَب مَعَ الصِّبْيَان أَحْسَنهمْ وَجْهًا "فَقَتَلَهُ" الْخَضِر بِأَنْ ذَبَحَهُ بِالسِّكِّين مُضْطَجِعًا أَوْ اقْتَلَعَ رَأسه بِيَدِهِ أَوْ ضَرَبَ رَأْسَهُ بِالْجِدَار

"Il marcha et il aperçut un garçon, et alors, il le tua avec un couteau et il lui coupa la tête et il se mit à la fracasser contre le mur."

8. Quel monde est-ce là ? Comment imaginer qu'on puisse vouloir tuer quelqu'un de cette manière ? Que signifie ce besoin de mutiler, de jouer avec le cadavre après le meurtre ? Et n'oublions pas qu'il ne s'agit pas d'une victime adulte, qui aurait commis quelque crime et contre laquelle on serait animé d'un désir de vengeance ! Et quelle conduite de la part d'un soi-disant prophète ! Mais il ne s'agissait en fait que d'un enfant n'ayant commis aucune faute et victime d'un assassinat brutal et honteux ! Et le "prophète" de savourer son crime en coupant la tête du garçon et en la fracassant contre le mur !

9. En fin de compte, on peut dire qu'il s'agit là d'un conte d'horreur qui révèle la face hideuse de l'islam. On représente comme une action admirable le fait de tuer un innocent, sous le simple prétexte qu'on craignait qu'il ne fît quelque chose de mal dans l'avenir. S'il faut accepter cela comme un principe de droit, alors toute l'humanité devrait être massacrée avant de parvenir à l'âge adulte, parce que nous savons que chacun de nous se rend coupable de péchés. Cette

histoire n'est qu'une pure création morbide de l'esprit dérangé de Mahomet.

Allah égare celui qu'il veut et guide celui qu'il veut

Pour tenter de comprendre selon quels critères Allah accorde ou refuse sa direction, tournons-nous vers le Coran, sourate 4 (An-Nisâ'), aya 88 :

فَمَا لَكُمْ فِي الْمُنَافِقِينَ فِئَتَيْنِ وَاللهُ أَرْكَسَهُمْ بِمَا كَسَبُوا أَتُرِيدُونَ أَنْ تَهْدُوا مَنْ أَضَلَّ اللهُ وَمَنْ يُضْلِلِ اللهُ فَلَنْ تَجِدَ لَهُ سَبِيلًا 88}

(Coran 4 :88)

"A l'égard des hypocrites, pourquoi deux partis ? Allah les destine à leur perte pour ce que leurs mains ont accompli. Voulez-vous diriger celui qu'Allah a égaré ? Celui qu'Allah a induit en erreur, il n'existe aucun moyen de le guider, et vous ne trouverez aucun chemin où le diriger !"

On en trouvera confirmation dans la sourate 6 (Al-'An'âm), aya 39 :

وَالَّذِينَ كَذَّبُوا بِآيَاتِنَا صُمٌّ وَبُكْمٌ فِي الظُّلُمَاتِ مَنْ يَشَإِ اللهُ يُضْلِلْهُ وَمَنْ يَشَأْ يَجْعَلْهُ عَلَىٰ صِرَاطٍ مُسْتَقِيمٍ 39}

(Coran 6 :39)

"Ceux qui traitent Notre Coran de mensonger sont sourds, muets, dans les ténèbres ; et celui qu'Allah veut induire en erreur, il n'y a aucun moyen de le guider vers la Voie Droite."

Le principe est énoncé de manière encore plus claire dans le verset 125 de la même sourate 6 :

فَمَنْ يُرِدِ اللهُ أَنْ يَهْدِيَهُ يَشْرَحْ صَدْرَهُ لِلْإِسْلَامِ وَمَنْ يُرِدْ أَنْ يُضِلَّهُ يَجْعَلْ صَدْرَهُ ضَيِّقًا حَرَجًا كَأَنَّمَا يَصَّعَّدُ فِي السَّمَاءِ كَذَٰلِكَ يَجْعَلُ اللهُ الرِّجْسَ عَلَى الَّذِينَ لَا يُؤْمِنُونَ 125}

(Coran 6 :125)

"Et celui qu'Allah a destiné à être guidé vers l'Islam, Il lui ouvre la poitrine à l'Islam ; et celui qu'il choisit d'égarer, Il lui inflige un malaise dans la poitrine, comme s'il montait au ciel. Et Il fait peser sur lui un surcroît de péchés (Allah entraîne cet homme à commettre encore davantage de fautes)."

Des conclusions importantes sont à dégager de ces citations :

1. Dans l'islam, celui qui met l'homme sur la voie du mal, ce n'est pas Satan, mais, comme on peut le voir, c'est Allah !

2. Si c'est le travail d'Allah d'égarer les gens, alors quelle est la tâche de Satan ?

3. Si la signification du premier verset est de faire comprendre à Mahomet qu'il est non seulement inutile, mais même contraire à la volonté d'Allah, de chercher à guider les égarés vers le droit chemin, et qu'il n'a pas le droit de le faire, alors à quoi sert d'être appelé messager de Dieu ? Quelle est donc l'utilité de la fonction de Mahomet ?

4. Si Mahomet a essayé d'offrir une direction à ces gens, pourquoi cela doit-il provoquer la colère d'Allah ?

Ajoutons encore cette dernière citation : sourate 7 (Al-A'arâf), aya 178 :

178﴿مَنْ يَهْدِ اللَّهُ فَهُوَ الْمُهْتَدِي وَمَنْ يُضْلِلْ فَأُولَٰئِكَ هُمُ الْخَاسِرُونَ ﴾

(Coran 7 :178)

"Celui qu'Allah dirige reçoit la bonne direction, mais ceux qu'Allah égare, ceux-là sont les perdants."

1. Peut-on imaginer un dieu pareil ? Comment Allah peut-il diriger, puis égarer, puis punir les gens pour des "fautes" commises à cause de lui ?

   2. Donc, en fin de compte, l'islam, c'est juste une question de chance, c'est un jeu de hasard. Si vous êtes chanceux, si vous avez la baraka, vous serez parmi ceux qu'Allah choisit de diriger, d'après son caprice ; mais si vous êtes malchanceux, vous avez perdu la baraka, vous serez l'un de ceux qu'Allah, d'après son caprice, choisit de rejeter. Il aura

alors le plaisir de vous infliger de cruels châtiments, et vous ne saurez même pas quelle aura été votre faute !

Allah égare les chrétiens et les juifs

Nous sommes tous au courant du fait que les musulmans cherchent à imposer leur idée que Jésus n'a <u>jamais</u> été crucifié. La crucifixion du Christ est un élément central de la foi chrétienne, au point que, si vous refusez d'y croire, vous ne pouvez pas être considéré comme chrétien.

Mais le récit que nous trouvons à ce sujet dans le Coran est embrouillé et incohérent. Essayons de dégager la logique qui anime cette version de la crucifixion de Jésus, telle qu'elle nous est présentée par Allah et Mahomet, en nous penchant sur le Coran, sourate 4 (An-Nisâ'), aya 157 :

وَقَوْلِهِمْ إِنَّا قَتَلْنَا الْمَسِيحَ عِيسَى ابْنَ مَرْيَمَ رَسُولَ اللَّهِ وَمَا قَتَلُوهُ وَمَا صَلَبُوهُ وَلَكِن شُبِّهَ لَهُمْ وَإِنَّ الَّذِينَ اخْتَلَفُوا فِيهِ لَفِي شَكٍّ مِنْهُ مَا لَهُم بِهِ مِنْ عِلْمٍ إِلَّا اتِّبَاعَ الظَّنِّ وَمَا قَتَلُوهُ يَقِينًا 157}

(Coran 4 :157)

"Et à cause de leurs faux discours où ils affirment : 'Nous avons tué Al-Massih 'Issa (supposé être Jésus), fils de Maryam (Marie), le Messager d'Allah !', alors qu'ils ne l'ont ni tué ni crucifié, mais que l'illusion leur fut donnée d'avoir accompli ce fait ; et, en plein désaccord sur la question, ils ne se basent que sur leurs conjectures à son sujet, et n'ont nulle connaissance véritable ; mais assurément, ils ne l'ont pas tué."

Les commentateurs nous apportent des précisions : Livre <u>Jame' Al Baiyan fe Tafsir Al Qur'an</u>, année de l'Hégire 310 :

(هـ310تفسير جامع البيان في تفسير القرآن/ الطبري (ت

عن ابن إسحاق، قال : أن عيسى حين جاءه من الله إنِّي رَافِعُكَ إِلَيَّ قال : يا معشر الحواريين : أيكم يحب أن يكون رفيقي في الجنة حتى يشبه للقوم في صورتي فيقتلوه مكاني؟ فقال سرجس : أنا يا روح الله قال : فاجلس في مجلسي فجلس فيه، ورُفع عيسى صلوات الله عليه،

فدخـلـوا عليه فأخذوه، فصلبوه، فكان هو الذي صلبوه وشبّه لهم به. وكانت عدتهم حين دخـلـوا مع عيسى معلومة، قد رأوهم فأحصوا عدتهم، فلما دخلـوا عليه ليأخذوه وجدوا عيسى فيما يرون وأصحابه وفقدوا رجلاً من العدّة، فهو الذي اختلفوا فيه. وكانوا لا يعرفون عيسى، حتى جعلوا ليودس زكريايوطا ثلاثين درهماً على أن يدلهم عليه ويعرّفهم إياه، فقال لهم : إذا دخـلـتـم عليه فإنـي سأقبّـلـه، وهو الذي أقبّـل فخذوه فلما دخلـوا عليه، وقد رُفع عيسى، رأى سَرجِس في صورة عيسى، فلم يشكّ أنه هو عيسى، فأكبّ عليه فقبله، فأخذوه فصلبوه.

"Information venant de Ibn Ishaq, qui dit : 'Quand 'Issa (supposé être Jésus) reçut d'Allah la Révélation : 'O 'Issa, Nous te ferons monter [au ciel] !', alors il posa la question à ses apôtres : 'Qui d'entre vous prendra ma place pour se faire tuer ? Celui-là sera mon compagnon pour aller au paradis, et Allah lui donnera mon apparence et le transformera à mon image, de sorte qu'il me ressemblera exactement et c'est lui qui sera tué à ma place !'. Alors un des apôtres, son nom est Sarjès, <u>répondit à 'Issa</u> : '<u>Moi, Esprit d'Allah</u> !' Alors 'Issa dit à cet homme : 'Alors assieds-toi ici, à ma place.' L'homme s'assit à cette place. Alors Allah fit monter à Lui, au ciel, 'Issa. Ensuite les juifs entrèrent dans la maison, ils se saisirent de Sarjès et ils le crucifièrent, car c'est lui qui ressemblait à 'Issa après qu'Allah eut donné à cet homme l'apparence de 'Issa. Quand ils entrèrent dans la maison, ils comptèrent les personnes présentes et ils en trouvèrent 12 : il manquait donc une personne sur les 13 qui s'y étaient réunies. C'est que 'Issa n'était pas là, puisqu'Allah l'avait élevé à Lui. Mais les juifs, quant à eux, ne connaissant pas l'apparence de 'Issa (Voilà qui est pour le moins étrange : les juifs ne savent pas reconnaître Jésus !), ils avaient offert trente pièces d'argent à Youdos Zakria Youta pour qu'il leur désigne 'Issa. Cet homme leur dit : 'Quand j'entrerai, je lui donnerai un baiser pour que vous sachiez lequel est 'Issa.' Si bien que quand ils entrèrent dans la maison, 'Issa n'était plus là parce qu'il avait été élevé [au ciel], mais l'indicateur vit Sarjès qui avait l'apparence de 'Issa, alors c'est à lui qu'il donna le baiser, ainsi qu'il était convenu, et c'est lui qu'ils crucifièrent'."

Si nous examinons cette histoire avec un peu d'attention, nous voyons qu'elle est remplie de grotesques absurdités :

1. Allah demande à Jésus d'ordonner à ses disciples de mentir pour qu'il puisse prendre la fuite.

2. Allah use de tromperie à l'égard des juifs et des chrétiens. Savoir si oui ou non il y avait douze personnes présentes n'explique en rien pourquoi Allah veut que ce soit l'apparence de Jésus qu'on croie voir sur la croix au lieu de celle de ce Sarjès, qui a été transformé pour lui ressembler exactement. Bien sûr, si mes yeux me montrent Jésus sur la croix, comment puis-je ne pas croire que ce soit lui, même si mille hommes m'assurent que ce n'est pas lui ? Comment la propre mère de Jésus, Marie, pourrait-elle supposer que ce n'est pas son fils sur la croix, quand elle reconnait ses moindres traits et sa voix ? Quel plaisir sadique Allah trouve-t-il à provoquer ainsi la confusion ?

3. Ces événements s'étant produits en présence de tous les apôtres, pourquoi aucun de ceux-ci n'a-t-il laissé de témoignage à leur sujet, ou seulement évoqué d'un seul mot cette substitution d'un autre personnage à Jésus ?

4. Quelle utilité y a-t-il à soustraire Jésus au supplice et à y envoyer à sa place un homme qui n'y est pour rien ? Quelle devient la signification du sacrifice de ce dernier ? Ce 'Issa musulman apparaît ici tout simplement comme un poltron qui fuit devant le danger et envoie quelqu'un mourir à sa place ! Pas la moindre trace d'héroïsme dans un tel comportement ! Le véritable héroïsme consiste à donner sa vie pour les autres, et non à demander aux autres de mourir pour soi.

5. Allah, s'il est vraiment dieu, n'aurait-il pas dû savoir que cette substitution allait entraîner la plus grande méprise de l'Histoire pour plus de trois milliards d'individus qui de nos jours adhèrent à la foi chrétienne ?

6. Cette supercherie fait d'Allah en fin de compte le plus grand imposteur de toute l'Histoire de l'humanité.

7. Cela signifie donc qu'Allah n'est autre que Satan, car c'est la définition de Satan d'être l'essence du trompeur.

8. Par conséquent, la version du Coran étant mensongère, nous en tirons confirmation que ce qu'elle cherche à détruire, le témoignage biblique qui affirme

que Jésus a bien été crucifié, est véridique. La Bible nous rapporte ce que les témoins oculaires des faits ont vu, et de nombreux contradicteurs, parmi ceux qui étaient présents, auraient élevé la voix et **dénoncé la falsification, si ces témoins avaient travesti les faits dans leur témoignage.**

9. Et surtout, question cruciale : quel intérêt y a-t-il donc à opérer cette substitution d'un sosie alors qu'Allah a déjà fait monter 'Issa au ciel avant que ces hommes n'arrivent pour le tuer ? Si Allah avait les moyens d'enlever 'Issa pour le sauver, pourquoi ne pouvait-il pas sauver également tous les apôtres ? Allah était-il à court d'idées et de stratégies pour protéger ses serviteurs ? Nous pouvons lui suggérer une foule de solutions : aveugler, frapper d'amnésie les soldats, ou bien faire en sorte que tous les douze apôtres ressemblent exactement à 'Issa, ou mieux encore, rendre tous les juifs semblables à 'Issa, ou même, pourquoi pas, les hommes du monde entier tous semblables à 'Issa ! Aucun moyen alors de savoir lequel est le bon et où il se cache !

10. Au total, nous avons là l'histoire la plus ridicule jamais imaginée pour essayer, vainement, de discréditer le témoignage biblique. Elle nous révèle l'aspect pathologique de la mentalité de Mahomet, qui crée de toutes pièces ce récit absurde, et nous offre la démonstration que la tromperie est un principe de base de ce système de croyances, du moment qu'elle émane d'Allah ou sert les objectifs de l'idéologie musulmane.

11. Nous avons montré qu'Allah n'est qu'un menteur. Rappelons ici les paroles de Jésus Christ dans la Bible (Jean 8 :44) :

أَنْتُمْ مِنْ أَبٍ هُوَ إِبْلِيسُ وَشَهَوَاتِ أَبِيكُمْ تُرِيدُونَ أَنْ تَعْمَلُوا. ذَاكَ كَانَ قَتَّالاً لِلنَّاسِ مِنَ الْبَدْءِ وَلَمْ يَثْبُتْ فِي الْحَقِّ لأَنَّهُ لَيْسَ فِيهِ حَقٌّ. مَتَى تَكَلَّمَ بِالْكَذِبِ فَإِنَّمَا يَتَكَلَّمُ مِمَّا لَهُ لأَنَّهُ كَذَّابٌ وَأَبُو الْكَذَّابِ.

8يوحنا : 44

"Vous êtes bien de votre père, le diable, et vous avez la volonté de réaliser les désirs de votre père. Dès le commencement il s'est attaché à faire mourir l'homme ; il ne s'est pas tenu dans la vérité parce qu'il n'y a pas en lui de vérité. Lorsqu'il profère le mensonge, il puise dans son propre bien parce qu'il est menteur et père du mensonge. " (Jean 8 :44)

12. L'examen de ce sujet nous a permis de mettre au jour de manière éclatante

la vraie nature de l'islam qui ne fait que se confirmer dans tout le reste. Le Christ Lui-même nous l'a décrite de manière définitive.

Le retour du Messie

Nous avons donc vu, au chapitre précédent, que 'Issa (supposé être Jésus), selon l'islam, se trouve actuellement au paradis sans avoir connu la mort, depuis quelque 2000 ans. Mais ce n'est pas la fin de l'histoire. Nous trouvons en effet, dans Sahih Al-Boukhari, Livre 34, hadith 425, la "prophétie" suivante :

"Le Messager d'Allah a déclaré : 'Je l'affirme au nom de Celui qui tient ma vie entre Ses mains, le Fils de Maryam (Marie) descendra bientôt parmi vous pour être un juste juge et souverain. Il fracassera les croix et abattra les porcs et il abolira la jizyah (le tribut que doivent payer les chrétiens sous peine d'être massacrés), et l'abondance coulera à flot, tellement que personne ne se donnera même plus la peine de la recueillir."

1. Ici se dégage une nouvelle image du Christ dans l'islam. N'oublions pas une chose : pour l'islam, Mahomet est le prophète ultime, le seul à avoir préservé le message d'Allah, en somme le plus grand des prophètes, mais il est mort !Le Jésus de l'islam, 'Issa, lui aussi est censé être un prophète, mais "son livre" a été dénaturé.

Piètre prophète en vérité ! Contrairement à Mahomet, il ne remporte aucune victoire et est incapable de dicter fermement son message. Qui aujourd'hui serait prêt à le suivre ? Il s'éclipse pour avoir la vie sauve et envoie un autre homme se faire supplicier et tuer à sa place. Après toutes ces faiblesses que le Coran lui attribue, voilà qu'on nous dit qu'il sera malgré tout le sauveur du monde à la fin des temps !

2. Il reviendra, nous dit-on, pour être celui qui dirigera la Terre. Mahomet, en effet, a bien dit "un juste juge et souverain" pour le monde entier, éliminant les autres religions.

3. Alors, la question mérite d'être posée : pourquoi n'est-ce pas plutôt Mahomet qui doit être le Messie ?

4. On le sait bien, cela est partout dans les films d'action, tout le monde meurt, sauf le héros ! C'est lui, à la fin, qui fait triompher le bien et apporte la victoire ! Or, si nous suivons le hadith cité ci-dessus, celui qui apporte la victoire finale, ce n'est pas Mahomet le mort, mais Jésus Christ le vivant !

5. Il s'ensuit que nous, les chrétiens, agissons de manière juste et logique. Nous suivons Celui qui vient, non pas celui qui est parti. Si l'on vous donnait à choisir : "Voici deux figures de guides possibles : l'un est mort, l'autre est vivant.", lequel choisiriez-vous de suivre?

6. Or, si Jésus est appelé à être le "juge et souverain juste", cela ne revient-il pas à dire que Jésus est Dieu ? Car aucun être humain ne peut incarner parfaitement le Bien ou la Justice. Nul homme n'est juste, Dieu seul est juste, c'est le Coran qui nous le dit, sourate 6 (Al-'An'âm), aya 57 :

قُلْ إِنِّي عَلَىٰ بَيِّنَةٍ مِنْ رَبِّي وَكَذَّبْتُمْ بِهِ مَا عِنْدِي مَا تَسْتَعْجِلُونَ بِهِ إِنِ الْحُكْمُ إِلَّا لِلَّهِ يَقُصُّ الْحَقَّ وَهُوَ خَيْرُ الْفَاصِلِينَ 57}

(Coran 6 :57)

"Dis : 'Je me fonde sur une Preuve de mon Seigneur, alors que vous traitez cela de mensonge. Ce que vous voudriez voir venir au plus vite en guise de châtiment, cela n'est pas en mon pouvoir. Le jugement n'appartiendra qu'à Allah : car Il juge selon la Vérité, et Il est le meilleur des juges'."

7. On voit ici que si Allah est le meilleur des juges, c'est parce qu'il est le seul à détenir la Vérité. Détenir la Vérité, cela veut dire qu'il voit ce qui n'est pas visible. Pour être le Juge parfait, il faut être capable de sonder le cœur de chacun, et de démêler les mensonges et les vérités qui y cohabitent. Si Jésus doit être un tel juge, cela signifie qu'Il est capable de connaître l'invisible et l'inconnaissable, comme nous le dit le Coran, sourate 3 (Al-'Imran), aya 49 :

وَرَسُولًا إِلَىٰ بَنِي إِسْرَائِيلَ أَنِّي قَدْ جِئْتُكُمْ بِآيَةٍ مِنْ رَبِّكُمْ أَنِّي أَخْلُقُ لَكُمْ مِنَ الطِّينِ كَهَيْئَةِ الطَّيْرِ فَأَنْفُخُ فِيهِ فَيَكُونُ طَيْرًا بِإِذْنِ اللَّهِ وَأُبْرِئُ الْأَكْمَهَ وَالْأَبْرَصَ وَأُحْيِي الْمَوْتَىٰ بِإِذْنِ اللَّهِ وَأُنَبِّئُكُمْ بِمَا تَأْكُلُونَ وَمَا تَدَّخِرُونَ فِي بُيُوتِكُمْ إِنَّ فِي ذَٰلِكَ لَآيَةً لَكُمْ إِنْ كُنْتُمْ مُؤْمِنِينَ 49}

(Coran 3 :49)

"Et [envoyé] comme Apôtre aux Fils d'Israël, disant : 'Je suis venu avec un signe de votre Dieu : je crée d'argile une figurine d'oiseau ; je souffle dedans et voilà qu'elle devient vivante, avec la permission d'Allah. Je rendrai la parole au muet et la vue à l'aveugle de naissance ; je guérirai le lépreux. Je ferai revivre les morts, avec la permission d'Allah. Je vous révèlerai ce que vous avez mangé et ce que vous amassez dans vos demeures, Assurément en cela est un signe pour vous : alors, croyez ! ' "

8. Ainsi qu'on peut le voir, Jésus sait ce que nous mangeons et ce que nous amassons dans nos demeures. Nous pouvons récapituler Ses attributs de la manière suivante :

- Jésus est juste et souverain.
- Il est partout (omniprésent).
- Il est auprès de chaque personne sur cette Terre.
- Rien ne peut être caché de Lui. Peu importent les efforts que nous déployons pour dissimuler.
- Il possède, attribut de suprême importance, la faculté de créer la vie !
- Il a donné des yeux pour voir (les a recréés) à l'aveugle de naissance simplement en prononçant une parole.
- Et tout cela, le Coran voudrait que l'on considère que ce fut accompli par Jésus pour nous imposer la croyance à Allah ! Mais comment de pareils miracles peuvent-ils ne pas nous inciter à croire à Celui qui les accomplit sous nos yeux de témoins !
- Nous voici encore devant une absurdité : Allah paraît ne pas savoir ce qu'il fait en donnant à celui qui n'est censé être qu'un simple être humain un pouvoir que cet "homme" ne devrait pas détenir, car ce sont là des choses que seul Dieu peut accomplir, ainsi qu'il est dit dans le verset 6 de la sourate 22 (Al-Hajj) du Coran :

6﴿ ذَلِكَ بِأَنَّ اللَّهَ هُوَ الْحَقُّ وَأَنَّهُ يُحْيِي الْمَوْتَى وَأَنَّهُ عَلَى كُلِّ شَيْءٍ قَدِيرٌ ﴿

(Coran 22 :6)

"C'est qu'Allah est en effet la Vérité, qu'il ranime les Morts, que sur toutes choses Il est omnipotent."

En revanche, Allah rappelle à Mahomet ses limites humaines et ce qu'il doit dire à son propre sujet en tant que simple être humain, dans le Coran, sourate 7 (Al-'A'râf), aya 188 :

﴿ قُلْ لَا أَمْلِكُ لِنَفْسِي نَفْعًا وَلَا ضَرًّا إِلَّا مَا شَاءَ اللَّهُ وَلَوْ كُنْتُ أَعْلَمُ الْغَيْبَ لَاسْتَكْثَرْتُ مِنَ الْخَيْرِ وَمَا مَسَّنِيَ السُّوءُ إِنْ أَنَا إِلَّا نَذِيرٌ وَبَشِيرٌ لِقَوْمٍ يُؤْمِنُونَ ﴾188

(Coran 7 :188)

"Dis : 'Je ne suis source pour moi-même ni de bénéfice ni de dommage, si ce n'est selon ce qu'Allah a décidé pour moi, et si je connaissais l'Inconnaissable, j'en tirerais une abondance de bienfaits pour moi et aucun mal ne pourrait alors m'affecter, mais je ne suis qu'un messager chargé d'annoncer et d'avertir !"

1. Ici, Mahomet nous livre une image fidèle et réaliste de lui-même. En effet, il nous dit : "Si j'avais accès à la connaissance de l'invisible, je réserverais cette faculté pour mon profit personnel !". Il ne s'agit nullement pour lui de songer à utiliser cette faculté pour venir en aide à son prochain. Sa première pensée est pour lui-même.

2. Il avoue très franchement et sans équivoque qu'il n'a aucun accès à la connaissance de l'invisible et fournit un argument pour prouver son impuissance. La question se pose alors de savoir pourquoi le Coran d'Allah se donne la peine de préciser que Jésus, pour Sa part, peut nous dire ce que nous avons mangé, ce que nous avons dissimulé, et ce que nous amassons dans nos maisons, alors que Mahomet en est incapable. Mahomet n'était-il donc qu'un accessoire tardif, et Allah a-t-il estimé que l'individu ne valait absolument pas la peine que lui soient accordées des facultés dignes d'un prophète ? Nous en tirons une conclusion de plus, prouvant l'inanité de Mahomet et de son dieu : ne pouvant nier les miracles accomplis par Jésus, il n'avait pas d'autre choix que de déclarer

que ces miracles provenaient de son dieu, auquel il attribuait la responsabilité de leur accomplissement. Mais dans le même temps, Allah était incapable de fournir un seul miracle pour soutenir son messager Mahomet, ainsi que le reconnaît le Coran en 17 :59 :

"Nous nous abstenons d'envoyer des miracles, car les générations passées ont refusé de les reconnaître comme de vrais miracles !"

3. Ici, Allah déclare ouvertement qu'il refuse de donner à Mahomet le pouvoir d'accomplir des miracles. En réalité, c'est la seule excuse que Mahomet pouvait imaginer pour expliquer son impuissance. Et la question se pose : qui sont donc ces hommes des générations passées qui ont refusé de reconnaître les miracles ? A-t-on ignoré ceux de Moïse ? Ceux de Jésus ? Tous les chrétiens croient aux miracles de Jésus ; l'excuse d'Allah est donc une misérable imposture. La vraie raison est que Mahomet, incapable d'opérer ne serait-ce qu'une seule guérison, avait besoin de se débarrasser de ceux qui ne cessaient de lui demander pourquoi il n'accomplissait pas d'actes pareils à ceux de Jésus, de Moïse et d'autres ! Nous reviendrons plus loin sur ce sujet important.

De tout cela, retenons les conclusions suivantes :

- Allah a voulu nous prouver qu'il est dieu en donnant à Jésus le pouvoir d'accomplir des actes d'une nature telle que seul Dieu a le droit et le pouvoir de les accomplir.

- Allah s'était-il rendu compte que les miracles de ce type conduiraient les chrétiens à croire en Jésus, à Le considérer comme supérieur à la condition humaine et à L'accepter comme Dieu ?

- Pour reprendre ce raisonnement sous une approche différente : supposons que Jésus ait été incapable de faire revivre un mort ; de créer, comme le raconte le Coran, un oiseau vivant ; de donner des yeux neufs aux aveugles ; de guérir les lépreux, de nous dire ce que nous avons mangé ; supposons qu'Il ne soit pas, comme le reconnaît le Coran, né d'une vierge ; qu'Il ne demeure pas vivant tant que dure le monde, depuis plus de 2000 ans ; qu'Il ne soit pas intouché par Satan, selon les déclarations de Mahomet ; qu'Il ne soit pas Saint, comme le dit le Coran en 19 :19 ; et qu'Il ne soit pas destiné à être Juge et Souverain du monde à la fin des temps, alors quelles raisons un si grand nombre d'hommes auraient-ils aujourd'hui de Le considérer comme Dieu ? Si donc nous suivons la logique de l'islam au sujet des miracles, c'est Allah qui porte la responsabilité de nous avoir fait adorer Jésus, et, problème déjà rencontré plus haut, c'est Allah qui a passé à Jésus son pouvoir, censé être une exclusivité divine, de diriger ou d'égarer !

- Qui plus est, Allah a même cédé son pouvoir exclusif de Créateur ! Dans le passage cité ci-dessus (Coran 3 :49), Jésus dit : "Je crée d'argile une figurine d'oiseau ; je souffle dedans et voilà qu'elle devient vivante !"

Cela soulève une autre question : si ces miracles ne sont réalisés, comme le soutiennent les musulmans, que par la seule permission d'Allah, pourquoi le verset dit-il : "Je crée …" ? Car il ne faut pas confondre "avoir la permission" et "avoir la capacité physique". Ici, "la permission d'Allah" peut très bien signifier tout simplement qu'Allah approuve ce que Jésus accomplit de Lui-même. Comme tout ce que nous faisons dans la vie, une action peut très bien être accomplie bien que n'ayant pas l'aval ou la permission d'Allah, et vice-versa, malgré la permission d'Allah, le sujet peut ne pas avoir la capacité de l'accomplir. Par exemple, un musulman peut violer son épouse, car cela est approuvé par Allah ("avec la permission d'Allah"). Mais le fait que l'islam, et donc Allah, l'y autorise, ne signifie pas nécessairement qu'il ait la capacité physique de réaliser son projet, si par exemple il est de faible constitution physique. Dans certains pays musulmans, une femme bien solide peut parfaitement l'emporter contre dix hommes ! Reportons-nous au Coran, sourate 55, verset 33 :

"O peuple des Djinns et des Hommes ! Si vous êtes capables de sortir du Domaine des Cieux et de la Terre, essayez donc !Vous n'y parviendrez qu'avec l'Autorisation !"

- Comme on peut le voir, Allah nous lance un défi de quitter l'espace de notre planète sans sa permission. Les Russes, les Américains, et d'autres, ont-ils relevé ce défi ? Où était leur autorisation d'Allah ? De même notre Seigneur Jésus Christ a pu retourner au Ciel par Sa propre Volonté !

Que retenir de tout cela ? Les musulmans s'efforcent toujours de relativiser les pouvoirs de Jésus. Ils vous diront par exemple : "Oui, Jésus a accompli des guérisons spectaculaires, mais on connaissait à cette époque beaucoup plus de remèdes, c'est pourquoi Ses réussites sont du domaine de la thérapie !"

- Nous savons tous que Jésus a accompli ces faits 600 ans avant Mahomet. Il est ridicule de prétendre que la science a régressé.

- Or aujourd'hui, 2000 ans après le Christ, les connaissances scientifiques réunies de toute l'humanité peuvent-elles accomplir ne serait-ce qu'une seule des actions miraculeuses de Jésus ?

- Car, ne l'oublions pas, Jésus ne guérissait pas en administrant des médicaments, il suffisait qu'il prononce une parole ! Ces choses ne sont pas comparables.

Principe du Coran : exagérations, contre-vérités, tout est bon pour produire un effet sonore poétique

Prenons l'exemple du verset 3 de la sourate 97 (Al-Qadr) du Coran :

3لَيْلَةُ القَدْرِ خَيْرٌ مِنْ أَلْفِ شَهْرٍ

(Coran 97 :3)

"C'est la Nuit du Pouvoir (divin) qui vaut mieux que mille mois."

Examinons ce verset de plus près. Cette nuit est censée être celle où Allah a envoyé du ciel le premier verset du Coran. Posons-nous quelques questions à son sujet :

1. Pourquoi cette nuit, ou plus précisément les prières accomplies au cours de cette nuit, valent-elles mieux que 1000 mois ?

Ceux qui savent l'arabe comprennent qu'il s'agit ici uniquement d'obtenir une assonance, un rythme sonore qui impressionne ou hypnotise. Cette sourate est en effet composée de cinq versets courts, finissant par les mots قدر شهر أمر فجر

Voyons : Une nuit spéciale de prières = 1000 mois = 83 ans et 33 jours de prières accomplies lors de nuits ordinaires !

2. Cela est-il vraiment équitable ? Vous priez une seule nuit et vous vous retrouvez mieux placé qu'un vénérable vieillard qui a suivi l'islam toute sa vie et n'a pas cessé de prier tout au long de 83 années ? Voyons ce qu'en dit Al-Jalalayn, dans son commentaire Tafsir, tome 1, page 815, année de l'Hégire 864, au sujet du verset Coran 97 :3 :

هـ) { لَيْلَةُ ٱلْقَدْرِ خَيْرٌ مِّنْ أَلْفِ شَهْرٍ }864تفسير تفسير الجلالين/ المحلي و السيوطي (ت المحلي ليس فيها ليلة القدر فالعمل الصالح فيها خير منه في ألف شهر ليست فيها

"Les actes accomplis durant cette nuit et les bonnes œuvres de cette nuit, si on les compare aux autres nuits, ont plus de mérite que mille d'entre elles."

Prenons un autre exemple : le verset 82 de la sourate 2 (Al-Baqara) du Coran :

82وَالَّذِينَ آمَنُوا وَعَمِلُوا الصَّالِحَاتِ أُولَٰئِكَ أَصْحَابُ الْجَنَّةِ هُمْ فِيهَا خَالِدُونَ }

(Coran 2 :82)

"Et ceux qui auront eu la Foi et accompli des œuvres pies, pour eux sera le Paradis d'Allah avec des rivières coulant à leurs pieds."

3. Supposons qu'on ait deux musulmans. L'un a prié une nuit lors de la "nuit du Pouvoir". Sera-t-il mieux récompensé que l'autre qui a prié pendant 83 ans, mais qui n'a pas pu prier cette nuit-là particulièrement ? Ou bien seront-ils accueillis au même paradis ? S'ils reçoivent la même récompense, en quoi cette nuit particulière (la "nuit du Pouvoir") est-elle alors meilleure ? Le premier recevra-t-il donc une récompense 1000 fois plus grande ?

Mais si la récompense est la même, alors toute cette sourate n'est que du vent, sur un beau rythme de rap ! Le verset est vide de sens, une énonciation sans objet. On croyait Allah soucieux de justice et d'équité ! Comment donc croire qu'il attribue une récompense égale, ou même supérieure, comme le promet le verset, à celui qui a prié une seule nuit, par rapport à celui qui a prié tout au long de 83 années ? Ce serait insensé ! Quelle que soit la réponse, Mahomet nous prouve encore une fois que c'est lui qui a créé son Coran, emporté par des élans lyriques sur son rythme de rap, mais sans aucun souci du vrai sens et de la valeur des mots.

Allah gardien protecteur de sa révélation

Dans les versets du Coran, Allah nous assure qu'il a fait en sorte que sa révélation soit préservée dans son intégralité. Examinons cette question de plus près. Nous savons tous que les musulmans pratiquent la lapidation à mort comme peine infligée à ceux qui se rendent coupables de relations sexuelles illicites ; mais où est le commandement d'Allah qui institue cette loi ? Il faut ici se tourner vers Sahih Al-Boukhari, Livre 82, hadith 816 :

"Témoignage rapporté par Ibn 'Abbas : Omar a dit : 'Je crains que dans l'avenir les gens ne disent : 'Nous ne trouvons pas dans le Saint Livre les versets concernant le "Rajam" (peine de mort par lapidation)', et qu'alors ils ne s'égarent en négligeant cette disposition qu'Allah a révélée. C'est pourquoi je réaffirme l'obligation d'infliger la peine du "Rajam" à toute personne qui a des relations sexuelles illicites alors qu'elle est déjà mariée et si la preuve que ce crime a eu lieu est apportée par des témoins, ou par une grossesse, ou par des aveux.' Sufyan ajouta : 'Pour ma part, j'ai bien appris par cœur les versets qui le confirment.' Omar répondit : 'C'est sûr, l'Apôtre d'Allah a appliqué la peine du "Rajam", et donc, nous suivons son exemple'."

Voilà certainement un hadith à retenir. Or c'est un hadith extrêmement solide, reconnu par tous les musulmans sans exception. Les conséquences sont les suivantes :

1. Il existe bel et bien un chapitre ou un groupe de versets manquants dans le Coran.

2. Les musulmans ont oublié d'inclure ces versets dans le Coran !

3. Les musulmans sont toujours à nous raconter que le Coran est indestructible et inaltérable, parce qu'il est conservé et transmis depuis le début dans la mémoire d'un très grand nombre de croyants qui l'ont appris par cœur et remarqueraient immédiatement toute tentative de le modifier.... Si c'est le cas, et s'ils ont remarqué qu'il y avait un passage qui manquait, pourquoi le Calife 'Uthman ne l'a-t-il pas inclus dans son édition du Coran quand il en a établi le texte ou assemblé les éléments ?

Mais cela soulève également un autre problème, bien explicité par le commentaire d'Al-Jalalayn, <u>Tafsir</u>, tome 1, page 338 :

{ إِنَّا نَحْنُ نَزَّلْنَا ٱلذِّكْرَ وَإِنَّا لَهُ لَحَافِظُونَ }

{ وَإِنَّا لَهُ لَحَافِظُونَ } من التبديل والتحريف والزيادة والنقص.

"Nous promettons de protéger le Livre maintenant et à l'avenir contre toute entreprise de dénaturation, et d'empêcher que tout passage soit retiré ou ajouté."

- Il s'agit là d'un engagement solennel d'Allah : cet engagement n'a pas été tenu, et il en résulte que le Coran n'est qu'un livre de vaines promesses et de fausses prophéties.

Où se trouve donc ce fameux premier verset qui fut révélé à Mahomet lors de la "nuit du Pouvoir" (la Nuit Al Qader) ? Les musulmans n'ont pas respecté l'ordre chronologique du Coran, mais ils s'accordent à considérer que c'est le verset 96 :1 :

"Lis ! au Nom d'Allah, Celui qui a fait la Création !"

Mais qu'est-ce que ceci ? Allah n'a-t-il pas qualifié d'entreprise de dénaturation le fait même de changer la place des versets ? Nous en trouvons la preuve dans le Coran, aux versets 4 :46 et 5 :13, 5 :41.

Commençons par Coran 4 :46 :

"Ceux parmi les juifs qui ont déplacé les mots de leur vraie place pour ensuite prétendre qu'ils ont obéi à Dieu ! […]"

- ✓ Il est dit bien clairement ici que celui qui modifie la place des mots se livre à une entreprise de dénaturation du texte. N'oublions pas que lorsque le texte du Coran fut établi, la numérotation des versets n'existait pas, pas plus que les noms donnés aux sourates.

- Voyons encore une confirmation de cette incohérence parmi les très nombreux exemples qu'on pourrait citer : Coran 5 :3 :

"J'ai proscrit pour vous la consommation de [la chair de] l'animal mort, celle aussi du sang, de la chair du porc et de toute nourriture sur laquelle ont été prononcées des prières au nom de divinités autres qu'Allah ; proscrites également sont [la chair de] l'animal tué par étouffement ou tombé sous des coups, celle de l'animal mort d'une chute ou d'un coup de corne, celle de l'animal mangé par un lion, à moins que vous ne parveniez à la découper avant la mort de l'animal ; celle de l'animal qui a été sacrifié aux idoles, ou qui est utilisé comme offrande votive ou pour consulter le sort par les flèches ; ou de ce qui n'a ni plumes ni tête. Aujourd'hui, ceux qui rejettent l'islam n'ont plus rien à espérer de votre religion ; toutefois, ne les craignez pas, mais craignez-Moi plutôt ! Aujourd'hui, J'ai parachevé pour vous votre religion et vous ai accordé Mon entier bienfait, et ai choisi pour vous l'islam comme votre religion. Cependant, si quelqu'un est obligé, en cas de famine, de transgresser Mes interdits sans que ce soit son intention, Allah pardonnera car Allah est pardonneur et miséricordieux."

- Arrêtons-nous sur ce passage : "Aujourd'hui, J'ai parachevé pour vous votre religion et vous ai accordé Mon entier bienfait, et ai choisi pour vous l'islam comme votre religion."

Comme on peut le voir, Allah nous dit : "aujourd'hui, j'ai parachevé votre religion", autrement dit, "aujourd'hui, l'islam est devenu parfait". Voilà qui pose problème, car si "aujourd'hui l'islam a atteint sa perfection définitive", alors pourquoi cette affirmation est-elle placée dans le verset 3 de la sourate 5 ? Une fois passé le repère temporel "aujourd'hui", quel besoin de livrer encore des révélations sous forme de versets et sourates ? Or, nous savons que le discours coranique va continuer à se déverser encore tout au long de plus de 109 sourates ! Alors, quelle est l'explication ? Ces sourates supplémentaires ont-elles été ajoutées par quelqu'un ? Ou bien quelqu'un a-t-il déplacé ce verset qui se trouvait à la fin du Coran pour l'introduire dans le texte plus près du début ? Car que vient faire cette mention de l'achèvement du Coran au beau milieu d'un passage traitant des interdictions alimentaires ? La constatation qui s'impose est que le Coran est un livre décousu, confus, rempli d'omissions et de vide. Si nous examinons bien le contenu du Coran, nous trouvons que 90% des pratiques suivies par les musulmans ne trouvent même pas leur source dans ce livre !

Inversement, le Coran contient beaucoup d'enseignements qui ne sont plus mis en pratique par les musulmans, comme par exemple le verset 114 de la sourate 11, qui ordonne aux musulmans de prier seulement trois fois par jour :

"Et veillez à accomplir la prière aux deux extrémités du jour et dans le courant de la nuit."

On pourrait citer encore bien d'autres questions que le Coran laisse en suspens, telle que la définition du mot "Zakat", la contribution financière que les musulmans doivent payer en prélevant soit sur le revenu de leur travail, soit sur le pillage des biens des chrétiens et des juifs.

Mahomet accordait une grande attention à l'obligation imposée aux musulmans de lui verser une part de tout butin et prises de guerre. Lui et Allah recevaient un cinquième des biens pillés et le reste était à partager entre les membres de sa bande de brigands.

Autres omissions du Coran :

- Comment se pratique le pèlerinage du hajj ?

- Comment faire la prière ?

- Où peut-on trouver dans le Coran la procédure à suivre pour faire ses ablutions rituelles ?

- Comment se pratique le jeûne ?

- Quand doit-on faire le jeûne ?

- Quand peut-on rompre le jeûne ?

- Quel est le montant de la Zakat (l'impôt à verser à l'Etat institué par Mahomet) ?

D'autre part, on sait aussi que certains versets du Coran sont ultérieurement abrogés par Allah. Quels sont ces versets abrogés ? Comment savoir quels versets sont à suivre et quels versets ne sont pas à suivre, étant donné que le Coran est rempli des uns et des autres ? C'est une raison essentielle qui fait que le Coran présente une confusion proprement indémêlable.

En Coran 8 :41, par exemple, il nous est indiqué comment répartir les dépouilles de guerre :

"Et sachez que de tout ce que vous saisissez comme dépouilles de guerre (autrement dit, les biens pillés aux kouffars), le cinquième en revient à Allah, à Son Messager, et sera laissé pour les indigents, les orphelins (c'est-à-dire les enfants des membres du gang de Mahomet morts au service de ce dernier) et ceux qui sont dans le besoin."

Mais plus tard, on découvre que certains musulmans se plaignent, accusant Mahomet de s'être indûment approprié des sous-vêtements d'une précieuse étoffe rouge. Cela déclenche une réaction dans le Coran 3 :161(sur la base de la traduction anglaise faite par Usama Dakdok) :

وَمَا كَانَ لِنَبِيٍّ أَنْ يَغُلَّ وَمَنْ يَغْلُلْ يَأْتِ بِمَا غَلَّ يَوْمَ الْقِيَامَةِ ثُمَّ تُوَفَّى كُلُّ نَفْسٍ مَا كَسَبَتْ وَهُمْ لَا يُظْلَمُونَ{ 161}

(Coran 3 :161)

"Et il n'est pas d'un Prophète de frauder (dans le partage des dépouilles), et quiconque commet une fraude viendra avec le

produit de sa fraude (les biens acquis de manière malhonnête) au Jour de la Résurrection. Alors, chaque âme recevra le juste prix de ce qu'elle se sera acquis et personne ne sera traité de manière injuste."

Les détails sont fournis par le commentaire d'Al Jalalayn : Tafsir Al Jalalayn, sura Al-Imran, Qur'an 3 :161 :

"Quand les musulmans s'apprêtèrent à se partager le butin, certains vêtements en velours rouge disparurent le jour de la bataille de Badr, et certains musulmans commencèrent à murmurer : 'Peut-être que c'est le Prophète qui les a dissimulés pour son propre usage.' Il s'ensuivit la Révélation que vous connaissez certainement : 'Il n'est pas d'un Prophète de voler'."

Peut-on imaginer les apôtres du Christ accusant leur Seigneur d'avoir volé des vêtements ? Ce que nous avons là, c'est un comportement de membres d'un gang criminel, et non d'hommes de Dieu. Ce cas nous révèle bien clairement quelle espèce d'hommes sont ce Mahomet et ses complices !

Le défi lancé à l'humanité et aux Djinns de produire un ouvrage égal à ce Coran

Ce célèbre défi se trouve dans la sourate 17, aya 88, du Coran :

"Dis : 'Si les Humains et les Djinns se réunissaient pour produire un ouvrage pareil à ce Coran (cette Révélation), ils ne pourraient produire rien de comparable, même s'ils s'entraidaient mutuellement'."

- C'est on ne peut plus clair : les humains et les djinns peuvent bien essayer, ils ne parviendront à créer rien d'aussi parfait que ce Coran.

- Il s'ensuit que si l'on peut trouver quelqu'un qui réussisse à créer un

Coran (une révélation) égal ou supérieur, Allah aura perdu son pari.

Dans le hadith suivant, qui se trouve dans le livre The Book of 'Ol-It'qan Fee 'Olum Al-Qur'an, tome 1, page 137, hadith provenant de Omar, le compagnon de Mahomet et l'un des quatre premiers Califes après Mahomet, Omar dit :

الإتقان في علوم القرآن

[ص : الجزء الأول 137النوع العاشر]

وأخرج البخاري وغيره ، عن أنس قال : قال عمر : وافقت ربي في ثلاث : قلت : يا رسول الله [ص : 138لو اتخذنا من مقام إبراهيم مصلى ؟ فنزلت : واتخذوا من مقام إبراهيم مصلى] [البقرة 125وقلت : يا رسول الله ، إن نساءك يدخل عليهن البر والفاجر ، فلو أمرتهن أن : يحتجبن ؟ فنزلت آية الحجاب . واجتمع على رسول الله - صلى الله عليه وسلم - نساؤه في الغيرة [التحريم]فنزلت كذلك5، فقلت لهن : عسى ربه إن طلقكن أن يبدله أزواجا خيرا منكن :

"Rapporté par Annas : Omar bin Al-Khatab a dit : 'Mon Seigneur Tout-Puissant est tombé d'accord avec moi sur trois sujets :

(Premièrement) J'avais dit : 'O Apôtre d'Allah, j'aimerais que [tu] choisisses comme ton lieu de culte le lieu où Abraham s'est arrêté pour prier'. Et il advint que l'Inspiration d'Allah donna précisément ce commandement (Coran 2 :125) : 'Et vous (les Croyants), faites du lieu d'Abraham votre lieu de prière !'

(Deuxièmement) Et j'avais dit au Prophète d'Allah : 'Il y a de bonnes, mais aussi de mauvaises personnes qui s'approchent de tes épouses pour leur parler, alors tu devrais obliger ces dernières à porter un voile !' Alors Allah envoya le verset concernant les femmes et le port du voile (Coran 24 :31).

(Troisièmement) Les épouses du Prophète s'étaient liguées contre lui et alors moi, je leur avais dit : 'Prenez garde, le Seigneur de notre Prophète pourrait bien faire en sorte que (ce dernier) divorce de vous toutes et que vous soyez remplacées par des épouses meilleures que vous'. Alors le verset lui fut révélé dans lequel mes propres paroles se trouvent reprises'."

On retrouve la même histoire dans Sahih Al-Boukhari, (Livre 8, hadith 395).

1. La conclusion s'impose : le défi d'Allah est une fumisterie ! Allah se couvre de

ridicule en défiant les humains et les djinns de réaliser un Coran, alors que lui-même copie les paroles d'Omar !

2. Le hadith nous révèle qu'Allah a copié les paroles d'Omar trois fois. Il serait intéressant de savoir combien d'autres versets Allah a pu copier en les prenant à d'autres personnes sans que le témoignage nous en soit parvenu !

3. Omar lui-même le reconnaît explicitement : "Alors le verset (66 :5) fut révélé, **dans lequel mes propres paroles se trouvent reprises.**"

4. Inutile de chercher plus loin : Allah, sa révélation, tout cela est imaginaire. Omar a tenu ces propos à Mahomet, ce dernier les a trouvés intéressants, et il a tout simplement repris ces formules à son compte pour les placer dans ses divines élucubrations. Comme toujours, c'est Allah qui est au service de Mahomet !

Ce cas nous montre donc qu'Omar, un être humain, était parvenu à créer un Coran (une révélation) de si bonne facture qu'Allah lui-même était incapable de faire mieux, et qu'il dut l'utiliser dans son propre livre. Qu'en est-il alors des djinns ? Peuvent-ils aussi relever le défi ? Car n'oublions pas que ce défi est lancé aux deux catégories d'êtres, hommes et djinns. Peut-on trouver un Coran créé par des djinns ?

C'est ici l'occasion d'évoquer les fameux versets sataniques qui sont effectivement présents dans le Coran. Allah lui-même le reconnaît dans la sourate 22 (Al-Hajj), aya 52 :

"52 Avant toi, Nous n'avons jamais envoyé aucun Messager ni aucun Prophète, sans que, pendant qu'il récitait [Notre Révélation], Satan n'interpolât [des mots à lui] dans sa récitation ; mais ensuite, Allah abroge ce que Satan a introduit, puis Allah confirmera Ses révélations, et Allah est omniscient et sage."

Pour en savoir plus, tournons-nous vers le commentaire de ce verset (Coran 22 :52) par Ibn Kathir, édition 1999, tome 5, page 441 :

{52} وَمَا أَرْسَلْنَا مِنْ قَبْلِكَ مِنْ رَسُولٍ وَلَا نَبِيٍّ إِلَّا إِذَا تَمَنَّى أَلْقَى الشَّيْطَانُ فِي أُمْنِيَّتِهِ فَيَنْسَخُ اللَّهُ مَا يُلْقِي الشَّيْطَانُ ثُمَّ يُحْكِمُ اللَّهُ آيَاتِهِ وَاللَّهُ عَلِيمٌ حَكِيمٌ

قَدْ ذَكَرَ كَثِيرٌ مِنَ الْمُفَسِّرِينَ هَهُنَا قِصَّةَ الْغَرَانِيقِ وَمَا كَانَ مِنْ رُجُوعِ كَثِيرٍ مِنَ الْمُهَاجِرَةِ إِلَى أَرْضِ الْحَبَشَةِ ظَنًّا مِنْهُمْ أَنَّ مُشْرِكِي قُرَيْشٍ قَدْ أَسْلَمُوا وَلَكِنَّهَا مِنْ طُرُقٍ لَهَا مُرْسَلَةٍ وَلَمْ أَرَهَا مُسْنَدَةً مِنْ وَجْهٍ صَحِيحٍ وَاللهُ أَعْلَمُ قَالَ ابْنُ أَبِي حَاتِمٍ حَدَّثَنَا يُونُسُ بْنُ حَبِيبٍ حَدَّثَنَا أَبُو دَاوُدَ حَدَّثَنَا شُعْبَةُ عَنْ أَبِي بِشْرٍ عَنْ سَعِيدِ بْنِ جُبَيْرٍ قَالَ : قَرَأَ رَسُولُ اللهِ صَلَّى اللهُ عَلَيْهِ وَسَلَّمَ بِمَكَّةَ النَّجْمَ فَلَمَّا بَلَغَ هَذَا الْمَوْضِعَ : " أَفَرَأَيْتُمُ اللَّاتَ وَالْعُزَّى وَمَنَاةَ الثَّالِثَةَ الْأُخْرَى " قَالَ فَأَلْقَى الشَّيْطَانُ عَلَى لِسَانِهِ : تِلْكَ الْغَرَانِيقُ الْعُلَى وَإِنَّ شَفَاعَتَهُنَّ تُرْتَجَى قَالُوا مَا ذَكَرَ آلِهَتَنَا بِخَيْرٍ قَبْلَ الْيَوْمِ فَسَجَدَ وَسَجَدُوا فَأَنْزَلَ اللهُ " عَزَّ وَجَلَّ هَذِهِ الْآيَةَ

"[Ibn Kathir] a dit : 'De nombreux commentateurs évoquent ici l'histoire de [Al-Qaraniq], les trois filles d'Allah, passage qui devint connu à tel point que de nombreux musulmans qui avaient fui [la guerre en Arabie] et trouvé refuge en Ethiopie commencèrent à revenir chez eux, pensant que [ces versets signifiaient que] les [Arabes] païens s'étaient convertis à l'islam ; mais nous savons par Ibn Hatem, qui le tient d'Ibn Younis, qui lui-même le tient d'Ibn Habib, qui l'a entendu de l'Apôtre d'Allah, que lorsqu'il récita la sourate Al-Najem à la Mecque, lui, Satan, souffla ces paroles dans la bouche du Prophète : 'Voyez-vous Al-Lat et Al-'Uza et Manat la troisième divinité (Coran 53 :19-20) ? Assurément, il faut souhaiter leur intercession.' Et alors, le Prophète se prosterna, et les païens se prosternèrent avec lui'."

On pourrait écrire un chapitre entier sur ce sujet, mais les ouvrages qui en discutent ne manquent pas, c'est pourquoi nous nous limiterons à ces quelques points essentiels :

1. Satan, qui fait partie du monde des djinns, a donc bel et bien créé une partie du Coran, ainsi que nous l'explique ce verset.

2. Allah lui-même s'est laissé séduire au point d'"accepter ce que Satan avait interpolé", quitte à l'abroger par la suite. Les musulmans vous diront-ils que cette histoire est fausse ? Mais alors, cela signifie qu'il y se trouve des passages mensongers dans le Coran, et qu'il est impossible de se fier à ce livre en tant que source d'information.

3. Mahomet a récité ces versets. Cela entraîne un certain nombre de conséquences :

- Le Coran (la révélation) de Satan n'est pas de facture inférieure à celui d'Allah.

- Mahomet n'a pas remarqué que ces paroles lui venaient de Satan, car elles avaient exactement la même apparence et qualité que le Coran d'Allah !

- La langue arabe qui y est utilisée est irréprochable et s'insère parfaitement et sans rupture dans le fil du texte.

- Autrement dit, le Coran de Satan étant impossible à différencier du reste du texte, il y a lieu de conclure que le Coran dans son ensemble est de Satan. Mahomet l'a trouvé si bien fait, qu'il l'a récité et proclamé comme étant parole d'Allah. Si ce Coran était mauvais, pourquoi Mahomet lui aurait-il rendu un tel honneur ?

- Quand Allah a lancé son défi au sujet du Coran, il a dit : "Produisez, si vous le pouvez, un Coran comme celui-ci !". Fort bien ! Mais pour se prononcer sur des productions rivales éventuelles, il faut un juge impartial, sinon le défi n'a pas de sens ! Alors supposons que je me mette à la place d'Allah et que ce soit moi qui aie lancé ce défi de réaliser un Coran meilleur que le mien. Je rédige mon Coran, et à qui dois-je le soumettre pour arbitrage entre le mien et celui de Satan ? Parmi les hommes, quels hommes ont cette compétence, sinon les prophètes ? Et pour ce qui est du Coran, quel prophète sinon Mahomet ? Les musulmans seraient-ils prêts à mettre en doute sa capacité de juger ?

- Donc, voilà Mahomet institué arbitre des Corans ; mais il a déjà estimé recevable celui de Satan ! Et non seulement cela, mais il l'a intégré dans sa révélation reçue, et il lui a fait l'honneur de le réciter ! Autrement dit, ce juge a déjà prononcé son verdict que "**ce sont là des versets excellents !**", au point qu'il était persuadé qu'ils venaient de Dieu !

- Etant donnés la piètre forme et le contenu douteux de ce livre, supposer qu'Allah puisse vraiment par ce verset défier toute l'humanité et les djinns d'en composer un de valeur similaire est une idée insensée et ne fait que mettre l'accent sur la faiblesse de l'auteur de cette grotesque composition, quel qu'il soit.

Nous venons donc de montrer clairement que Omar ainsi que Satan furent des créateurs reconnus du Coran. Mais il se pose alors un nouveau problème, et qui devrait inquiéter Allah ! En effet, après le verset sur l'interpolation de Satan, nous lisons ceci, (Coran 22 :53) :

لِيَجْعَلَ مَا يُلْقِي الشَّيْطَانُ فِتْنَةً لِلَّذِينَ فِي قُلُوبِهِمْ مَرَضٌ وَالْقَاسِيَةِ قُلُوبُهُمْ وَإِنَّ الظَّالِمِينَ لَفِي شِقَاقٍ بَعِيدٍ {53}

(Coran 22 :53)

"De sorte que Lui, Allah, fera, de ce que jette Satan, une tentation (une mise à l'épreuve) pour ceux au cœur desquels est un mal et dont le cœur est dur ; car ceux-là, les Injustes, sont loin d'accepter la Vérité."

Ce verset pose aux musulmans une série de problèmes épineux :

1. Nous y apprenons en effet que Satan n'est en fait pas une mauvaise entité, mais qu'il remplit une fonction utile, et donc qu'il est pour Allah un instrument efficace et un serviteur digne de confiance.

2. Pourquoi, juste avant ce verset, en 22 :52, Allah dit-il qu'il annulera ces versets sataniques, pour dire maintenant que ces versets lui sont utiles afin de "créer une tentation" ou d'"inciter à la rébellion" ? Si c'est le cas, alors il n'a rien annulé du tout ! Car s'il avait annulé ces versets, cette "mise à l'épreuve par la tentation" n'existerait plus pour personne et deviendrait alors un avertissement vide de sens !

3. En quoi les versets sataniques peuvent-ils constituer une mise à l'épreuve si Mahomet a déclaré que ces versets ont plu aussi bien à lui-même qu'aux païens ? Eux étaient déjà des égarés, et ces versets ne les ont nullement corrigés. Ils ont continué, après comme avant, à vénérer des divinités païennes !

4. De quelle manière ces versets sont-ils supposés opérer un effet sur les injustes (les païens) ? Ces versets se trouvent dans le Coran, donc les seuls qui

les liront et les accepteront seront les musulmans !

5. Pourquoi Allah a-t-il permis qu'un tel mensonge soit introduit dans la bouche de son prophète ?

6. Si Allah connaît l'avenir, pourquoi a-t-il permis qu'un incident aussi gênant se produise ?

7. Que vaut donc la "direction" qui nous est offerte dans l'islam, si celui qui est censé l'offrir se plaît à répandre des mensonges ? Allah nous explique qu'il trouve cela un excellent moyen d'augmenter le désordre au sein de l'humanité pour ceux qu'il appelle "les injustes". L'objectif respectable d'une religion digne de ce nom ne devrait-il pas être plutôt de réformer les injustes pour les rendre justes ?

Bien d'autres chapitres nous attendent, cependant, un point mérite encore d'être abordé ici. Les choses se compliquent et deviennent plus inquiétantes encore. Un mensonge, en effet, appelle toujours une série d'autres supercheries pour se maintenir !

Lisons ce que nous dit le Coran, sourate 15 (Al-Hijr), aya 42, où c'est Allah qui parle :

{ 42إِنَّ عِبَادِي لَيْسَ لَكَ عَلَيْهِمْ سُلْطَانٌ إِلاَّ مَنِ اتَّبَعَكَ مِنَ الْغَاوِينَ }

(Coran 15 :42)

"Car sur Mes esclaves (les musulmans), Toi, (Satan), Tu ne disposes d'aucun pouvoir, excepté sur les égarés, qui Te suivent."

Voilà un verset qui proclame clairement que Satan n'a aucun moyen de diriger les bons (les musulmans), mais qu'il (Satan) parvient seulement à contrôler et à tromper les mauvais, les égarés, (les infidèles).

1. Si tel est le cas, comment Satan a-t-il été capable de prendre le contrôle de Mahomet en lui introduisant dans la bouche des versets sataniques ? Comment la protection d'Allah a-t-elle pu se révéler si totalement inefficace ? Voyez encore cette référence : Sahih Al-Boukhari, (Livre 71, hadith 658) :

"'Aisha a dit : 'Il y a un homme qui s'appelle Labid bin Al-A'sam de la tribu des Bani Zaraiq, qui a réussi à exercer son pouvoir de magie noire en jetant un sort sur l'Apôtre d'Allah, si bien que ce dernier s'imaginait qu'il avait fait certaines choses qui en réalité ne s'étaient pas produites' [...]"

2. Encore une fois, comment Satan a-t-il réussi à prendre le contrôle de Mahomet à travers ce que les musulmans appellent la magie noire, alors que Satan est censé détenir ce type de pouvoir uniquement sur les égarés ? Mahomet était donc un mauvais sujet, un égaré !

Quelle est la gravité du cas psychique de Mahomet ?

Les détails accablants s'accumulent sur Mahomet, comme dans ce hadith consigné par Sahih Al-Boukhari, (Livre 73, hadith 89) :

"Aisha nous a informés que : 'Le Prophète a continué, pendant un laps de temps non déterminé, à s'imaginer qu'il avait partagé la couche de ses épouses (eu des relations sexuelles avec elles). Mais cela ne s'était pas produit en réalité. [...]"

Comment les musulmans réagissent-ils à ces affirmations ? N'est-ce pas une information très préoccupante ? Signe d'une mythomanie ? D'une démence ?

1. Mahomet vit dans un monde imaginaire tellement envahissant pour son psychisme, qu'il perd la faculté de faire la distinction entre rêve et réalité. Or il ne s'agit pas ici d'illusions survenues pendant les périodes de sommeil, mais bien pendant les périodes d'éveil !

2. Mahomet était incapable de distinguer son imagination de la réalité, même lorsqu'il s'agissait de ses relations sexuelles avec ses treize épouses. Comment pouvons-nous alors le croire quand il nous raconte qu'il a vu un ange en réalité (supposé être Gabriel) ? Qui sait s'il ne s'agissait pas également d'un fantasme ?

3. Comment ne pas remarquer que cet homme présente des symptômes évidents de psychopathologie, qui bouleversent sa vie et le conduisent à vivre des situations néfastes et à commettre toutes sortes d'actes répréhensibles : sujet aux envoûtements, affecté par la magie noire, responsable d'actes de pédophilie, d'inceste (il s'approprie Zaynab, l'épouse de son fils adoptif), il finit par être victime d'un empoisonnement. La liste est interminable !

L'impression générale que cherchent à donner les musulmans, c'est qu'ils consacrent leur zèle à combattre tous ceux qui s'adonnent au paganisme, qui pratiquent l'idolâtrie, ou qui adhèrent au polythéisme. Mais l'examen des faits nous montre que l'islam prend parfaitement sa place au nombre des religions qui prônent l'idolâtrie ainsi que le polythéisme.

La Kaaba dans l'islam : qu'est-ce que la Kaaba ?

La Kaaba fut une église chrétienne !

Le fait que la Kaaba ait abrité, avant l'islam, une icône de Marie, la Mère de Jésus, est attesté par plusieurs sources :

- Al-Azraqi, <u>Akhbar Makkah</u>, Edition 2004, tome 1, page 205
- Al-Waqidy, <u>Al-Ma'agazi</u>, Edition 1989, tome 1, page 833 :

دخل النبي صلى الله عليه وسلم فرأى فيها صورة الملائكة وغيرها ، ورأى صورة إبراهيم صلى الله عليه وسلم قال قاتلهم الله جعلوه شيخا يستقسم بالأزلام ثم

رأى صورة مريم ، فوضع يده عليها ثم قال امسحوا ما فيها من الصور إلا صورة إبراهيم

"Lorsque le Prophète entra dans la Kaaba, il y trouva de nombreuses icônes : parmi elles, une de Marie, et un d'Abraham, alors il plaça sa main au-dessus de celle d'Abraham et dit :

balayez-moi tout cela, excepté celle-ci (celle d'Abraham)'."

Il est également établi que la Kaaba abritait une statue de Jésus et de Sa Mère :

Al-Azraqi, <u>Akhbar Makkah</u>, Edition 2004, tome 1, page 200 :

وحدثني جدي ، قال : حدثنا داود بن عبد الرحمن ، عن ابن جريج ، قال : سأل سليمان بن موسى الشامي عطاء بن أبي رباح وأنا أسمع : أدركت في البيت تمثال مريم وعيسى ؟ قال : نعم ، أدركت فيها تمثال مريم مزوقا ، في حجرها عيسى ابنها قاعدا مزوقا . قال : وكانت في البيت أعمدة ست سوار ، وصفها كما نقطت في هذا التربيع « قال : وكان تمثال عيسى ابن مريم ومريم عليهما السلام في العمود الذي يلي الباب . قال ابن جريج : فقلت لعطاء : متى هلك ؟ قال : في الحريق في عصر ابن الزبير

"J'ai appris par mon grand-père qu'il avait entendu rapporter par Dawood Ibn Abd-Al-Rahman qui lui-même la tenait du fils de Gorieej et de Suliman Bin Mousa Al-Shami cette conversation : ' - Ata Bin Rabah, j'ai entendu dire que vous aviez été témoin du fait que la Kaaba avait autrefois abrité la statue de Marie tenant son Fils Jésus sur ses genoux et que tous deux étaient recouverts de parures précieuses ! Est-ce exact ? - C'est juste, répondit l'homme, il y avait autrefois dans la Kaaba six colonnes, et au-dessus d'elles, la statue de Marie et de Jésus. - Sais-tu, lui demanda l'autre, quand cela fut détruit ? - Par un incendie, répondit-il, au temps de Ibn Al-Zubir (époque d'une guerre entre musulmans)'."

Dans la chronologie qui suit, nous verrons que la tribu des Khoza'a, des polythéistes, avaient remporté une victoire sur les chrétiens et avaient rendu la Kaaba à sa fonction précédente de centre religieux païen et de temple consacré aux cultes des idoles.

Mais commençons par évoquer ce que les musulmans croient concernant l'édifice de la Kaaba. Pour eux, la Kaaba fut construite et reconstruite à plusieurs reprises :

1. D'abord par les Anges.

2. Puis par Adam.

Voir à ce sujet : Al-'Aqel Al-Salem Fe Al-Qur'an Mazayia A., , Beirut, 1999, tome 1, page 160.

إرشاد العقل السليم إلى مزايا القرآن الكريم)

أنها بنيت عشر مرات منها بناء الملائكة عليهم السلام وذكره النووي في تهذيب الأسماء واللغات والأزرقي في تاريخه وذكر أنه كان قبل خلق آدم عليه السلام ومنها بناء آدم عليه السلام

"La Kaaba fut construite dix fois ; tout d'abord par les anges, que la paix soit sur eux ; et des récits mentionnés par Imam Al-Nwawi, dans le livre de Tahzeb Al-'Asma' wa Al'Ugat, et reprises aussi dans le livre de Al-Azra'qi confirment que cet édifice fut construit avant Adam et puis Adam la reconstruisit aussi."

3. Puis par Seth, fils d'Adam.

On consultera à ce sujet : Al-Safi'e, 'Euon Al-Ather Fe Funun Al-Ma'gazi Wal-Shama'el Wal-Sear, tome 1. Page 77, Beirut 1977 :

الشافعي عيون الأثر في فنون المغازي والشمائل والسير

وكانت الكعبة قبل أن يبنيها شيث عليه السلام خيمة من ياقوتة حمراء يطوف بها آدم ويأنس بها لأنها أنزلت إليه من الجنة وكان قد حج إلى موضعها من الهند.

"Avant sa construction par Seth, fils d'Adam, la Kaaba était une tente faite de rubis, et Adam aimait s'y rendre ; à cette époque, elle se trouvait en Inde."

4. Ensuite, par Abraham et son premier fils Ismaël (Ismael). Ce récit nous est présenté dans un très long hadith : le lecteur intéressé devra se reporter à Sahih Al-Boukhari, Livre 55, hadith 583.

5. Après cela, le tour est aux Géants. Sur ce sujet, voir : Fateh Al-Bari Fe Shareh, Sahih Al-Bukhari, tome 6, "Book of Ahadith", Beirut Lebanon 1953, page 464. On y trouve une mention de ces Géants.

"D'après le récit de 'A'ah Bin Al-Sa'eb, ils sont à l'origine de la tribu des Jurhum, près de la Mecque."

وَفِي رِوَايَةِ عَطَاءِ بْنِ السَّائِبِ " وَكَانَتْ جُرْهُمٌ يَوْمَئِذٍ بِوَادٍ قَرِيبٍ مِنْ مَكَّة ، وَقِيلَ إِنَّ أَصْلَهُمْ مِنَ العَمَالِقَةِ

6. Ils sont suivis par la tribu des Jurhum, qui s'est convertie au christianisme avant l'islam : même ouvrage que plus haut, Fateh Al-Bari Fe Shareh, Sahih Al-Bukhari, tome 6, "Book of Ahadith", Beirut Lebanon 1953, page 548 ; mais aussi Book of Maqeb, Bukhari, Book 40, Hadith 556, qui mentionne également cette tribu :

"Le Prophète a dit : 'Puisse Allah accorder Ses bienfaits à la mère d'Ismaël (Ismael) ! Si elle avait laissé telle qu'elle était l'eau de la source Zam-Zam, ou bien si elle n'avait pas utilisé cette source, cette dernière aurait laissé échapper son eau dans quelque cours d'eau. La tribu des Jurhum arriva et lui demanda : 'Pouvons-nous nous établir au lieu que vous habitez?' Elle dit : 'Oui, mais vous n'avez pas de droit de propriété sur l'eau.' Ils acceptèrent cette condition'."

7. C'est alors la tribu des Khoza'a, qui avait chassé les Jurhum de La Mecque et pris possession de la Kaaba pour plus de 300 ans, qui prit la suite : voir Fateh Al-Bari Fe Shareh, Sahih Al-Bukhari, Edition de 2002, Beirut Lebanon 1953, tome 10, page 32 :

- للإمام ابن حجر العسقلاني2.05فتح الباري، شرح صحيح البخاري، الإصدار

548المجلد السادس >> كِتَابُ المَنَاقِبِ >> باب قِصَّةِ خُزَاعَةَ ص

فهيرة بنت عمرو بن الحارث بن مضاض الجرهمي وكان أبوها آخر من ولي أمر مكة من جرهم فقام بأمر البيت سبطه عمرو بن لحي فصار ذلك في خزاعة بعد جرهم، ووقع بينهم في ذلك حروب إلى أن انجلت جرهم عن مكة، ثم تولت خزاعة أمر البيت ثلاثمائة سنة

"Fahera était la fille de Umaro Ibn Al-Hareth Bin Mu'da'd Al-Jurhum, qui fut le dernier des Jurhum à diriger La Mecque ; il y eut une guerre entre cette tribu et celle des Khoza'a, qui se termina par la victoire de ces derniers ; les vainqueurs chassèrent les Jurhum de La Mecque et se retrouvèrent maîtres de la Kaaba pendant trois cents ans."

8. Ce fut ensuite au tour de Qusai fils de Chiens (l'ancêtre de Mahomet), qui chassa les Khoza'a de La Mecque et devint le premier maître des lieux issu de la tribu des Quraish. On consultera de nouveau à ce propos <u>Fateh Al-Bari Fe Shareh, Sahih Al-Bukhari</u>, tome 6, "Book of Maqeb", Beirut Lebanon 1953, page 548 :

فغلب قصي حينئذ على أمر البيت، وجمع بطون بني فهر وحارب خزاعة حتى أخرجهم من مكة؛

"Qusai remporta la victoire et prit possession de la Kaaba, et il regroupa tout le clan des fils de Faher (la tribu), et il les chassa hors de La Mecque."

Qusai fils de Chiens ajouta deux statues de divinités à côté de la Kaaba. Cette précision nous est apportée par Sahih Muslim, <u>Beshar'h Al-Nawawi</u>, tome 9, "Book of Haj", Beirut Lebanon, 2006, page 401 :

فالرَّجُلُ اسْمُهُ إِسَافُ بْنُ بَقَاءٍ ، وَيُقَالُ ابْنُ عَمْرٍو ، وَالْمَرْأَةُ اسْمُهَا نَائِلَةُ بِنْتُ ذِئْبٍ ، وَيُقَالُ بِنْتُ سَهْلٍ ، قِيلَ : كَانَا مِنْ جُرْهُمَ فَزَنَيَا دَاخِلَ الْكَعْبَةِ ، فَمَسَخَهُمَا اللَّهُ حَجَرَيْنِ ، فَنُصِّبَا عِنْدَ الْكَعْبَةِ ، وَقِيلَ : عَلَى الصَّفَا وَالْمَرْوَةِ لِيَعْتَبِرَ النَّاسُ بِهِمَا وَيَتَّعِظُوا ، ثُمَّ حَوَّلَهُمَا قُصَيُّ بْنُ كِلَابٍ فَجَعَلَ أَحَدَهُمَا مُلَاصِقَ الْكَعْبَةِ وَالْآخَرَ بِزَمْزَمَ ، وَقِيلَ : جَعَلَهُمَا بِزَمْزَمَ ، وَنَحَرَ عِنْدَهُمَا وَأَمَرَ بِعِبَادَتِهِمَا

"L'homme dont le nom était 'Isaf Bin Ba'qa' ou Bin 'Umar et la femme dont le nom était Na'elah Bent Ze'eb ou Bent Sahel, tous deux de la tribu des Jurhum, se donnèrent rendez-vous dans la Kaaba et il y commirent l'adultère ; alors Allah les changea tous deux en statues, et ces statues furent placées non loin de la Kaaba, d'après ce qu'on dit, aux emplacements appelés Safa et Al-Marwa (deux lieux que les musulmans doivent visiter durant le pèlerinage du hajj à La Mecque - voir Coran 2 :158). Alors Qusai fils de Chiens les plaça toutes les deux juste à côté de la Kaaba ; il leur offrit des sacrifices et obligea la population à leur rendre un culte."

9. La tribu des Quraish reconstruisit la Kaaba cinq ans seulement avant que Mahomet ne devînt prophète ! On consultera à ce sujet : <u>Faid Al-'Qader</u>, Edition 2000, Egypte, tome 1, page 639 :

إعادة بنائها في زمن المصطفى صلى الله عليه وسلم وله من العمر خمس وثلاثون سنة

"La Kaaba fut reconstruite quand le Prophète était âgé de trente ans."

10. Abdul Allah Ibn Al Zobeir la reconstruisit en l'année de l'Hégire 65 (684 après Jésus-Christ). Source : Ibn 'Ather, <u>Book of Al-Kamel Fe Al-Tari'kh</u>, page 362.

11. Al Hajaj Ibn Yousef Al Thaqafi détruisit entièrement la Kaaba, puis la reconstruisit ultérieurement. La Kaaba se trouva un temps ensevelie sous les détritus. Source : Ibn Kather, <u>Book of Al-Bidayiah Wa Al-Nihayia</u>, tome 8, page 246.

12. Le sultan turc ottoman Murad la rebâtit en l'année 1630 après Jésus-Christ.

Mais la version que les musulmans aiment à répéter, selon laquelle la Kaaba serait le premier édifice jamais réalisé sur Terre, construit par les anges de Dieu, est facile à réfuter en faisant appel à des textes musulmans, tels que le livre de Ibn 'Adel Al-'Aanbali, <u>Tafsir Al-Lebab</u>, tome 4, page 225 :

وعن علي : أن رجلا قال له : هو أول بيت؟ قال : لا ، كان قبله بيوت ، أول بيت وضع للناس ، مباركا ، فيه الهدى والرحمة والبركة ، أول من بناه إبراهيم ، ثم بناه قوم من العرب من جرهم ، ثم هدم ، فبنته العمالقة ، وهم ملوك من أولاد عمليق بن سام بن نوح ، ثم هدم فبناه قريش.

"D'après Ali, un homme un jour lui a demandé : 'Est-ce là la première maison jamais construite ? - Non, lui a-t-il répondu, des maisons ont existé auparavant, mais celle-ci est la première qui ait été faite pour l'être humain. Et elle bénéficie de la direction, de la miséricorde et de la bénédiction divine. Et le premier qui la construisit est Abraham, ensuite des hommes d'entre les Arabes, parmi eux la tribu des Jurhum. Après quoi, elle fut détruite ; mais elle fut reconstruite par les Géants, et ce sont des rois descendants des enfants d'Amliq, fils de Sam, fils de Noé. Plus tard, elle fut de nouveau détruite et ensuite reconstruite par la tribu des Quraish."

Nous avons tenu à retracer toute cette chronique afin de chercher des éléments de réponse aux questions que l'on se pose au sujet de cet édifice : que représente-t-il pour les musulmans ? Quelle est leur attitude envers lui ? Pourquoi le considèrent-ils comme sacré?

A noter ici : le fait que les musulmans reconnaissent que la Kaaba a été reconstruite plusieurs fois signifie nécessairement aussi qu'elle a été détruite plusieurs fois, ce qui ressort clairement de certaines au moins de ces citations ! Et pourtant, le Coran nous affirme qu'Allah a toujours protégé la Kaaba, en particulier lors de l'évocation d'un fait supposé historique et miraculeux dans la sourate "L'Eléphant" 105 (Al-Fîl), ayat 1 à 5 :

"1 N'ont-ils pas vu comment ton Seigneur a traité les Hommes de l'Eléphant?

2 N'a-t-il pas fait échouer leur stratagème?

3 N'a-t-il point lancé contre eux une armée d'oiseaux combattants

4 Qui leur jetaient des pierres d'argile cuite,

5 Et ne les a-t-il point (par cette intervention) rendus semblables à la verdure déchiquetée par le bétail ?"

Ce chapitre fait allusion à une campagne militaire menée contre le Hedjaz par une armée chrétienne placée sous le commandement d'Abraha, vice-roi chrétien du Yémen pour le compte du Négus d'Ethiopie. Il aurait eu l'intention de détruire la Kaaba. Une épidémie l'avait forcé à rebrousser chemin, mais la version évoquée ici veut qu'Allah ait envoyé une armée d'oiseaux combattants qui réussirent à décimer les envahisseurs, lesquels disposaient de centaines, voire de milliers d'éléphants. Les musulmans appellent l'année de cet événement "l'année de l'Eléphant" : elle se situerait en 570 après Jésus-Christ. D'après cette date, nous voyons qu'il s'agit d'une époque qui aurait précédé de peu la naissance de Mahomet. L'histoire manque totalement de logique. Dressons une liste des remarques qui s'imposent :

1. Il n'y a jamais eu d'éléphants dans la Péninsule d'Arabie.

2. Aucune trace non plus de ces animaux au Yémen.

3. Seule autre possibilité : les éléphants auraient été transportés jusqu'à l'emplacement de l'actuelle Arabie Saoudite par voie maritime en traversant la Mer Rouge ! Cela paraît très peu vraisemblable étant donné que personne à l'époque n'avait les moyens de construire une flotte aussi nombreuse de bateaux

assez grands pour transporter tous ces éléphants, surtout si l'effectif atteignait des milliers de bêtes, comme on le prétend !

4. Tant qu'on se trouve dans le domaine de l'absurde exagération mythique, pourquoi alors ne pas imaginer des embarcations géantes de type porte-avions U.S. avec aéronefs-cargos capables de transporter ces animaux par les airs pour les déposer en un lieu précis au Yémen ? Il semble que dans la logique de l'islam, Allah n'hésite pas à prêter main forte à l'ennemi avant de l'anéantir pour démontrer on ne sait trop quel principe obscur !

5. Comment donc nourrissait-on ces éléphants dans le désert ? Un éléphant adulte peut consommer de 140 à 270 kilos de fourrage quotidiennement, mais la quantité de nourriture peut augmenter en raison du travail qu'on leur impose ! S'ils ne travaillent pas, on peut certes diminuer les rations. Mais dans ce cas, il s'agit de progresser à travers un désert brûlant, tout en transportant du matériel de guerre et des hommes, et cela nécessite une incroyable logistique ! Il faut savoir en effet que lorsque vous quittez le Yémen, vous vous trouvez face à une immense étendue de désert totalement aride. Aucune verdure ! Jamais ! Donc, cela suppose qu'il faille transporter également le ravitaillement des animaux. Tout cela finirait par constituer pour chaque éléphant une charge telle qu'il ne pourrait pas la supporter pendant plus d'une journée !

6. S'ajoute encore à tout cela, évidemment, le problème rédhibitoire de l'eau ! Comment satisfaire le besoin d'hydratation des pachydermes ? Il leur faut de 100 à 300 litres d'eau par jour, et cela lorsqu'ils sont dans un zoo ou bien dans leur milieu naturel. C'est une autre affaire ici, quand il s'agit de les faire traverser l'un des déserts les plus chauds et desséchés de la planète ! Comment cette armée peut-elle surmonter ce problème d'approvisionnement en eau?

7. Et il ne s'agit pas seulement de l'eau à boire, car ces animaux ont aussi besoin de s'asperger le corps ! Ceci est une pratique nécessaire pour eux, car, n'ayant pas la faculté de transpirer, ils ne possèdent pas d'autre manière de régler la température de leur corps pendant les périodes de chaleur : ou bien ils entrent dans un cours d'eau, ou bien ils se projettent de l'eau sur le corps. N'oublions pas que dans cette région, il n'y a aucun arbre qui puisse offrir de l'ombre pour se reposer.

8. D'ailleurs, on se demande quelle est l'utilité pour ce roi de recourir à des éléphants. Il voulait détruire la Kaaba ? Deux hommes suffisent pour mener à bien cette tâche ! A vrai dire, un homme seul en serait capable, car cet édifice n'a rien d'une forteresse ! Il s'agit en fait d'une seule pièce et un ouvrier même inexpérimenté peut s'en charger ! Les matériaux de l'époque étaient loin d'avoir la résistance du béton !

9. Faut-il alors supposer que ce roi éthiopien manquait tout simplement de bon sens et s'était lancé dans une folle aventure sans se rendre compte que le désert d'Arabie n'avait rien à voir avec le paysage africain qui lui était familier ? Tout historien sérieux sait que dès l'Antiquité, la diplomatie et le commerce étaient actifs et le renseignement bien organisé.

10. Si la Kaaba a été détruite à plusieurs reprises, comme les musulmans, nous l'avons vu, en conviennent, pourquoi Allah aurait-il voulu cette fois-ci la protéger ?

11. Les musulmans essayeront alors peut-être de dire que ces destructions ont bien eu lieu, mais pas par la main de l'homme, et seulement à la suite de phénomènes naturels tels que des tempêtes ou des tremblements de terre. Mais ceci est une contre-vérité.

Nous allons voir dans le chapitre suivant que d'autres données de l'Histoire de l'Islam soulèvent de sérieuses questions sur le caractère prétendument sacré de la Kaaba.

Où était l'armée d'Allah ?

1. Année de l'Hégire 63, soit 682 après Jésus-Christ : guerre intestine, le Calife musulman Yazid, fils de Mu'awiyya, lance son armée commandée par Ibn 'Oqbah contre la Kaaba ! Il s'agit de vaincre son ennemi également musulman Abdullah Ibn Al-Zubayr. Ils attaquent La Mecque au moyen de catapultes de gros calibre. Abdullah Ibn Al-Zubayr et ses hommes cherchent refuge dans la Kaaba ; les tirs de catapulte sont alors concentrés sur cet édifice qui sera entièrement

détruit, bien qu'Abdullah finalement ait eu la vie sauve !

2. Dix années passent. Nouveau conflit inter-musulman : année 73 de l'Hégire, soit en 692 après Jésus-Christ, Abd Al-Malik Ibn Marwan envoie Al-Hajah Ibn Youssef Al-Saqafi avec mission de tuer le même Abdullah Ibn Al-Zubayr, rendu responsable du fait que la Kaaba ait dû être détruite dans le précédent conflit. Al-Hajah occupe La Mecque et, aussi incroyable que cela puisse paraître, le même scénario se répète, avec presque dix années d'écart : les hommes d'Abdullah cherchent refuge dans la Kaaba, et celle-ci, sur ordre de Al-Hajah, est de nouveau frappée par des tirs de catapulte, si bien qu'elle se retrouve une nouvelle fois détruite de fond en comble !

3. Naturellement, les soupçons commencent à grandir sur le caractère prétendument surnaturel de la Kaaba. Venons-en alors à la plus forte expression de ces doutes, que nous trouvons dans cet événement relaté dans le livre d'Ibn Kathir, <u>Al-Bidaiah wa Nihayiah</u>, tome 11, page 135/137. Egalement, pour l'année de l'Hégire 317, soit 929 après Jésus-Christ, le livre de l'historien Ibn Khaldun <u>Chroniques</u>, tome 2, page 84/258 :

هـ 317 حيث هاجموا الحجاج يوم التروية واستباحوا دماءهم وأموالهم وقتلوهم في جوف الكعبة وقلعوا باب الكعبة وكسوتها والحجر الأسود وحملوه إلى بلادهم ومكث عندهم اثنتان وعشرون سنة. انظر فضائح الباطنية للغزالي ص تحقيق عبد الرحمن بدوي، وانظر البداية والنهاية، 11/135-137 .. وانظر الموسوعة الميسرة في الأديان المعاصرة، الندوة العالمية، مرجع سابق، 5/194. الأعلام، الزركلي، ص395.

"Quand Abu Taher Al-Qurmty (Qurmoti), parti d'Irak, attaqua La Mecque et tua à cette occasion plus de 30 000 musulmans, il détruisit entièrement la Kaaba et s'empara de la pierre la plus sacrée qu'elle abritait (la fameuse pierre noire). [Ses hommes] gardèrent cette pierre en leur possession pendant plus de 20 ans et s'en servirent comme pierre d'aisances (comme urinoir). Lui-même, pendant que ses hommes s'affairaient à détruire l'édifice, se tenait là, levant les bras au ciel et s'écriant : 'Le Créateur, c'est moi ! Allah, où sont tes oiseaux ? Allah ! Où donc es-tu?'. La pierre noire ne fut rendue à son sanctuaire que lorsque le Calife Fatimide Al-Mansour Li Dîn Allah Al-Fatimy (الخليفة المنصور بن المعز لدين الله الفاطمى *) intercéda pour demander poliment à cette faction (la*

tribu des Al-Qaramita) de bien vouloir rendre la pierre."

Cette histoire est confirmée par de nombreuses sources : voir Al-Mausu'a Al-'Alamia Al-Misarah Fe Al-Adian, page 395 ; ainsi que le livre de Al-Zarkaly, Al-'Alam, tome 5, page 194.

L'élément tout-à-fait unique et hautement significatif de cette histoire concernant **Abu Taher Al-Qurmty** est la preuve que cet homme apporta du caractère mensonger du Coran non seulement par le fait qu'il détruisit la Kaaba, mais aussi par le défi qu'il lança à Allah en criant : "Où est Allah ? Où est son escadrille d'oiseaux armés de pierres?". Il fournissait ainsi une démonstration des conclusions suivantes :

- La Kaaba n'a aucune puissance sacrée.

- Le Coran n'est qu'un livre rempli de légendes et de fables mensongères.

- Les musulmans rendent un culte à des idoles qui ne sont que des objets sans valeur et sans pouvoir.

- La pierre noire n'est rien d'autre qu'une météorite que les Arabes avaient pris comme objet de culte antérieurement à l'islam. Ces pierres tombées du ciel faisaient toujours l'objet d'une vénération de la part des anciens, parce qu'on considérait qu'elles avaient une origine et un pouvoir divins. Plus tard, cette pierre noire, dans le cadre d'un culte de la fécondité, fut sertie dans un réceptacle qui lui donne la forme d'un organe génital féminin.

- Allah ne s'est pas du tout dérangé pour protéger sa pierre si sacrée, et ceux qui s'en étaient emparés ont pu la conserver et la profaner à leur guise pendant une longue période sans que personne ne puisse lancer une expédition militaire pour obliger ce groupe à restituer l'objet. Il a fallu recourir à une humiliante supplication, une intercession par des personnes influentes, pour qu'il soit finalement rendu.

Au vu de tout ces faits, une question s'impose : pourquoi Allah est-il intervenu pour protéger la Kaaba contre l'armée des éléphants, mais pas lorsque la pierre noire, devenue un élément central de la mythologie musulmane, a réellement été profanée ? N'oublions pas que du temps de l'affaire des éléphants, le statut de la Kaaba était différent :

1. L'édifice en ce temps-là ne pouvait être considéré comme sacré du point de vue de l'islam, puisqu'il abritait une foule de fausses idoles. Est-ce donc ces dernières qu'Allah cherchaient à défendre ?

2. La Kaaba n'était pas sous administration musulmane.

3. Ce n'était même pas un lieu de culte à proprement parler, mais plutôt un point de rencontre pour foires commerciales !

4. La Kaaba bénéficia donc de l'intervention protectrice d'Allah alors qu'elle se trouvait dans un état d'impureté, étant souillée par la présence des infidèles et remplie de leurs idoles de divinités païennes ; mais en revanche, Allah ne leva pas le petit doigt pour intervenir alors qu'elle se trouvait sous la responsabilité des vrais et purs fidèles : les musulmans !

- En ces temps actuels de conflits dans la région, avec une foule d'avions, de drones et de satellites infidèles américains survolant cette zone, Allah ne devrait-il pas d'urgence faire intervenir ses oiseaux de combat ? Ces oiseaux ont-ils peur de montrer le bec ? Allah est-il dépassé par la technologie actuelle ?

Faut-il parler d'une Kaaba unique ou bien de Kaabas multiples ?

Peu de lecteurs, assurément, sont au courant du fait qu'il y a eu jusqu'à 26 Kaabas dans la Péninsule d'Arabie, et que celle de La Mecque n'était qu'une Kaaba parmi d'autres. Elle n'avait donc absolument rien qui la rende unique. Non seulement cela, mais ces Kaabas avaient toutes été érigées chacune pour abriter sa propre pierre sacrée, et toutes étaient bâties selon le même plan, et donc se ressemblaient en tous points quant aux dimensions ! Ceci nous est rapporté par Sahih Al-Boukhari, Livre d'Al-Magazi, hadith 4117 :

4117 حدثنا الصلت بن محمد قال سمعت مهدي بن ميمون قال سمعت أبا رجاء العطاردي يقول كنا نعبد الحجر فإذا وجدنا حجرا هو أخير منه ألقيناه وأخذنا الآخر فإذا لم نجد حجرا جمعنا جثوة من تراب ثم جئنا بالشاة فحلبناه عليه ثم طفنا به فإذا دخل شهر رجب قلنا منصل الأسنة فلا ندع رمحا فيه حديدة ولا سهما فيه حديدة إلا نزعناه

"Abu Raja a déclaré : 'Nous avions l'habitude de pratiquer le culte des pierres, et si nous trouvions qu'une pierre était meilleure que celle que nous adorions, alors nous cessions de vénérer celle-ci et nous nous nous mettions à pratiquer le culte de celle-là'."

Ce hadith nous permet de comprendre les points suivants :

1. Ces pierres étaient pour eux des dieux.

2. C'est d'après son aspect extérieur qu'ils choisissaient la pierre à laquelle ils décidaient de rendre un culte, et ils pouvaient changer de pierre s'ils en trouvaient une qui leur paraissait avoir un meilleur aspect.

3. Ils ne se liaient donc pas à une pierre particulière de manière définitive, mais seulement aussi longtemps quelle leur paraissait être la meilleure.

Et en effet, nous trouvons ici la confirmation que la pierre noire n'est pas la seule pierre de ce type ! : Sahih Al-Boukhari, Livre 26, hadith 676 :

"Au sujet de Ibn 'Omar : il nous a laissé le témoignage suivant : 'Je n'ai jamais manqué de toucher les deux pierres de la Kaaba, à savoir la pierre noire et la pierre d'angle du Yémen, que ce soit en la présence ou en l'absence du public, depuis que j'ai été témoin de ce que le Prophète avait l'habitude d'agir ainsi et touchait lui-même ces pierres'. J'ai demandé à Nafe : 'Est-ce qu'Ibn 'Omar avait l'habitude d'aller d'un coin à l'autre de l'édifice ?' Et Nafe m'a répondu : 'Oui, il effectuait ce parcours régulièrement, car il pouvait ainsi plus facilement les toucher'."

On croyait l'islam opposé au paganisme, mais voilà que Mahomet éprouve le besoin d'imiter les païens et de prendre la Kaaba comme sanctuaire pour la prière ! Rappelons, encore une fois, le témoignage de 'Omar Ibn Al-Khatab au sujet des suggestions de sa part qui sont tout d'un coup devenues des révélations faisant partie intégrante du Coran éternel ! (Sahih Al-Boukhari, Livre 8, hadith 395, et livre The Book of 'Olum Al-Qur'an, tome 1, page 137) :

"Rapporté par Annas : Omar bin Al-Khatab a dit : 'Mon Seigneur Tout-Puissant est tombé d'accord avec moi sur trois sujets :

(Premièrement) J'avais dit : 'O Apôtre d'Allah, j'aimerais que [tu] choisisses comme ton lieu de culte le lieu où Abraham s'est arrêté pour prier'. Et il advint que l'Inspiration d'Allah donna précisément ce commandement (Coran 2 :125) : 'Et vous (les Croyants), faites du lieu d'Abraham votre lieu de prière !'

(Deuxièmement) Et j'avais dit au Prophète d'Allah : 'Il y a de bonnes, mais aussi de mauvaises personnes qui s'approchent de tes épouses pour leur parler, alors tu devrais obliger ces dernières à porter un voile !' Alors Allah envoya le verset concernant les femmes et le port du voile (Coran 24 :31).

(Troisièmement) Les épouses du Prophète s'étaient liguées contre lui et alors moi, je leur avais dit : 'Prenez garde, le Seigneur de notre Prophète pourrait bien faire en sorte que (ce dernier) divorce de vous toutes et que vous soyez remplacées par des épouses meilleures que vous'. Alors le verset lui fut révélé dans lequel mes propres paroles se trouvent reprises'."

Examinons attentivement le premier point de ce témoignage transmis par le hadith : ce qui paraît évident, c'est que Mahomet ici s'efforce de séduire et d'attirer à lui les gens qui vénéraient la Kaaba. Ce lieu était leur sanctuaire depuis des centaines d'années. Mahomet savait qu'il devait les ménager, leur offrir quelques satisfactions. Il savait qu'en incorporant la Kaaba à son islam, les principes de sa secte deviendraient plus difficiles à rejeter par ceux qui jusqu'à maintenant avaient refusé de le suivre. Il savait que ces gens n'étaient pas prêts à changer les coutumes auxquelles ils étaient profondément attachés.

Mais il était poussé encore par une autre motivation : il ne s'agissait pas simplement de contenter ces gens, mais il entrait en jeu également des intérêts économiques. Après que Mahomet eut massacré tous les juifs et chrétiens de La Mecque, les affaires commencèrent à prendre un mauvais tour dans cette ville, qui ne voyait plus venir de riches caravanes à la recherche de transactions commerciales. Mahomet et son gang non seulement représentaient un danger pour les convois de marchandises, mais encore, leur politique agressive prenait des prétextes religieux pour attaquer tous ceux qui ne se soumettaient pas à leur idéologie et étaient qualifiés d'infidèles. Mahomet comprenait donc qu'il serait privé de ressources s'il ne trouvait pas un moyen de conserver la tradition de cette ville d'avoir son sanctuaire avec pèlerinage, même s'il s'agissait alors pour ces commerçants d'obtenir, par des rites païens, la bénédiction pour la réussite en affaires. La suggestion lui en fut offerte par Omar, et Mahomet y adhéra avec enthousiasme. Voici dans quelle optique il prit cette décision :

1. Si je fais de La Mecque un centre religieux pour les musulmans, en y maintenant la tradition du pèlerinage, la ville continuera à recevoir du monde, car les croyants s'y rassembleront et devront y séjourner.

2. Si les croyants y convergent, il leur faudra y trouver l'hébergement, se nourrir et acheter des souvenirs.

3. En même temps, ils peuvent y trouver un intérêt en venant y vendre leurs marchandises.

4. Ainsi, la ville, tout en ayant une aura religieuse, conservera surtout son statut de métropole commerciale.

5. A cela s'ajoute le fait que par ce rôle de capitale économico-religieuse, la ville consacrera la souveraineté de la tribu de Mahomet qui détiendra ainsi le pouvoir politique sur toutes les tribus d'Arabie.

6. Pour trouver confirmation de tout cela, reportons-nous au Coran et nous verrons que l'objectif réel de Mahomet se situait au-delà de la simple possession de la Kaaba. Dans la sourate 2 (Al-Baqara), aya 142, nous lisons ceci :

سَيَقُولُ السُّفَهَاءُ مِنَ النَّاسِ مَا وَلَّاهُمْ عَنْ قِبْلَتِهِمُ الَّتِي كَانُوا عَلَيْهَا قُلْ لِلَّهِ الْمَشْرِقُ وَالْمَغْرِبُ يَهْدِي مَنْ يَشَاءُ إِلَىٰ صِرَاطٍ مُسْتَقِيمٍ 142﴾

(Coran 2 :142)

"Les insensés parmi tes hommes demanderont : 'Qu'est-ce qui les

a poussés à remplacer la Qibla (lieu sacré vers lequel on se tourne pour la prière, qui, à l'époque, était Jérusalem) vers laquelle ils avaient l'habitude de s'orienter ?' Réponds-leur : 'En Allah se rejoignent l'Orient et l'Occident. Il dirige qui il veut vers une Voie Droite'."

- Ce que nous apprenons ici, c'est que Mahomet avait déjà, précédemment, établi une orientation rituelle pour la prière. Depuis le moment où il avait commencé à raconter qu'il était prophète, cette direction avait toujours été celle de Jérusalem. Mais quel est le sens de la réponse si ce n'est qu'une telle direction n'est en fait pas nécessaire ?

En effet, le verset déclare que toutes les directions, dans une géographie puérile où les directions cardinales apparaissent comme des emplacements fixes, reviennent à Allah. Quelle est alors l'utilité de fixer une direction ? Les versets qui font suite au précédent nous révèlent que Mahomet éprouve quelque embarras à justifier sa décision de changer la direction de la prière. Car certains se moquaient de lui et parlaient de son instabilité et de sa suspecte manipulation dans ces changements !

وَكَذَلِكَ جَعَلْنَاكُمْ أُمَّةً وَسَطًا لِتَكُونُوا شُهَدَاءَ عَلَى النَّاسِ وَيَكُونَ الرَّسُولُ عَلَيْكُمْ شَهِيدًا وَمَا جَعَلْنَا الْقِبْلَةَ الَّتِي كُنْتَ عَلَيْهَا إِلَّا لِنَعْلَمَ مَنْ يَتَّبِعُ الرَّسُولَ مِمَّنْ يَنْقَلِبُ عَلَى عَقِبَيْهِ وَإِنْ كَانَتْ لَكَبِيرَةً إِلَّا عَلَى الَّذِينَ هَدَى اللَّهُ وَمَا كَانَ اللَّهُ لِيُضِيعَ إِيمَانَكُمْ إِنَّ اللَّهَ بِالنَّاسِ لَرَءُوفٌ رَحِيمٌ 143{

(Coran 2 :143)

"C'est pourquoi, en outre, Nous avons fait de vous une nation occupant une position médiane et centrée, pour que vous puissiez rendre témoignage aux hommes et que le Messager vous livre à vous son témoignage ; et Nous n'avons établi ce que vous deviez [alors] accepter comme Qibla (direction de la prière) <u>que comme moyen de faire apparaître la différence entre celui qui accepte de suivre le Messager et celui qui abandonne et tourne les talons</u>, ce qui assurément était une épreuve difficile, sauf pour ceux qu'Allah guide sur la Voie droite ; et Allah n'avait nullement l'intention de faire de votre foi un objet sans valeur, et Allah en

vérité est pour les hommes bienveillant et miséricordieux."

Donc, l'explication fournie par Allah, qui visiblement a du mal à sonder les cœurs, est que ce changement de direction de la prière, d'abord vers Jérusalem puis vers La Mecque, était voulu comme une épreuve permettant de reconnaître les musulmans des non-musulmans. Voilà certes une logique impressionnante !

Remarquons tout d'abord que nulle mention n'est faite ici de la signification sacrée de la Kaaba ! La Kaaba n'a rien de sacré, **elle n'est choisie que comme moyen commode de distinguer qui est musulman et qui ne l'est pas** !

Si tel est le cas, pourquoi Allah a-t-il décrété que nous, les non-musulmans, en raison de notre impureté et culpabilité, n'avions plus le droit d'entrer à La Mecque, alors que cette ville n'a rien de sacré ? Pourquoi Mahomet baise-t-il la pierre noire alors que la Kaaba non seulement n'a rien de sacré, mais est associée de manière indélébile au paganisme ? Et que dire de la pierre noire elle-même ? Comment voir en elle le moindre aspect sacré, si ce n'est pour des païens ? Autrement dit, la Kaaba n'a aucune valeur ! Et par conséquent, il en est de même du pèlerinage Hajj, un exercice dénué de sens !

Mais imaginons alors que les infidèles et les païens se mettent eux aussi à se tourner vers La Mecque pour prier leurs dieux, pendant que les musulmans en font autant : quelle est alors la valeur de cette épreuve?

Il est évident que tout ceci n'est qu'une lamentable tentative de se justifier au mépris de toute logique. Le verset suivant nous confirme d'ailleurs la faiblesse de jugement de l'inventeur de ces excuses maladroites.

قَدْ نَرَى تَقَلُّبَ وَجْهِكَ فِي السَّمَاءِ فَلَنُوَلِّيَنَّكَ قِبْلَةً تَرْضَاهَا فَوَلِّ وَجْهَكَ شَطْرَ الْمَسْجِدِ الْحَرَامِ وَحَيْثُ مَا كُنتُمْ فَوَلُّوا وُجُوهَكُمْ شَطْرَهُ وَإِنَّ الَّذِينَ أُوتُوا الْكِتَابَ لَيَعْلَمُونَ أَنَّهُ الْحَقُّ مِن رَّبِّهِمْ وَمَا اللَّهُ بِغَافِلٍ عَمَّا يَعْمَلُونَ} 144

(Coran 2 :144)

"Nous avons vu que toi (Mahomet), tu tournais la face en tous sens en cherchant une gouverne céleste. Nous allons maintenant te tourner vers une direction qui te plaira. Tourne donc la face dans la direction de la Mosquée protégée. Où que vous soyez, vous devrez tourner la face dans cette direction. Les gens du Livre savent bien que c'est là la Vérité révélée par leur Seigneur, et Allah n'est pas inattentif à ce qu'ils font."

1. Vous avez bien lu : Allah cherche uniquement à offrir une solution qui plaise à Mahomet ! C'est ce dernier qui avait souhaité qu'Allah avalise l'idée d'Omar.

2. Mahomet cherchait une gouverne, une solution. Quel était donc le problème ? Les musulmans ne s'étaient jamais plaints d'une absence de direction pour la prière. Ils en avaient une qui leur venait naturellement de leurs traditions païennes, et elle leur convenait parfaitement !

3. Allah choisit justement la direction conforme à leurs habitudes !

4. La direction à laquelle ils étaient habitués était parfaite pour eux ; c'est Mahomet qui avait troublé l'ordre des choses en cherchant à en imposer une autre : Jérusalem !

5. Et plus grave encore, le verset nous dit clairement que la solution sera au goût non seulement des hommes de la tribu, mais de Mahomet lui-même, ce qui confirme qu'il avait l'habitude de se joindre à ces pratiques en se tournant vers la Kaaba, autrement dit, qu'il avait été païen comme eux toute sa vie, jusqu'au moment où il s'était mis à prétendre qu'il était prophète d'Allah.

La pierre noire dans l'islam

Pour une meilleure compréhension du mode de pensée et de la stratégie de Mahomet, il convient de se pencher sur quelques hadiths utiles, où l'on voit comment le personnage avait mis au point son système consistant à mélanger des croyances traditionnelles et des bribes de Saintes Ecritures pour créer une nouvelle religion. Sahih Al-Boukhari, Livre 26, hadith 679 :

صحيح البخاري - كِتَاب الحَجِّ - سعى النبي صلى الله عليه وسلم ثلاثة أشواط ومشى أربعة

حَدَّثَنَا سَعِيدُ بْنُ أَبِي مَرْيَمَ أَخْبَرَنَا مُحَمَّدُ بْنُ جَعْفَرِ بْنِ أَبِي كَثِيرٍ قَالَ أَخْبَرَنِي 1528 - «582ص» - زَيْدُ بْنُ أَسْلَمَ عَنْ أَبِيهِ أَنَّ عُمَرَ بْنَ الْخَطَّابِ رَضِيَ اللَّهُ عَنْهُ قَالَ لِلرُّكْنِ أَمَا وَاللَّهِ إِنِّي لَأَعْلَمُ أَنَّكَ

حَجَرٌ لاَ تَضُرُّ وَلاَ تَنْفَعُ وَلَوْلاَ أَنِّي رَأَيْتُ النَّبِيَّ صَلَّى اللهُ عَلَيْهِ وَسَلَّمَ اسْتَلَمَكَ مَا اسْتَلَمْتُكَ فَاسْتَلَمَهُ ثُمَّ قَالَ فَمَا لَنَا وَلِلرَّمَلِ إِنَّمَا كُنَّا رَاءَيْنَا بِهِ المُشْرِكِينَ وَقَدْ أَهْلَكَهُمُ اللهُ ثُمَّ قَالَ شَيْءٌ صَنَعَهُ النَّبِيُّ صَلَّى اللهُ عَلَيْهِ وَسَلَّمَ فَلاَ نُحِبُّ أَنْ نَتْرُكَهُ

"Said bin Islam a déclaré que son père avait dit : 'J'ai été témoin du fait que 'Omar bin Al-Khatab baisait la pierre noire et qu'ensuite il s'adressa à elle tout en la baisant et lui dit : 'Si je n'avais pas vu de mes propres yeux l'Apôtre d'Allah te baiser (toi, la pierre), je n'aurais jamais accompli ce geste'.' "

De même, Sahih Al-Boukhari, <u>Livre 26 (Hajj)</u>, hadith 1520, édition arabe :

صحيح البخاري - كِتَاب الحَجِّ - بَاب مَا ذُكِرَ فِي الحَجَرِ الأَسْوَدِ

بَاب مَا ذُكِرَ فِي الحَجَرِ الأَسْوَدِ

1520 حَدَّثَنَا مُحَمَّدُ بْنُ كَثِيرٍ أَخْبَرَنَا سُفْيَانُ عَنِ الأَعْمَشِ عَنْ إِبْرَاهِيمَ عَنْ عَابِسِ بْنِ رَبِيعَةَ عَنْ عُمَرَ رَضِيَ اللهُ عَنْهُ أَنَّهُ جَاءَ إِلَى الحَجَرِ الأَسْوَدِ فَقَبَّلَهُ فَقَالَ إِنِّي أَعْلَمُ أَنَّكَ حَجَرٌ لاَ تَضُرُّ وَلاَ تَنْفَعُ وَلَوْلاَ أَنِّي رَأَيْتُ النَّبِيَّ صَلَّى اللهُ عَلَيْهِ وَسَلَّمَ يُقَبِّلُكَ مَا قَبَّلْتُكَ

"Muhammad Ibn Kathir, ainsi que Sufyan qui le tient de Ibrahim, qui le tient de 'Abe's bin Rabi'ah, rapportent de la manière suivante les propos de 'Omar : "Omar marcha vers l'endroit qui était devant la pierre noire et il la baisa, mais tout en disant : 'Je sais que tu n'es qu'une pierre et que tu ne peux ni apporter des bienfaits ni causer du malheur à qui que ce soit. Franchement, si je n'avais pas vu de mes propres yeux l'Apôtre d'Allah te baiser, jamais dans aucun cas je n'aurais accepté de faire une chose pareille'.' "

1. Ce que nous voyons ici, c'est que Omar répugnait à l'idée de devoir embrasser la pierre, parce qu'il savait que c'était un acte païen, mais il n'avait pas le choix, parce qu'il était impossible de ne pas suivre l'exemple du grand chef !

2. Bien qu'il se soit soumis à cette humiliante obligation, il proteste dans son

cœur et n'hésite pas à affirmer à voix haute que cette pierre n'est qu'un objet inerte et sans effet, alors que Mahomet est d'une opinion différente. Ceci indique que dans son for intérieur, Omar savait que Mahomet était un menteur et non un prophète.

Quelle était donc l'opinion de Mahomet à ce sujet ? Rappelons ici les propos du prophète lui-même tels que les rapporte Al-Tirmidhi, hadith 877, page 226 :

سنن الترمذي - كِتَابُ الحَجِّ عَنْ رَسُولِ اللَّهِ صَلَّى اللَّهُ عَلَيْهِ وَسَلَّمَ - بَابُ مَا جَاءَ فِي فَضْلِ الحَجَرِ الأَسْوَدِ وَالرُّكْنِ وَالمَقَامِ

- »بَابُ مَا جَاءَ فِي فَضْلِ الحَجَرِ الأَسْوَدِ وَالرُّكْنِ وَالمَقَامِ 226ص- «

877 قَالَ قَالَ ابْنِ عَبَّاسٍ عَنْ جُبَيْرٍ بْنِ سَعِيدِ عَنْ السَّائِبِ بْنِ عَطَاءِ عَنْ جَرِيرٌ حَدَّثَنَا قُتَيْبَةُ حَدَّثَنَا رَسُولُ اللَّهِ صَلَّى اللَّهُ عَلَيْهِ وَسَلَّمَ نَزَلَ الحَجَرُ الأَسْوَدُ مِنَ الجَنَّةِ وَهُوَ أَشَدُّ بَيَاضًا مِنَ اللَّبَنِ فَسَوَّدَتْهُ خَطَايَا بَنِي آدَمَ قَالَ وَفِي البَابِ عَنْ عَبْدِ اللَّهِ بْنِ عَمْرٍو وَأَبِي هُرَيْرَةَ قَالَ أَبُو عِيسَى حَدِيثُ ابْنِ عَبَّاسٍ حَدِيثٌ حَسَنٌ صَحِيحٌ

"Cette pierre noire est descendue du Ciel et elle était alors plus blanche que du lait, mais les péchés et les erreurs des hommes l'ont rendue noire."

3. Il est établi dans ce passage que Mahomet a affirmé que la pierre noire était une pierre sacrée procédant de Dieu et envoyée par Lui. Il a également déclaré qu'elle avait une fonction, qui est d'absorber le péché commis par les hommes. Il a ajouté qu'avec le passage du temps, les péchés avaient changé la couleur blanche de la pierre pour la faire devenir noire. Si tel est le cas, comment Omar pouvait-il encore éprouver des réticences ? Pour qu'il les exprime même à voix haute, il fallait qu'il juge l'explication de Mahomet tout-à-fait suspecte. Mais, pour conserver les avantages de sa position privilégiée au sein du groupe, il se trouvait obligé de se conformer au décret du chef de gang. Nous avons donc des opinions opposées sur la nature de cette pierre. Il est impossible de les réconcilier. Qui donc a raison ? Qui a pour lui la logique, et qui nage dans l'affabulation et l'absurde?

4. Mahomet va même jusqu'à affirmer que la pierre noire est en réalité un rubis de couleur blanche, et qu'elle témoignera devant Allah au jour du jugement dernier au sujet des péchés de chaque musulman, comme nous pouvons le lire

dans Sunan Al-Tirmidhi, hadith 961, page 294 :

سنن الترمذي - كِتَابُ الْحَجِّ عَنْ رَسُولِ اللَّهِ صَلَّى اللَّهُ عَلَيْهِ وَسَلَّمَ - بَاب مَا جَاءَ فِي الْحَجَرِ الْأَسْوَدِ

- «بَاب مَا جَاءَ فِي الْحَجَرِ الْأَسْوَدِ»294ص -

961 حَدَّثَنَا قُتَيْبَةُ عَنْ جَرِيرٍ عَنْ ابْنِ خُثَيْمٍ عَنْ سَعِيدِ بْنِ جُبَيْرٍ عَنْ ابْنِ عَبَّاسٍ قَالَ قَالَ رَسُولُ اللَّهِ صَلَّى اللَّهُ عَلَيْهِ وَسَلَّمَ فِي الْحَجَرِ وَاللَّهِ لَيَبْعَثَنَّهُ اللَّهُ يَوْمَ الْقِيَامَةِ لَهُ عَيْنَانِ يُبْصِرُ بِهِمَا وَلِسَانٌ يَنْطِقُ بِهِ يَشْهَدُ عَلَى مَنْ اسْتَلَمَهُ بِحَقٍّ قَالَ أَبُو عِيسَى

"Propos rapportés par Qutiba qui les tient de Jarîr qui les tient d'Ibn 'Abbas : 'Le Prophète a déclaré que la pierre noire, au jour du jugement d'Allah, lui rendra la vie et le ressuscitera ! Car cette pierre noire possède des yeux, par lesquels elle peut voir ; et aussi des oreilles, par lesquelles elle peut entendre. Et en outre, elle possède aussi une langue, par laquelle elle s'exprimera et rendra témoignage de la vérité en faveur de chaque homme qui l'a tenue dans les mains'."

Sur ce sujet, notons l'étrange discrétion des musulmans. Pourquoi ne pas lui consacrer des livres, des discours et des vidéos, comme cela foisonne sur d'autres thèmes ? N'est-ce pas un sujet de première importance que d'étudier la présence d'organes sensoriels et vocaux dans un minéral ? Les musulmans auraient-ils conscience du ridicule fondamental de leur doctrine ? Cela prouve que leur politique systématique consiste à ne choisir que ce qui donne une image positive de leur secte, en passant sous silence tout le reste, afin de nous mystifier et d'entretenir leurs propres illusions. On nous assure que Mahomet a transmis des connaissances remarquables dans le domaine scientifique. Si c'est le cas, alors ces connaissances sont-elles seulement occasionnelles et éparses, voisinant avec des absurdités et contre-vérités ? Nous verrons plus loin dans ce livre que les seules connaissances sur lesquelles Mahomet a pu avoir raison étaient en réalité des emprunts à des livres connus à l'époque.

Où donc Mahomet est-il allé chercher cette idée que les pierres puissent parler, absorber les péchés des humains et remplir une fonction pour le compte de Dieu?

Le Coran affirme que tout don de prophétie est hérité de Jacob (Israël)

Alors Mahomet est-il un vrai prophète ?

Cette affirmation se trouve dans la sourate 45 (Al-Jâthiya), aya 16 (Coran 45 :16) :

"Nous avons certes donné aux <u>Fils d'Israël</u> l'<u>Ecriture Sainte</u>, l'<u>Illumination</u> ainsi que le <u>Don de prophétie</u>, et Nous leur avons prodigué de <u>délicieuses nourritures</u> et Nous leur avons accordé Notre <u>préférence</u> par-dessus tous les autres hommes."

Cette proclamation d'Allah est lourde de conséquences :

1. Mahomet n'est pas à compter au nombre des Fils d'Israël.

2. Le verset affirme sans ambiguïté qu'Allah a donné l'Illumination et le Don de prophétie aux **Fils d'Israël** !Que signifie cette expression ? Il n'y existe qu'une manière de l'interpréter : elle désigne la **descendance de Jacob**, comme nous pouvons le voir en <u>Genèse</u> 32 :29 :

"Il reprit : « On ne t'appellera plus Jacob, mais Israël, car tu as lutté avec Dieu et avec les hommes et tu l'as emporté. »"

3. Les musulmans essaieront peut-être de se tirer d'affaire en expliquant que dans le passage précédemment cité du Coran, Allah voulait seulement parler d'Israël, et non des autres peuples, et c'est pourquoi il n'a mentionné qu'une seule lignée de prophètes. Mais lisez l'ensemble de la sourate, et vous verrez bien que rien ne permet de dire qu'Allah limitait la portée de son commentaire. Ce sujet survient brusquement, sans aucune précision ou précaution. Si vraiment Allah estimait que la descendance de Jacob (Israël) n'était pas la seule à avoir reçu le don de prophétie, quel besoin a-t-il de faire une déclaration qui le contredit ? Surtout quand on sait que les musulmans croient en de nombreux prophètes qui ne sont ni de cette descendance, ni même arabes ! On trouvera dans cette pittoresque liste des noms aussi surprenants que le prophète Alexandre le Grand, les prophètes Idriss, Saleh ou bien Shuyeb et ajoutez encore Mahomet à cette liste et cherchez le lien avec Israël ! Seule conclusion :

il n'a pas réservé le don de prophétie à la seule lignée de ce dernier, et la déclaration d'Allah est une contre-vérité.

4. Non seulement il y a ici une sérieuse contradiction, mais nous avons ici la preuve que Mahomet ne peut pas être un vrai prophète, puisque loin d'être de la lignée d'Israël, il est en fait son pire ennemi.

5. Pour renforcer ces graves accusations, examinons un autre passage du Coran, la sourate 29 (Al-'Ankabout), aya 27 :

"Et [à Abraham] nous avons donné Isaac et Jacob, et avons confié exclusivement à sa descendance le Don de Prophétie et la Révélation [...]"

(Coran 29 :27)

6. Les musulmans peuvent bien tenter de faire jouer des prétendus problèmes de traduction autant qu'ils le veulent, en fin de compte, il ne subsiste aucun doute que le Coran attribue l'exclusivité du don de prophétie à une seule lignée : celle de la descendance d'Isaac et de Jacob.

7. S'il est besoin d'une confirmation supplémentaire, voyons la sourate 37 (As-Sâffât), ayat 112 à 113 :

"112 [A Abraham] Nous annonçâmes la bonne nouvelle de la venue d'Isaac, qui serait Prophète, et l'un des vrais fidèles ;

113 Nous lui donnâmes Notre bénédiction, à lui et à Isaac : parmi leur descendance se trouvent des hommes bons et incorruptibles à côté d'autres qui sont malfaisants envers eux-mêmes."

(Coran 37 :112 - 113)

8. Se pose alors le problème crucial d'Ismaël (Ismael) dont les Arabes prétendent être les descendants. N'est-il pas l'aîné des fils d'Abraham ? Ne représente-t-il pas le seul espoir de Mahomet d'être par quelque façon rattaché à cette prestigieuse lignée ? Si Ismael a aussi été prophète, pourquoi Allah oublie-t-il de le mentionner dans tous ces passages ? Ces versets du Coran seraient beaucoup plus conformes aux croyances islamiques si Allah avait pensé à y inclure ce nom ! Quelle est donc la raison de cette absence ?

Reprenons point par point cette problématique :

- Ismael est l'aîné.

- Ismael est bien considéré par les musulmans comme un prophète.

- Les musulmans vont jusqu'à prétendre que Mahomet est de la descendance d'Ismael. Ceci est une affirmation extrêmement douteuse, mais supposons que ce soit le cas, cela fait de lui un personnage de la plus haute importance. Pourquoi alors Allah oublie-t-il, verset après verset, de mentionner son existence ? Il semble qu'Allah se soit tardivement rendu compte de sa négligence, car il a bel et bien fini par ajouter une remarque : "Oui, au fait, Ismael était aussi prophète ... !"

- Tout observateur sérieux conviendra que Mahomet ne peut pas être de la lignée d'Ismael. Il est très regrettable que certains chrétiens se laissent prendre au piège grossier d'accepter cette fausse généalogie. Ceux qui reprennent cette interprétation dans leurs sermons révèlent ainsi qu'ils ont très peu de connaissances et d'esprit critique et qu'ils mettent peu d'effort personnel à préparer leurs discours, se contentant de répéter sans vérification les propos d'autrui. Considérons les faits suivants :

(a) Les populations arabes existaient bel et bien avant Ismael ; comment donc ce dernier pourrait-il être leur ancêtre?

(b) Abraham était araméen. Hagar, sa servante, de qui il eut Ismael, était égyptienne. Cela fait-il de leur fils un Arabe?

(c) Les livres musulmans eux-mêmes (Ibn Hisham, <u>Book of Al-Sirah Al-Nabwiah</u>, tome 1, page 5) affirment que Ismael épousa une fille de la tribu des Jarhom, dont le nom était, d'après les musulmans, Ra'lah, fille de 'Amro Al-Johrimy. La tribu des Jarhom devint chrétienne vers 400 avant le début de l'ère islamique (voir <u>Book of Al-Agani</u>, 13 :109). Mahomet n'est pas membre de cette tribu, ce qui signifie qu'il n'est pas un descendant d'Ismael.

(d) Certains cependant croient naïvement pouvoir avancer certaines justifications : "Oui, disent-ils, mais la Bible ne dit-elle pas que Dieu a promis de rendre sa descendance aussi nombreuse que les étoiles dans le ciel ou les grains de sable au bord de la mer, et n'est-ce pas justement ainsi que la branche d'Ismael s'est développée?" Voyons d'abord la Genèse 22 :17 :

"Je m'engage à te bénir, et à faire proliférer ta descendance autant que les étoiles du ciel et le sable au bord de la mer. Ta descendance occupera la Porte de ses ennemis ;"

(e) Ceux qui présentent cet argument n'ont tout simplement pas une idée claire de ce qu'il faut entendre par "descendance d'Ismael". Les véritables Arabes par le sang, à ne pas confondre avec les arabophones, n'atteignent pas même le nombre de 40 millions. Quant à considérer tous les musulmans comme constituant cette descendance, c'est une absurdité. Les Indonésiens sont-ils arabes ? Les Pakistanais ? On pourrait citer encore quantité d'autres groupes. Les églises qui reprennent ce genre de raisonnements diffusent une information inexacte et ne font que prêter main-forte à la propagande mensongère des musulmans. Il n'est pourtant pas difficile de deviner pourquoi Mahomet voulait être considéré comme le descendant d'Ismael : c'est parce qu'il voulait pouvoir prétendre qu'il avait un lien généalogique avec le Père des prophètes et augmenter ainsi sa crédibilité en tant que prétendu porte-parole de Dieu.

(f) Examinons une citation de Mahomet, dans laquelle il mentionne les anciens prophètes, telle qu'elle apparaît dans Sahih Al-Boukhari, Livre 55, hadith 596 :

"Ibn 'Omar rapporte les propos suivants du Prophète : 'L'homme honorable est lui-même fils d'un homme honorable, l'honorable untel, à l'image de l'honorable Joseph, fils de Jacob, fils d'Isaac, fils d'Abraham'. "

(g) On aura bien noté que dans cette liste, Mahomet ne fait nulle mention d'Ismael !

En fait, ce hadith soulève encore d'autres problèmes : car Mahomet insiste sur l'importance de la lignée en disant : "L'homme honorable est lui-même fils d'un homme honorable" ! Ceci constitue encore un exemple où l'on voit que Mahomet parle sans suffisamment peser ses mots. Arrêtons-nous sur cette citation de Sahih Al-Boukhari, Livre 55, hadith 596, en soulignant les mots à retenir :

"Ibn 'Omar rapporte les propos suivants du Prophète : 'L'homme honorable est lui-même fils d'un homme honorable, l'honorable untel, à l'image de l'honorable Joseph, fils de Jacob, fils d'Isaac, fils d'Abraham'. "

1. Donc, selon Mahomet, pour être honorable, il faut être fils d'un personnage honorable. Mais il semble oublier que son propre père aussi bien que sa mère étaient des mécréants païens, et à ce titre, représentaient une souillure aux yeux d'Allah !

2. Il faut préciser que le mot traduit ici par "honorable" est employé en arabe dans un sens religieux.

3. Donc, dans cette lignée de personnages honorables au sens religieux, Mahomet s'est abstenu de faire figurer Ismael ! Rappelons ce que nous dit le Coran, en 9 :28 :

"O vous qui croyez !, le polythéiste est assurément un homme impur : [ces gens représentent] la souillure en raison de de leur nature mauvaise ; ne les laissez donc plus s'approcher de la Mosquée Sacrée à partir de ce jour ! [...] !"

4. Comment alors Mahomet peut-il faire des prières au sujet de ses ascendants ? Voici en quels termes le Coran s'exprime à ce sujet : Coran 9 :113 :

"Il ne sied pas au Prophète, ni à ceux qui croient, d'adresser des prières [à Allah] pour demander que soient pardonnés les Infidèles Associateurs, quand bien même ces derniers se trouveraient être <u>des proches parents</u>, après qu'il est établi que ces personnes sont placées dans les flammes de l'Enfer."

5. Assurément, nous avons là un verset riche d'enseignements. Si Mahomet se voit refuser le droit de prier pour ses parents, c'est parce que ceux-ci sont dans les flammes de l'Enfer ; et s'ils se trouvent dans ce lieu maudit, c'est parce qu'ils sont impurs et ne méritent pas d'être décrits comme honorables.

6. Mahomet lui-même ne peut donc pas être décrit comme un homme honorable, parce que, d'après son propre critère que nous venons de rappeler, il faudrait pour cela que son père fût un homme honorable, ce qu'il n'était pas, ainsi que nous venons de le voir. Le Coran, c'est-à-dire Allah, nous certifie qu'il est impossible d'effacer la souillure de celui qui meurt infidèle, souillure qui doit par conséquent demeurer dans la lignée ! On trouve confirmation de ce principe, par

exemple chez Sahih Muslim, <u>Livre 001</u>, hadith 0398 :

صحيح مسلم - كِتَاب الإِيمَان - باب بَيَان أَنَّ مَنْ مَاتَ عَلَى الْكُفْرِ فَهُوَ فِي النَّارِ وَلَا تَنَالُهُ شَفَاعَةٌ وَلَا تَنْفَعُهُ قَرَابَةُ الْمُقَرَّبِينَ

حَدَّثَنَا أَبُو بَكْرِ بْنُ أَبِي شَيْبَةَ حَدَّثَنَا عَفَّانُ حَدَّثَنَا حَمَّادُ بْنُ سَلَمَةَ عَنْ ثَابِتٍ عَنْ أَنَسٍ أَنَّ رَجُلًا قَالَ 203 يَا رَسُولَ اللَّهِ أَيْنَ أَبِي قَالَ فِي النَّارِ فَلَمَّا قَفَى دَعَاهُ فَقَالَ إِنَّ أَبِي وَأَبَاكَ فِي النَّارِ

"Propos rapporté par 'Anas : 'Témoignage véridique : un homme, un jour, a demandé au Prophète : 'O Envoyé d'Allah, apprends-moi où se trouve désormais mon père?' Le Prophète lui a répondu : 'Ton père se trouve dans le feu de l'Enfer.' Puis, alors que l'homme s'éloignait, <u>le Prophète d'Allah le rappela et ajouta : 'Oui, en vérité, mon père, tout comme le tien, se trouve maintenant dans le feu de l'Enfer'.</u>' "

On peut se reporter également à un hadith que nous avons déjà cité dans un chapitre précédent : Sahih Muslim, <u>Book 004</u>, Hadith 2129 :

"Abu Huraira rapporte : 'L'Apôtre d'Allah, qu'Allah prie sur lui, a dit : 'J'ai demandé à Allah qu'Il permette que le pardon soit accordé à ma mère, mais il ne me l'a pas accordé. J'ai demandé qu'Il permette que je rende visite à sa tombe, et Il me l'a permis'.' "

- Mahomet a donc eu l'intention de demander à Allah d'accorder le pardon à sa mère pour sa faute de n'avoir pas été croyante en Allah. Ici encore, on est frappé de constater qu'il paraît ne jamais se préoccuper de demander le pardon pour son père ! Le fait est qu'il n'a jamais connu son père et qu'il ignorait même quelle pouvait être l'identité réelle de son père véritable. Dans ces conditions, comment demander le pardon pour un inconnu ? On vous répondra que son père, c'est bien connu, s'appelait Abduallah ... ; malheureusement, l'examen attentif des biographies révèle que non seulement cette information n'est pas confirmée, mais qu'elle est certainement fausse, ainsi que nous l'avons déjà expliqué plus haut, car personne ne savait au juste qui était son père réel, et lui-même est né quatre ans après la mort de ce prétendu père, Abduallah, ce qui oblige les partisans de cette filiation à recourir à une supposition totalement absurde de "fétus endormi avec prolongation de la gestation".

- La notion d'impureté et de souillure attachée aux non-musulmans est fondamentale dans l'islam, et elle est la base de la discrimination et des préjugés qui déterminent la vision du monde qu'entretient cette idéologie. Si vous n'êtes pas des leurs, vous êtes considéré comme sale et abject. C'est au point que plusieurs villes, en Arabie Saoudite, et dans quelques autres endroits, vous sont interdites d'accès. Si vous passez outre, même par erreur, vous serez mis à mort. Imaginez qu'on mette un panneau à l'entrée de New York, affichant cet avertissement : "En raison de leur impureté, les musulmans ne sont pas autorisés à entrer !" Imaginez le scandale ! Imaginez quelle campagne serait déclenchée pour accuser les Chrétiens ! Mais personne ne s'indigne, tout le monde a l'air de trouver normal que les musulmans puissent pratiquer une pareille discrimination !

- Quel contraste avec l'accueil ouvert proclamé par la Bible ! Voyez Jean 3 :16 :

لِأَنَّهُ هَكَذَا أَحَبَّ الرب العَالَمَ حَتَّى بَذَلَ ابْنَهُ الوَحِيدَ لِكَيْ لاَ يَهْلِكَ كُلُّ مَنْ يُؤْمِنُ بِهِ بَلْ تَكُونُ لَهُ الحَيَاةُ الأَبَدِيَّة.

يوحنا 3 : 16

"Dieu, en effet, a tant aimé le monde qu'il a donné son Fils, son unique, pour que tout homme qui croit en lui ne périsse pas mais ait la vie éternelle."

- Dans les paroles du Christ, nous voyons qu'Il accueille à bras ouverts tous les humains, non seulement ceux qui ont cru en Lui, mais le monde entier, y compris ceux qui ont eu le malheur de tomber dans le piège de l'islam. Citons les propres paroles de notre Seigneur Jésus Christ, telles qu'elles figurent dans Matthieu 5 :44 :

وَأَمَّا أَنَا فَأَقُولُ لَكُمْ : أَحِبُّوا أَعْدَاءَكُمْ. بَارِكُوا لاَعِنِيكُمْ. أَحْسِنُوا إِلَى مُبْغِضِيكُمْ وَصَلُّوا لِأَجْلِ الَّذِينَ يُسِيئُونَ إِلَيْكُمْ وَيَطْرُدُونَكُمْ

متى5 : 44

"Et moi, je vous dis : Aimez vos ennemis et priez pour ceux qui vous méprisent et vous persécutent,"

Quoi de comparable entre cette Personnalité et celle d'un "prophète" qui voudrait qu'on le considère comme une personne "honorable", mais que les musulmans eux-mêmes ont accusé de s'abaisser jusqu'à voler des sous-vêtements rouges qui lui plaisaient ! Mahomet a toujours édicté des lois pour les autres, que ce soit dans son Coran ou dans ses discours rapportés par les hadiths, mais il ne s'y est jamais lui-même conformé. Mais revenons sur le sujet déjà abordé de la nationalité d'Ismael.

Mahomet est un Arabe ; Ismaël était-il aussi un Arabe ?

> Abraham l'Araméen + Hagar l'Égyptienne = Ismaël l'Arabe ?

Comme nous l'avons déjà noté, c'est une opinion malheureusement répandue, y compris dans nos églises, qu'Ismael est l'ancêtre des Arabes, et les chrétiens sont nombreux à propager ce mythe sans le soumettre à aucune vérification. Vous serez sans doute surpris de voir qu'en fait, les musulmans eux-mêmes n'expriment pas cette opinion dans leurs livres. Voyons Sahih Al-Boukhari, <u>Livre 55</u>, hadith 583 :

"(Le prophète raconte :) 'Elle (la mère d'Ismaël) vécut de cette manière jusqu'au jour où elle et son enfant croisèrent un communauté de personnes ou une famille de la tribu des Jurhum qui cheminait le long de la route de Kada'. Ces personnes passèrent, puis arrivèrent dans la région de La Mecque, quand elles aperçurent un oiseau d'une certaine espèce qui était connue pour voler en cercles au dessus d'endroits où se trouve de l'eau, sans s'en éloigner. Ils se dirent : 'Cet oiseau fait des cercles : il doit y avoir de l'eau, même si nous croyons savoir qu'il n'y en a pas dans cette vallée'. Ils envoyèrent un ou deux hommes pour

vérifier, et en effet, ceux-ci découvrirent une source d'eau et revinrent en informer la communauté. Alors le groupe décida d'aller s'installer dans cet endroit.' Le Prophète ajouta : 'Alors, ils trouvèrent là la mère d'Ismaël assise près de l'eau. Ils lui demandèrent : 'Nous permets-tu de nous installer avec nos tentes en cet endroit?' Elle répondit : 'Oui, mais à condition que vous ne revendiquiez pas le droit à la propriété de l'eau.' Et ils acceptèrent cette condition.' Le Prophète poursuivit : 'La mère d'Ismaël était très heureuse de cette situation, car cela lui plaisait d'avoir de la compagnie. Donc, ils s'installèrent à cet emplacement et, plus tard, ils firent venir d'autres membres de leurs familles qui s'installèrent avec eux, de sorte que certaines de ces familles devinrent définitivement attachées aux environs de ce lieu. L'enfant grandit en leur compagnie et, auprès d'eux, <u>apprit à parler l'arabe</u> ; et eux (les Jurhum) se prirent à aimer cet enfant tandis qu'il grandissait ; et lorsqu'il atteignit l'âge de la maturité, ils lui firent prendre pour épouse l'une de leurs filles'."

Récapitulons les points importants :

- L'enfant (Ismaël) a grandi parmi eux et a appris l'arabe auprès d'eux (les Jurhum).

- Comment alors pouvait-il avoir été arabe, mais ne pas connaître la langue arabe ?

- Il a épousé une femme des Jurhum : cela suffit-il à faire de ses enfants des Arabes comme leur mère ?

- La réponse à cette dernière question ne peut-être que négative, quand on sait que dans la tradition des tribus d'Arabie, le statut des enfants est déterminé par le père, non par la mère. Et n'oublions pas que ces informations nous viennent d'un récit rapporté précisément par des Arabes.

- Autrement dit, ni Ismaël ni sa mère ne parlaient arabe à l'origine. C'est pourquoi l'enfant dut apprendre la langue auprès des Jurhum, comme cela nous est confirmé dans le livre de Al-Hafez Ibn 'Hajer, <u>Al-Fateh</u>, tome 6, page 403, imprimé à Beyrouth, Liban, 1991 :

(6/403قال الحافظ ابن حجر في الفتح)
(قوله (وتعلم العربية منهم
فيه اشعار بأن لسان أمه وأبيه لم يكن عربيا

"[Le Prophète] a précisé : 'Il apprit à parler l'arabe auprès d'eux' pour que nous sachions que ni la mère ni le père d'Ismaël ne savaient l'arabe."

1. Alors quel âge avait Ismaël quand il commença à parler arabe ? Plusieurs livres musulmans nous apportent la réponse.

En particulier, nous avons une information qui nous est donnée par Ali, le cousin de Mahomet, selon ses propres paroles : Sahih Al-Jame', Recueil <u>de hadiths</u>, tome 1, page 435, hadith 2581 :

- عشرة سنة435أول من فتق لسانه بالعربية المبينة إسماعيل و هو ابن أربع الجزء الأول ص
. الشيرازي في الألقاب) عن علي)
في صحيح الجامع2581قال الشيخ الألباني : (صحيح) انظر حديث رقم :

"Il a dit : 'Le premier qui parla parfaitement l'arabe fut Ismaël et il y parvint à l'âge de quatorze ans.' Et l'Imam Albani a confirmé que c'était un hadith véridique'."

En se fondant sur ces informations, les musulmans reconnaissent qu'Ismaël n'est pas d'ascendance arabe ; ni l'un ni l'autre de ses parents n'étaient des Arabes ; aucun d'eux ne parlait arabe ; il a dû apprendre la langue que lui ont enseignée des gens dont c'était la langue maternelle, des Arabes. Il a fini par maîtriser cette langue étrangère à l'âge de quatorze ans. Où trouve-t-on là des arguments pour soutenir qu'il était arabe ?

Il est bien sûr ridicule de supposer que l'appartenance ethnique d'une personne puisse changer si elle se met à parler une autre langue. Certains croient pouvoir interpréter ce texte pour prétendre qu'Allah fit d'Ismaël le premier Arabe, parlant arabe. Mais cette interprétation est dénuée de tout fondement, puisque les livres musulmans eux-mêmes nous disent que ce sont les membres de la tribu des Jurhum qui lui enseignèrent cette langue qu'il ignorait au départ. A supposer même que ce ne soient en réalité pas les Jurhum, mais Allah lui-même qui insuffla la connaissance de la langue au garçon, cela ne suffit toujours pas à faire de lui un Arabe, ethniquement parlant.

Qui, selon Mahomet, peut être désigné comme Arabe ?

Mahomet s'est exprimé sur cette question, comme nous pouvons le voir dans le passage suivant :

Al-Seu'ti, Al-'Khasa'es Al-Kubra, Beyrouth, Liban, 1985, tome 1, page 66 :

الكتاب : الخصائص الكبرى

المؤلف / أبو الفضل جلال الدين عبد الرحمن أبي بكر السيوطي

م1985هـ - 1405دار النشر / دار الكتب العلمية - بيروت -

/ عدد الأجزاء 1

قال رسول الله {صلى الله عليه وسلم} إن الله خلق الخلق فاختار من الخلق بني آدم واختار من بين آدم العرب واختار من العرب مضر واختار من مضر قريشا واختار من قريش بني هاشم واختارني من بني هاشم فأنا من خيار إلى خيار

"Le Prophète a dit : 'Allah a accompli sa création et a choisi parmi les créatures les fils d'Adam, et parmi ces fils d'Adam, il a choisi les Arabes, et parmi les Arabes, il a choisi les Mudar (une tribu), et parmi les Mudar, il a choisi les fils de Hasim (un clan), et parmi les fils de Hasim, il m'a choisi, moi, en tant que meilleur parmi ceux qui excellent'."

Ici nous avons, dans les propos mêmes de Mahomet, la preuve indiscutable que dans la perspective musulmane, Allah a bien procédé, pour séparer les différents groupes humains, par différentiation génétique et non linguistique : il s'agit de distinguer les ethnies, les tribus, les clans, les familles, et non les langues parlées. Vous savez sans doute qu'en arabe, une personne est souvent identifiée par sa filiation, exprimée par le mot "Ibn", "Fils de …". Dans ce dernier hadith, Allah opère une sélection selon précisément ce type de filiation, et non selon la langue parlée par ces hommes. Ceci nous prouve que pour être considéré comme un Arabe, il ne suffit pas de parler la langue, il faut encore avoir la filiation appropriée, c'est à dire être d'un père arabe. Parmi les nombreux noms que peut avoir une personne, c'est le nom de son père qui est la base de sa véritable identité. On n'a pas recours au nom de la mère, du moment que le père est connu.

Par conséquent, Ismaël ne peut pas être qualifié d'Arabe simplement par le fait qu'à un certain moment, il a maîtrisé la langue arabe : cet argument n'est recevable ni aux yeux de la tradition arabe, ni selon la loi islamique telle que Mahomet l'a exprimée dans la citation ci-dessus.

Mais Mahomet avait absolument besoin de se lier à Ismaël pour pouvoir se présenter comme membre de cette lignée des prophètes issue d'Abraham et ainsi imposer son autorité spirituelle.

5. Au fait, si Ismaël était arabe, alors pourquoi aucun de ses douze fils n'a-t-il eu un nom arabe ? Voyons à ce sujet la Genèse, dans l'Ancien Testament : Genèse 25 :12 - 15 :

"12Voici la famille d'Ismaël fils d'Abraham, celui que donna à Abraham Hagar, l'Egyptienne servante de Sara. 13Voici les noms des fils d'Ismaël, leurs noms selon leurs familles : Nebayoth l'aîné d'Ismaël, Qédar, Adbéel, Mivsam, 14Mishma, Douma et Massa, 15Hadad, Téma, Yetour, Nafish et Qédma."

- Ismaël et ses fils ont-ils demeuré en Arabie ? Où ont-ils vécu ? Genèse 25 :16 - 18 :

"16Ce sont eux les fils d'Ismaël, et tels sont leurs noms ; établis en bourgs et campements, ils avaient douze chefs pour autant de groupes. 17Voici les années de la vie d'Ismaël : cent trente-sept ans ; puis il expira. Il mourut et fut réuni aux siens. 18Les Ismaélites demeurèrent de Hawila à Shour, aux confins de l'Egypte, jusqu'à Ashour, chacun face à tous ses frères, prêt à leur tomber dessus."

Cette distribution de localités ne donne nullement une image correspondant à la Péninsule d'Arabie. Si l'on souhaite en savoir plus sur ces localités, il convient de se méfier des sources influencées par l'islam que l'on peut trouver sur internet. Mais les cartes qui accompagnent les éditions de la Bible montrent clairement que **Shour**, par exemple, se situe de l'autre côté de la Mer Rouge. Si l'on s'intéresse aux recherches sur la localisation de certains lieux bibliques, on consultera aussi avec profit le site suivant : http ://www.bible.ca/archeology/bible-archeology-exodus-route-red-sea-sinai.htm .

Mahomet et la morale

(Mahomet est prêt à partager sa couche avec n'importe quelle femme musulmane)

Sur ces questions de morale des relations physiques, Mahomet s'exprime volontiers, par exemple dans le hadith suivant : Imam Al-Soiuty, Book of Jame' Alsag'er, Hadith 2994 :

2994الجامع الصغير للسيوطي حديث رقم

.عن معاذ قال النبي صلعم أيما امرأة زوجت نفسها من غير ولي فهي زانية

"Toute femme qui se donne à un homme pour l'épouser sans l'autorisation de son père ou d'un autre homme de la famille, n'est qu'une prostituée."

Il est intéressant de rapprocher ce passage de Coran 33 :50, où nous lisons :

"[...] et si une femme croyante se donne au Prophète (pour partager sa couche), et si le Prophète la désire, alors il a sur elle un droit d'exclusivité à l'égard de tous les croyants (de sorte qu'aucun musulman ne peut la toucher après Mahomet)."

1. Ainsi donc, il faut comprendre qu'une femme qui prend librement la décision d'épouser un homme est une prostituée, alors que celle qui se donne à Mahomet est une femme vertueuse ?

2. Pourquoi une femme agirait-elle ainsi ? Faut-il comprendre qu'en partageant la couche de Mahomet, la femme musulmane manifestait son amour pour Allah ?

3. Pourquoi ce principe doit-il prendre la forme d'une loi exprimée par le dieu de Mahomet ? Faut-il supposer que les Arabes et les musulmans étaient choqués par le libertinage de Mahomet au point que celui-ci avait besoin de la caution officielle de son dieu imaginaire, afin que ses actions honteuses paraissent dictées par la volonté divine et non par son désir charnel ?

4. Si c'est vraiment la volonté d'Allah que ces rapports aient lieu, ne peut-on pas se demander pour quelles raisons Allah prend de pareilles décisions ? Mahomet, d'après les musulmans, n'avait-il pas déjà de nombreuses épouses ? Il semble avoir eu un souci obsessionnel de soigner sa réputation de virilité. Treize épouses ! N'était-ce donc pas suffisant d'avoir ces treize épouses, auxquelles s'ajoutaient encore toutes les esclaves qu'il pouvait souhaiter ? Lui fallait-il de surcroît rechercher de nouvelles expériences auprès des femmes attrayantes qu'il pouvait rencontrer parmi ses partisans ? N'avait-il pas de limites à son appétit ?

5. Si l'on interroge les musulmans sur la signification de cette situation des femmes qui "se donnent" à Mahomet, ils interprètent l'expression en disant que ces femmes admiraient le prophète au point de lui demander de l'épouser. Mettons cette version à l'épreuve en demandant à ces interlocuteurs de citer le nom ne serait-ce que d'une seule des treize épouses de Mahomet, qui soit devenue sa femme en "se donnant à lui" selon leur interprétation ! Ils ne pourront pas en citer une seule ! Pas une seule de ses femmes n'a pris l'initiative d'une telle demande. Ceci prouve tout simplement qu'il ne s'agit <u>en aucun cas</u> ici de

demande de mariage de la part de ces femmes, mais uniquement de l'appétit sexuel insatiable de Mahomet.

Prenons par exemple le cas de 'Aisha (l'épouse-enfant de Mahomet) : elle ne s'est pas retenue d'exprimer sa colère au sujet de cette obsession qui caractérisait le prophète. A ce sujet, voici un hadith significatif, que les musulmans s'efforcent d'occulter en manipulant le sens des mots dans la traduction : Sahih Muslim, Livre 60, hadith 311 :

"Récit de 'Aisha : 'J'avais l'habitude de mépriser ces femmes qui se donnaient au Prophète d'Allah, et je protestais toujours : 'Comment une femme peut-elle ne pas rougir de honte de s'offrir ainsi [à un homme pour une relation sexuelle]' ?'. "

6. S'il s'agit là d'un comportement normal de la part de ces femmes, pourquoi 'Aisha fait-elle une telle déclaration ? N'oublions pas la citation évoquée plus haut, dans laquelle Mahomet affirmait qu'une femme qui se donne à un homme n'est qu'une prostituée !

Cette citation n'est pas une aberration isolée. La même histoire se retrouve dans d'autres recueils :

صحيح مسلم ، كتاب الرضاع1065 ، الحديث 49ص , Sahib Muslim, Book of Breast Feeding (nursing), Page 1065, Hadith 49, ou encore Sahih Al-Boukhari, Livre de tafsir, tome 3, chapitre Al Ahzab, pages 118, 163, 164 :

قَالَ كَانَتْ خَوْلَةُ بِنْتُ حَكِيمٍ مِنَ اللَّائِي وَهَبْنَ أَنْفُسَهُنَّ لِلنَّبِيِّ صلى الله عليه وسلم فقَالَتْ عَائِشَةُ أَمَا تَسْتَحِي المَرْأَةُ أَنْ تَهَبَ نَفْسَهَا لِلرَّجُلِ فَلَمَّا نَزَلَتْ {تُرْجِئُ مَنْ تَشَاءُ مِنْهُنَّ} قُلْتُ يَا رَسُولَ اللَّهِ مَا أَرَى رَبَّكَ إِلَّا يُسَارِعُ فِي هَوَاكَ.

Nous avons le cas de Umaima bint An-Nu'man bin Sharahil, femme qui fut victime d'une tentative de viol de la part de Mahomet. Elle était la fille de Al-Nu'man, lequel était souverain d'une nation, mais lorsque l'armée des musulmans se mit à grandir en nombre et en puissance, la tribu de ce souverain dut se soumettre à l'autorité de Mahomet. Ce dernier considéra alors que des droits lui revenaient sur les femmes de cette tribu, et il n'hésita pas à exercer des pressions sur cette princesse. Comment opposer un refus au messager d'Allah ? Et pourtant cette femme arabe eut le courage de le faire. N'étant pas encore assujettie au moule carcéral de l'islam, elle conserva sa fierté et son autorité de femme noble.

La façon dont cela est décrit dans le Coran, c'est de dire qu' "une femme s'est donnée au prophète" ! Mais en réalité, même si de tels cas se présentèrent, ils ne suffisaient pas à satisfaire Mahomet. En plus de toutes les femmes qui lui appartenaient déjà, et de toutes celles qui s'offraient à lui, il lui fallait encore tenter de prendre par la force toute femme vers laquelle le portait sa convoitise, surtout si elle paraissait réticente !

Récit dans Sahih Al-Boukhari, <u>Livre 63</u>, tome 7, hadith 182 :

[صحيح البخاري]
الكتاب : الجامع الصحيح المختصر
المؤلف : محمد بن إسماعيل أبو عبدالله البخاري الجعفي
الناشر : دار ابن كثير ، اليمامة - بيروت
1407 - 1987الطبعة الثالثة ،
تحقيق : د. مصطفى ديب البغا أستاذ الحديث وعلومه في كلية الشريعة - جامعة دمشق
عدد الأجزاء : 6
دَخَلَ عَلَيْهَا النَّبِيُّ صَلَّى اللَّهُ عَلَيْهِ وَسَلَّمَ قَالَ هَبِي نَفْسَكِ لِي قَالَتْ 4957 وَهَلْ تَهَبُ الْمَلِكَةُ نَفْسَهَا لِلسُّوقَةِ قَالَ فَأَهْوَى بِيَدِهِ يَضَعُ يَدَهُ عَلَيْهَا لِتَسْكُنَ فَقَالَتْ أَعُوذُ بِاللَّهِ مِنْكَ فَقَالَ قَدْ عُذْتِ بِمَعَاذٍ ثُمَّ خَرَجَ عَلَيْنَا فَقَالَ يَا أَبَا أُسَيْدٍ اكْسُهَا رَازِقِيَّتَيْنِ وَأَلْحِقْهَا بِأَهْلِهَا

Egalement, Sahih Al-Boukhari, <u>Kitab Jame' Al-Sahih Al-Mu'khtaser</u>, édition 1987, tome 6, hadith 4957 :

http ://sunnah.com/bukhari/68/5

Traduction de Sahih Al-Boukhari, <u>Livre 63</u>, tome 7, hadith 182 :

" [...] *Quand le Prophète entra chez elle, il lui dit : 'Offre-toi à moi (physiquement) pour la gratification qui m'est due !' Mais elle répliqua : '<u>Comment une noble princesse peut-elle se soumettre à un sauvage tel que toi?</u>' Le Prophète leva le bras avec l'intention de <u>la frapper</u> afin qu'elle rectifie son comportement. Mais alors elle dit : 'J'implore la protection d'Allah contre toi !' Le prophète* *répondit : 'En vérité, tu as imploré l'intervention du Seul qui puisse te protéger'."*

Ce même récit se retrouve dans de nombreux autres livres musulmans, y compris dans le <u>Book of Al-Sirah</u>, tome 4, 588/589, Beyrouth, 1952 ; ainsi que dans <u>Tafsir Al-Qur'tbi</u>, tome 14, page 167, Beyrouth, 1973.

Nous avons expressément souligné dans l'original ainsi que dans la traduction, la phrase **"Comment une noble princesse peut-elle se soumettre à un sauvage ?"**, car les musulmans qui traduisent ce passage cherchent à falsifier ce honteux hadith en lui faisant dire que c'est elle qui demandait à épouser le prophète alors que c'est bien Mahomet qui la pressait de satisfaire ses exigences sexuelles et qu'elle le traita de **sauvage**.

1. Dans cette histoire, nous voyons clairement que cet obsédé sexuel, qui se présente comme prophète d'Allah, ne connaît aucune limite à son ambition de possession des femmes. Voyez ce qu'il exige ici : qu'elle s'offre à lui comme un cadeau qui lui est dû ! De toute évidence, sa réaction, à elle, fut de considérer que cette demande constituait une grave insulte. Et en effet, toute femme ne peut qu'être choquée d'un tel comportement irrespectueux. Imaginez donc : un homme entre dans l'appartement d'une femme alors qu'ils ne se sont jamais rencontrés auparavant, et la première chose qu'il demande en entrant, c'est d'avoir des relations sexuelles avec elle, et qu'elle accepte la chose comme un cadeau qu'elle a l'obligation de lui faire. Demandez donc à n'importe quel musulman si l'islam permet qu'un homme se comporte de cette manière : entrer dans la maison d'une femme qu'il ne connaît pas et lui demander d'emblée de lui faire le cadeau de s'offrir à lui pour des relations sexuelles. On vous répondra que c'est là le pire du haraam ! Mais pour Mahomet, tout est permis ! Autrement dit, grâce à Dieu, les musulmans conservent un peu de bon sens et de retenue que n'avait pas leur prophète, et leur morale demeure nettement au-dessus de la sienne. Soyons sûrs que si Mahomet revenait de nos jours avec un tel comportement, beaucoup d'Arabes prendraient les armes contre lui comme ce fut le cas à l'époque.

Il est dit que le prophète bénéficiait de seize privilèges qui le plaçaient au-dessus du reste des hommes :

Imam Al-Qurtubi, Tafsir Al-Qur'an (Al jame' Le Ahkam, Al-Qur'an), Beyrouth 1992, tome 14, page 212 :

فجملته ستة عشر : الأوّل : صَفِيّ المغنم. الثاني : الاستبداد بخمس الخمس أو الخمس. الثالث : الوصال. الرابع : الزيادة على أربع نسوة. الخامس : النكاح بلفظ الهبة. السادس : النكاح بغير وليّ. السابع : النكاح بغير صداق. الثامن : نكاحه في حالة الإحرام. التاسع : سقوط القسْم بين الأزواج عنه؛ وسيأتي. العاشر : إذا وقع بصره على امرأة وجب على زوجها طلاقها؛

Voici quelques-uns des **seize privilèges** dont bénéficiait Mahomet :

1. Le meilleur du butin de guerre lui revenait de droit ;

2. Le cinquième du butin de choix lui était attribué ;

3. Le droit de jouissance sexuelle (sur les femmes de son choix sans formalité de mariage) ;

4. Exempté de limite quant au nombre d'épouses autorisé, au delà du nombre de quatre !

5. Possibilité de s'entendre oralement pour avoir des relations sexuelles (avec les femmes qui s'offrent à lui) en tant que forme de cadeau qui peut lui être fait.

6. Possibilité de contracter mariage en l'absence d'un responsable légal de la femme ;

7. Possibilité de contracter mariage sans constitution de dot ;

8. Autorisation de mariage dans le cas de Ihram (Mahomet est le seul musulman à qui il ait été permis d'avoir des relations sexuelles pendant l'exercice du pèlerinage de hajj) !

9. Tout serment qu'il prononçait envers une de ses épouses pouvait être annulé par lui.

10. Si, par un simple regard, il jette son dévolu sur une femme mariée, le mari de cette dernière doit divorcer afin qu'elle devienne disponible pour le prophète !

Arrêtons-nous ici et faisons les observations qui s'imposent sur ces dix privilèges qui placent Mahomet au-dessus du reste des hommes :

1. Remarquons d'abord que toutes ces faveurs particulières d'Allah concernent exclusivement deux domaines bien précis : le sexe ou l'argent !

2. Par le fait de ces privilèges, Mahomet se situe au-dessus des lois d'Allah. Problème : d'après ce qu'affirment les musulmans, les mesures qu'Allah a décrétées pour les hommes ne sont-elles pas censées être parfaites ? Alors pourquoi ne conviennent-elles pas à Mahomet ? Pourquoi lui faut-il des privilèges supplémentaires ?

Nous avons donc deux personnes qui se trouvent au-dessus de toutes les lois : Mahomet et Allah. La loi d'Allah a été conçue selon deux mesures différentes : l'une s'applique aux musulmans et a un caractère obligatoire ; l'autre a pour but d'accorder des avantages à Mahomet. Par ce fait, Mahomet se trouve placé au-dessus du genre humain. Ceci est en contradiction avec le principe énoncé dans le Coran, en 49 :13 :

"Hommes ! Nous vous avons créés mâles d'une part et femmes d'autre part, et Nous vous avons constitués en nations et en tribus, afin que vous appreniez à vous connaître les uns les autres. Voyez : le meilleur d'entre vous est celui qui obéit à Allah ! Car Allah a la connaissance de toutes choses."

1. Il nous est bien dit ici que le meilleur des hommes, celui qui devrait mériter le statut de prophète, est celui qui obéit aux lois édictées par Allah. Mais nous avons vu que Mahomet ne respecte pas les lois d'Allah. Le Coran, par exemple, plafonne le nombre d'épouse autorisées à quatre, mais Mahomet en rajoute autant qu'il le désire !

2. Allah dit qu'il faut la présence d'un responsable légal à qui présenter la demande en vue d'épouser une femme, pour que le mariage soit légal. Mais cette disposition déplaît à Mahomet, qui en devient exempté.

3. Le Coran impose de constituer une dot qui revient à la femme si l'on veut contracter mariage. Mahomet veut les femmes sans devoir rien payer !

4. Allah commande aux hommes de ne pas jeter leur dévolu sur les femmes mariées. Mais Mahomet tourne la difficulté en ordonnant aux hommes de quitter leur femme si celle-ci plaît au prophète ! Même les femmes mariées lui sont donc accessibles !

Et après toutes ces turpitudes, on nous assure encore qu'il est le meilleur des hommes et qu'il est le Prophète !

- Comparons avec l'enseignement que Jésus nous donne dans la Bible, en Matthieu 5 :28 :

وَأَمَّا أَنَا فَأَقُولُ لَكُمْ : إِنَّ كُلَّ مَنْ يَنْظُرُ إِلَى امْرَأَةٍ لِيَشْتَهِيَهَا فَقَدْ زَنَى بِهَا فِي قَلْبِهِ.

متى5 : 28

"Et moi, je vous dis : quiconque regarde une femme avec convoitise a déjà, dans son cœur, commis l'adultère avec elle."

- Quel est alors le statut de Mahomet au regard des principes énoncés par le Christ ?

La mort de Mahomet prouve que c'était un faux prophète

Il est intéressant de noter que le Coran spécifie le type de châtiment réservé par Allah à celui qui répand un enseignement faux concernant le vrai dieu : un tel individu, qui userait de mensonges dans le domaine religieux, bref, un faux prophète, s'expose à avoir l'artère vitale, l'aorte, coupée par Allah !

Or, nous allons le voir, le cas de Mahomet fournit une étonnante illustration de cet avertissement !

Tout d'abord, reportons-nous au texte du fatal avertissement, dans la sourate 69 (Al-Hâqqa), ayat 44 - 47 :

"44 Et si cet Apôtre (Mahomet) avait recours à des affirmations mensongères Nous concernant (Allah),

45 Nous le prendrions assurément par la main droite (c'est-à-dire avec force et autorité),

46 Et puis Nous lui trancherions sans faute son artère vitale (l'aorte),

47 Et personne d'entre vous ne pourrait s'interposer."

Voilà donc une promesse d'Allah de tuer, d'une manière particulière, celui qui répand des mensonges à son sujet. Rien de très remarquable, cela s'inscrit naturellement dans la liste des menaces, imprécations et descriptions de châtiments cruels dont le Coran est rempli. Mais le passage prend une toute autre dimension quand on se renseigne sur les détails de la mort de Mahomet et qu'on s'aperçoit qu'il est mort précisément de la manière prévue par Allah comme châtiment infligé à celui qui professe des enseignements mensongers à son sujet !

Les détails sur la mort de Mahomet sont à rechercher entre autres dans les livres de Sahih Al-Boukhari. Nous y trouvons un récit concernant une femme juive qui voulut se venger du massacre de sa famille par Mahomet et ses hommes lors de la tuerie de 'Khaibar. On pourra consulter : Sahih Al-Boukhari, Livre 47, hadith 786 ; également Sahih Muslim, Livre 026, hadith 5430 et 5431 :

"Rapporté par Anas bin Malik : 'Une femme juive apporta un plat de viande de chèvre empoisonnée pour que le Prophète en fît son repas, et effectivement, il en mangea. On se saisit d'elle et on la mena devant le Prophète. Les hommes demandèrent à ce dernier : 'Est-ce qu'on la tue ?' Mais il répondit : 'Non, laissez-la !' Cependant, je pouvais moi-même observer les effets du poison sur la partie supérieure de la bouche du Messager d'Allah'."

Plus tard, cette femme fut décapitée, mais pourquoi Mahomet n'avait-il pas immédiatement ordonné son exécution ? Il ne s'agit pas de clémence, mais c'est plutôt qu'il voulait savoir si on pourrait lui arracher la recette d'un antidote.

Mais c'est la suite qui est la plus significative dans notre contexte.

On lit en effet, dans Sahih Al-Boukhari, Livre 59, tome 5, hadith 713 :

" [...] 'Aisha raconte : 'Le Prophète, dans les grandes souffrances qu'il éprouva alors et qui entraînèrent sa mort, répétait : 'O 'Aisha ! Je sens encore la douleur provoquée par la nourriture que j'ai mangée à 'Khaibar, et maintenant, c'est comme si mon aorte se trouvait tranchée par l'effet de ce poison'.' "

1. On notera que 'Aisha dit qu'il s'agit bien ici "des souffrances qui entraînèrent la mort" du Prophète et que dans ces souffrances "le Prophète répétait ...". Donc, d'après 'Aisha, Mahomet au moment de son agonie ne se plaignit de rien d'autre que de la nourriture empoisonnée qu'il avait mangée à 'Khaibar.

2. Nous pouvons en conclure que ce poison fut la seule cause réelle de la mort de Mahomet.

3. Rappelons-nous alors les termes employés dans l'avertissement du Coran 69 :44-46, où il est dit clairement que celui qui répand des mensonges au nom de Dieu sera puni par Allah, et que cette peine consiste à lui trancher l'aorte. Coran 69 :46 : "Et puis Nous lui trancherions sans faute son artère vitale (l'aorte)".

4. L'effet du poison qu'absorba Mahomet fut exactement celui décrit dans cet avertissement.

5. Du moment que c'est le type de peine de mort choisi par le dieu de Mahomet pour châtier celui qui répand des mensonges à son sujet, comment les musulmans peuvent-ils expliquer qu'Allah ait assisté sans intervenir à cette agonie qui constitue manifestement une très grave condamnation de son prophète ? Car selon le verset du Coran, ce type de peine de mort est réservé à ceux qui sont coupables de travestir et trahir la volonté d'Allah.

6. Précédemment, dans notre chapitre sur l'exagération érigée en principe du Coran, nous avons déjà évoqué ce concept-clé de la foi musulmane, ce qu'ils appellent "Al-Qadar, القدر ", qu'on traduit souvent par "destin" ou "prédestination divine" ou "pouvoir (divin)", selon lequel Allah est le seul, sans aucune exception, à fixer le sort de chacun, et en particulier à décider la manière dont chaque

personne doit mourir.

7. Il n'est donc pas possible d'imaginer la mort de Mahomet comme un accident ayant échappé à la volonté d'Allah. Au contraire, cette mort ne peut qu'avoir été voulue par Allah. Il faut donc en conclure que pour Mahomet, mourir de cette manière représente un châtiment pour les mensonges qu'il a proférés !

8. Disons que cela suggère fortement une intervention du vrai Dieu, et non du dieu inventé par Mahomet, punissant ce dernier d'avoir créé une fausse religion et égaré tant d'êtres humains malheureux. Et cette punition a consisté à réaliser pour lui celle qu'il avait imaginée comme gage de sa prétendue sincérité, punition qui était censée frapper tout homme qui mentirait au sujet du vrai Dieu. De cette manière, la fourberie et la traîtrise de Mahomet se trouva clairement désignée.

9. Dernier point : si les musulmans affirment qu'Allah a eu le pouvoir de sauver Jésus Christ de la mort que les juifs voulaient lui infliger, pourquoi Allah a-t-il permis qu'une juive réussisse à tuer Mahomet ? Cela signifie-t-il qu'Allah a mieux aimé Jésus que Mahomet ? Le Coran n'affirme-t-il pas pourtant que Mahomet est la meilleure création d'Allah ?

Mahomet : dieu ou être humain ?

Sur la question de l'importance de Mahomet, nous lisons dans le Coran, sourate 33 (Al-Ahzab), ayat 45 et 46 :

{ 45يَا أَيُّهَا النَّبِيُّ إِنَّا أَرْسَلْنَاكَ شَاهِدًا وَمُبَشِّرًا وَنَذِيرًا }

{ 46وَدَاعِيًا إِلَى اللَّهِ بِإِذْنِهِ وَسِرَاجًا مُنِيرًا }

(Coran 33 :45-46)

"45 O toi, Prophète ! Nous t'avons envoyé comme Témoin, Messager, Annonciateur de bonnes nouvelles et Avertisseur,

46 Missionnaire d'Allah avec Sa permission, et comme luminaire resplendissant."

Nous pouvons nous référer au commentaire d'Al-Tabari sur ce passage : Al-Tabari, Commentaire du Coran, tome 4, page 501 :

قال الإمام الطبري رحمه الله : [{ من الله نور }] يعني بالنور محمدا صلى الله عليه وسلم الذي أنار الله به الحق وأظهر به الإسلام ومحق به الشرك فهو نور لمن استنار به...] تفسير الطبري ج4ص501-

"C'est-à-dire, 'luminaire' se réfère ici à Mahomet, parce que les hommes sont guidés par lui comme ils le seraient par une lumière ..."

Dans un autre verset du Coran, sourate 5 (Al-Mâ'ida), aya 15, nous trouvons ceci :

{ يَا أَهْلَ الْكِتَابِ قَدْ جَاءَكُمْ رَسُولُنَا يُبَيِّنُ لَكُمْ كَثِيرًا مِمَّا كُنْتُمْ تُخْفُونَ مِنَ الْكِتَابِ وَيَعْفُو عَنْ كَثِيرٍ قَدْ جَاءَكُمْ مِنَ اللَّهِ نُورٌ وَكِتَابٌ مُبِينٌ }15

(Coran 5 :15)

"O Détenteurs de l'Ecriture (Chrétiens et juifs) !, assurément, Notre Messager est venu à vous, éclairant pour vous une grande partie de l'Ecriture (la Bible) que vous cachiez, et effaçant en outre une grande partie [qui avait été interpolée] ; en vérité, [en sa personne] il vous est venu de la part d'Allah une lumière et un Livre (le Coran) explicite."

Nous sommes donc ici informés qu'Allah a envoyé deux choses : une lumière et un livre. Le terme "lumière" ne peut être compris comme se référant au livre, puisque les deux choses sont présentées comme distinctes : "une lumière et un livre" et non pas "une lumière émanant d'un livre". Et ne perdons pas de vue que le sujet de ce verset est bien Mahomet et la proclamation de sa venue.

Les musulmans, aussi bien les chi'ites que les sunnites, croient que Mahomet est un être de lumière pour eux, tout en étant de nature humaine. Mais qu'est-ce au juste qu'un "être de lumière" ? Croire, comme le font les musulmans, que

Mahomet est à la fois un être de lumière et un être humain, cela ne revient-il pas à le considérer comme HOMME et DIEU en même temps ? Les musulmans protestent aussitôt : "Nous ne croyons pas qu'il soit un dieu !". Mais comment peut-il être "lumière", alors que le Coran affirme clairement qu'Allah lui-même est lumière?

Mahomet fut créé avant avant Adam !

Cette impressionnante particularité est notée dans un livre de commentaires du Coran qui fait autorité : Ibn Kathir, Tafsir, tome 3, page 470 :

عن أبي هريرة -رضي الله عنه- عن النبي -صلى الله عليه وسلم- في قوله تعالى : قال النبي -صلى الله عليه وسلم- : كنت أول النبيين في الخلق وآخرهم في البعث فبدأ بي قبلهم وكِتَابٌ مُبينٌ

"Abu Huraira rapporte que le Prophète a dit : 'Je suis le premier des Prophètes à avoir été créé et le dernier d'entre eux à avoir été envoyé'."

- ✓ Comment ne pas reconnaître ici une tentative d'imitation des paroles de Jésus ? Mahomet essayant de paraître comme l'expression de l'alpha et de l'oméga ! Rappelons la Parole de Jésus dans la Bible, Jean 9 :5 :

مَا دُمْتُ فِي العَالَمِ فَأَنَا نُورُ العَالَمِ

يوحنا9 : 5

"Aussi longtemps que je suis dans le monde, je suis la lumière du monde."

- ✓ Le Coran proclame que Mahomet est une lumière pour le monde, mais comment peut-il être une lumière si ses actions sont mauvaises ? Ce n'est pas nous qui portons ici un jugement subjectif, c'est le Coran lui-même qui nous certifie, dans plusieurs passages, que Mahomet a bien commis des péchés. Cela demeure un fait, même si le Coran nous dit que Mahomet reçut d'Allah l'instruction de demander pardon, ainsi qu'il est dit en Coran 47 :19 :

"Sache, [Prophète !,] qu'il n'est pas d'autre dieu qu'Allah, et demande pardon pour ton péché (de toi, Mahomet), et pour le péché des Croyants et des Croyantes !"

- N'est-il pas étrange de constater ici que la "lumière du monde" a besoin d'être guidée ?

- Ce verset nous permet de juger des capacités de mémoire de Mahomet, et il s'avère que, comme pour son honneur, le niveau en est lamentable. A vrai dire, Mahomet est changeant comme une girouette, au point de se contredire de manière évidente par rapport à d'autres versets du Coran. Voyons par exemple Coran 9 :80 :

"(à Mahomet :) Si tu demandes pardon pour eux ou ne demandes pas pardon, ou même si tu renouvelles ta demande soixante-dix fois pour eux, [de toute façon] Allah ne leur pardonnera point !"

Rappelons à ce propos encore une fois le fameux hadith tiré de Sahih Muslim, Livre 4, hadith 2129 :

"Abu Huraira rapporte : 'L'Apôtre d'Allah, qu'Allah prie sur lui, a dit : 'J'ai demandé à Allah qu'Il permette que le pardon soit accordé à ma mère, mais il ne me l'a pas accordé. J'ai demandé qu'Il permette que je rende visite à sa tombe, et Il me l'a permis'.' "

On pourra rapprocher cet exemple du suivant, également significatif : tiré du livre Tuhafat Al A'hwazi Fe Shareh Al-Turmizi, Tafsir Al-Qur'an, édition 1953, page 401 :

تحفة الأحوذي شرح سنن الترمذي - كتاب تفسير القرآن - استغفار النبي صلى الله عليه وسلم لأبي طالب

- قوله : (وهما مشركان) جملة حالية (أوليس استغفر إبراهيم لأبيه) أي أنقول هذا ص401

أوليس استغفر

إلخ ماكان للنبي والذين آمنوا أن يستغفروا للمشركين

"Mahomet demandait pardon à Allah pour son oncle (Abou Talib), alors 'Ali (le cousin du prophète) s'exclama : 'Mais tu demandes pardon pour des infidèles !', et Mahomet répondit : 'Abraham lui-même n'a-t-il pas demandé pardon pour son père?'."

Ce témoignage est confirmé dans de nombreux autres livres, tels que Asbab Al-Nuzul, édition 1963, tome 1, page 176.

Le nom du père d'Abraham

Ceci nous amène à examiner un sujet surprenant : quel était donc le nom du père d'Abraham ? D'où Mahomet a-t-il tiré son information au sujet du nom du père d'Abraham? Le Coran nous donne ce nom comme étant Azar (Coran 6 :74). Pourquoi alors un nom différent nous est-il transmis par la Bible ?

Reportons-nous à la Bible, Josué 24 :2 :

"Josué dit à tout le peuple : « Ainsi parle le SEIGNEUR, Dieu d'Israël : C'est de l'autre côté du Fleuve qu'ont habité autrefois vos pères, Tèrah père d'Abraham et père de Nahor, et ils servaient d'autres dieux."

L'information est confirmée dans le Nouveau Testament :

Luc 3 :34:

"fils de Jacob, fils d'Isaac, fils d'Abraham, fils de Tèrah, fils de Nahor,"

De toute évidence, nous avons une erreur de plus à ajouter à la longue liste des fautes du Coran ! Les musulmans répètent que c'est la Bible qui est faussée, et que c'est le Coran qui donne la version juste, mais quelle raison peut-on imaginer qui aurait poussé les juifs à falsifier le nom du père d'Abraham ?

L'impression qui se dégage de toutes ces grotesques incohérences est que Mahomet inventait ses histoires de manière impulsive, selon les besoins du moment, et prenait ses fantasmes pour des réalités. C'est ainsi que sont composés bon nombre de scénarios de films de fiction, aujourd'hui, sans grand souci de cohérence, et Mahomet aurait certainement réussi comme auteur de tels scénarios ! Évoquons, par exemple, un cas significatif, à une époque où Mahomet s'efforçait d'attirer dans ses filets la tribu de 'Abdullah Ibn Ubayy', qui était un chef puissant exerçant son autorité sur les tribus de Al-Aws et de Al-Khazraj. Lorsque Ibn Ubayy mourut, Muhammad alla prier sur sa tombe, essayant, par ce moyen hypocrite, de séduire la tribu de ce dernier. Mais peu après, il se rendit compte que son geste de flatterie ne lui avait pas rapporté les avantages escomptés. En fait, ce comportement avait commencé à créer des remous parmi les musulmans, qui se demandaient pourquoi leur prophète se mettait à implorer le pardon pour un personnage qui était un ennemi d'Allah, alors que le Coran déclare bien, en Coran 4 :48 :

"Allah ne pardonne point qu'il Lui soit donné des Associés. Il pardonne tout péché, mais non la faute de celui qui associe des partenaires à Allah, car en vérité, celui-là commet un immense péché."

Cela signifie alors que, si nous nous référons au passage du Coran 9 :80 cité plus haut, Mahomet, par calcul politique, se compromet dans une action qu'il ne devrait pas se permettre, en essayant de plaire aux païens comme moyen de les attirer dans son camp alors que son armée était encore peu puissante. C'est avec cet espoir en tête qu'il se met à faire des sourires et des politesses à ces tribus, et va jusqu'à prier sur la tombe de l'Infidèle ! Lisons ce récit :

فتح الباري شرح صحيح البخاري
أحمد بن علي بن حجر العسقلاني
دار الريان للتراث

م1986/ هـ1407 اسنة النشر :
--- : رقم الطبعة
عدد الأجزاء : ثلاثة عشر جزءا
باب قوله استغفر لهم أو لا تستغفر لهم إن تستغفر لهم سبعين مرة فلن يغفر الله لهم
4393 لما توفي عبد الله بن أبي جاء ابنه عبد الله بن عبد الله إلى رسول الله صلى الله عليه
وسلم فسأله أن يعطيه قميصه يكفن فيه أباه فأعطاه ثم سأله أن يصلي عليه فقام رسول الله صلى
الله عليه وسلم ليصلي عليه فقام عمر فأخذ بثوب رسول الله صلى الله عليه وسلم فقال يا رسول
الله تصلي عليه وقد نهاك ربك أن تصلي عليه فقال رسول الله صلى الله عليه وسلم إنما خيرني
الله فقال استغفر لهم أو لا تستغفر لهم إن تستغفر لهم سبعين مرة وسأزيده على السبعين قال إنه
منافق قال فصلى عليه رسول الله صلى الله عليه وسلم فأنزل الله ولا تصل على أحد منهم مات
أبدا ولا تقم على قبره

Titre du livre : <u>Fateh Al-Bari Fe Shareh Sahih Al-Bukhari</u>, *Edition Al-Rayan, 1896, tome 8, page 334, hadith 4393*

"Au moment où Abdulah Ibn 'Ubai vint à mourir, son fils, Abdualah bin Abdualah vint trouver le Prophète et lui demanda s'il était possible que le Prophète lui fît cadeau de sa chemise afin qu'il pût s'en servir comme linceul pour envelopper le corps de son père. Le Prophète accepta cette demande et lui remit sa chemise. Puis le fils lui demanda de bien vouloir prier sur la tombe de son père, alors le Messager d'Allah se leva pour prier pour le défunt. Immédiatement, Omar se leva aussi et tira le Prophète par son vêtement en lui disant : 'Comment peux-tu prier sur cet homme alors qu'Allah t'a interdit de faire une telle chose ?' Le Prophète répliqua : 'Ce qu'Allah m'a dit, c'est qu'on peut prier ou non, de toute façon, cela reviendra au même, la prière sera rejetée, même si on adresse soixante-dix fois ou plus la même prière, Allah ne pardonnera pas.' L'autre continua à lui dire que le défunt était un hypocrite, mais Mahomet n'en poursuivit pas moins sa prière. Alors, plus tard et suite à cet incident, Allah envoya un verset commandant de ne prier pour aucun d'eux et de ne pas se tenir sur leurs tombes."

Toutefois, Mahomet récidiva et se permit de nouveau d'enfreindre la loi de son dieu, cette fois à la suite du décès de son oncle, ainsi que nous pouvons le lire dans le commentaire de Sahih Al-Boukhari, <u>Tafsir Al-</u>

Qur'an, édition 1993, page 1718, hadith 4398 :

"Quand la mort fut proche pour Abu-Talib, le Prophète entra dans la demeure de ce dernier ; Abu-Jahel (autre oncle de Mahomet) se trouvait là ; alors le Prophète s'exclama : 'O mon oncle, pourquoi refuses-tu encore de dire qu'il n'y a d'autre dieu qu'Allah ? Cela me servirait de motif d'intercession en ta faveur devant Allah !'. Abu-Jahel intervint alors et dit : 'Abu-Talib, vas-tu abandonner la religion de ton père ?'. Mahomet reprit : 'J'intercèderai en ta faveur devant Allah et Le supplierai de t'accorder son pardon.'. C'est à la suite de cela que fut envoyé le verset adressé au Prophète et qui précise : 'Il ne sied pas au Prophète d'intercéder en faveur des païens'."

Il est donc clair que Mahomet était bien conscient qu'il ne devait pas prier pour un ennemi d'Allah, un homme qu'il savait être un Hypocrite, et tous les musulmans savaient à quel point cet homme était mauvais aux yeux de l'islam. Omar lui aussi savait bien qu'un tel relâchement de la part de Mahomet allait à l'encontre des enseignements et commandements d'Allah, mais tout cela n'empêchait pas le prophète de continuer à se comporter en hypocrite, en accomplissant la prière sur celui qu'il savait qu'Allah n'accepterait pas. Alors pourquoi un tel dédain de la part de Mahomet pour les lois de son dieu ? Pourquoi continuer à prier dans ces conditions ?

Il n'y a qu'une explication pour ce comportement totalement désinvolte de Mahomet, et c'est que la loi d'Allah est en réalité une loi variable et transformable, qui dépend entièrement des buts trompeurs et des besoins momentanés du prophète. Quand il veut qu'Allah paraisse miséricordieux vis-à-vis des infidèles, il joue cette mascarade ; quand les résultats de cette stratégie s'avèrent décevants, ou s'il n'a plus besoin d'amadouer ses adversaires, ou encore si cette comédie ne lui procure aucun soutien, alors il produit un nouveau verset d'Allah, où ce dernier adopte une attitude sévère, allant jusqu'à exprimer des reproches à l'adresse du prophète. De cette manière, il peut prétendre que la voie à suivre lui est tracée par Allah, au prix même de quelques réprimandes à son adresse quand il s'écarte de la "voie droite", ceci étant présenté comme une preuve, selon lui, que tous les musulmans sont bien placés sous la surveillance d'Allah.

Tout cela montre que loin d'être un homme irréprochable, Mahomet mérite amplement qu'on se penche sur sa nature foncièrement pècheresse.

Mahomet le pécheur

Et la carte blanche qui lui est donnée par Allah pour pécher à volonté !

On souhaiterait savoir quelles sont les limites, s'il y en a, qui restreignent les impulsions perverses de ce manipulateur cynique.

1. Reportons-nous tout d'abord au verset déjà cité du Coran, sourate 47 (Muhammad), aya 19, (Coran 47 :19) :

"Sache, [Prophète !] qu'il n'est pas d'autre dieu qu'Allah, et demande pardon pour ton péché (de toi, Mahomet), et pour le péché des Croyants et des Croyantes ! Allah sait ce qui vous rend changeants."

Complétons par la sourate 48 (Al-Fath), aya 2, (Coran 48 :2) :

"Afin qu'Allah te pardonne (toi, Mahomet) tes péchés passés et à venir, ainsi que pour parachever Son bienfait envers toi, et pour qu'Il te dirige dans la Voie Droite."

Comme on le voit, cela revient, pour Allah, à laisser à Mahomet la porte grande ouverte pour commettre toutes sortes de péchés, en sachant qu'il lui a accordé d'avance le pardon même pour les péchés à venir ! Et sans que Mahomet ait besoin même de demander à être pardonné.

En même temps, on voit que le verset ajoute : "et pour qu'Il te dirige dans la Voie Droite." Autrement dit, Allah pardonne à Mahomet ses péchés à venir, et il complète cette grâce accordée à Mahomet en lui offrant de surcroît une bonne Direction ! Quelle est donc la valeur de cette "Direction" si elle n'a pas pu empêcher Mahomet d'être un pécheur récidiviste ? Et, en plus de tout cela, on nous demande de reconnaître cet homme dépravé comme la lumière du monde ! Ecoutons les paroles de Mahomet telles qu'elles nous sont rapportées dans les hadiths suivants : Sahih Al-Boukhari tome 9, page 403 ; et Sahih Al-Boukhari, <u>Livre 93</u>, hadith 534 :

"Alors, Allah, pardonne mes péchés passés ou ceux que je commettrai dans l'avenir, et ceux aussi que j'ai commis en cachette ou en public, et ceux commis par ignorance car Ta connaissance est suprême. Toi seul es digne de louanges."

Même incohérence, encore une fois : pourquoi Mahomet se donne-t-il même la peine de demander pardon, puisque ce pardon lui est accordé d'avance pour les péchés à venir ?

Toutefois, les choses ne s'arrêtent pas là, car Mahomet se permet même de créer des règles et lois qui ne viennent pas d'Allah ! Pour prendre un exemple, voyons ce que nous dit le Coran, en 66 :1 :

"O Prophète !, pourquoi interdis-tu ce qu'Allah a rendu licite pour toi, concernant la manière de satisfaire tes femmes ? Allah est absoluteur et miséricordieux."

Pour bien comprendre ce dernier verset, il faut savoir qu'il s'agit de disculper Mahomet en annulant des dispositions trop rigoureuses en matière de morale qu'il avait précédemment paru soutenir. Le fait est qu'il fut un jour surpris en train d'avoir des relations sexuelles avec une de ses esclaves dans la maison de l'une de ses épouses (Hafsa). Cela provoqua une grave crise conjugale, car la protestation gagna l'ensemble de ses épouses, qui ne pouvaient plus supporter la dépravation de leur mari commun et se liguèrent contre lui en s'appuyant sur les principes moraux qu'il était supposé défendre. Fort heureusement, Allah lui-même intervint efficacement pour sauver Mahomet dans cette situation périlleuse. En effet, Mahomet pouvait toujours compter sur le secours de son pote en cas de besoin, même pour les affaires domestiques ! Donc une sourate bien ciblée fut aussitôt envoyée, pour réprimander les épouses révoltées et leur signifier de manière très ferme que le comportement de Mahomet était tout-à-fait licite, et que si elles n'arrêtaient pas de lui créer des obstacles dans l'exercice de ses distractions favorites, elles auraient à éprouver la colère d'Allah. Voyons ce verset, en Coran 66 :5 :

"Peut-être que son Seigneur (de Mahomet), s'il (Mahomet) vous répudie toutes, lui donnera-t-Il, en échange, des épouses meilleures que vous, des femmes soumises, croyantes, pieuses, qui pratiquent le repentir, appliquées dans leur tâche, poursuivant leur chemin et pratiquant le jeûne, peu importe qu'elles soient encore vierges ou qu'elles aient déjà été mariées."

On s'interroge : quelle peut donc avoir été la gravité de cette dispute, pour qu'Allah dans sa demeure céleste ait été obligé de prendre la peine de rédiger un chapitre sur ce problème ? Et puis aussi, n'est-il pas surprenant qu'Allah prenne le parti de Mahomet contre ses épouses, alors que celles-ci ne faisaient que réclamer une chose bien morale : que leur époux cesse d'avoir des relations avec d'autres femmes ? Leur révolte obligea Mahomet à faire une promesse solennelle de ne plus récidiver ; mais plus tard, lorsque sa puissance politique augmenta, il se mit à regretter le bon temps où il pouvait librement profiter de toutes les femmes qu'il rencontrait autour de lui. Alors il s'arrangea pour que descende une nouvelle révélation, le verset 66 :1 cité plus haut, dans laquelle il fait dire à Allah que c'est la volonté du seigneur que Mahomet puisse avoir des relations de la manière qu'il entend. Puis, pour faire taire ses épouses et s'assurer qu'elles ne se plaindraient plus jamais, il produisit le verset 66 :5 cité ci-dessus.

En fait, on sait que Mahomet emprunta cette idée pour son Coran à Omar Ibn Al Khatab, parce qu'il trouva l'idée ingénieuse et bien exprimée : c'est ce que nous apprend un hadith que nous avons déjà cité précédemment au sujet des sources non divines du Coran : extrait de <u>The Book of 'Ol-It'qan Fee 'Olum Al-Qur'an</u>, tome 1, page 137 :

"Rapporté par Annas : Omar bin Al-Khatab a dit : 'Mon Seigneur Tout-Puissant est tombé d'accord avec moi sur trois sujets :

(Premièrement) J'avais dit : 'O Apôtre d'Allah, j'aimerais que [tu] choisisses comme ton lieu de culte le lieu où Abraham s'est arrêté pour prier'. Et il advint que l'Inspiration d'Allah donna précisément ce commandement (Coran 2 :125) : 'Et vous (les Croyants), faites du lieu d'Abraham votre lieu de prière !'

(Deuxièmement) Et j'avais dit au Prophète d'Allah : 'Il y a de bonnes, mais aussi de mauvaises personnes qui s'approchent de tes épouses pour leur parler, alors tu devrais obliger ces dernières à porter un voile !' Alors Allah envoya le verset concernant les femmes et le port du voile (Coran 24 :31).

(Troisièmement) Les épouses du Prophète s'étaient liguées contre lui et alors moi, je leur avais dit : 'Prenez garde, le Seigneur de notre Prophète pourrait bien faire en sorte que (ce dernier) divorce de vous toutes et que vous soyez remplacées par des épouses meilleures que vous'. Alors le verset (Coran 66 :5) lui fut révélé dans lequel mes propres paroles se trouvent reprises'."

Ce même récit se retrouve chez Sahih Al-Boukhari, <u>Livre 8</u>, hadith 395.

Nous aurons plus tard l'occasion de revenir plus en détail sur ce hadith, mais pour le moment, contentons-nous seulement de noter qu'Omar dit : "Allah a repris mes expressions mot pour mot !". Il en ressort clairement que l'inspiration de Mahomet n'était pas façonnée par Dieu, mais par les opinions des hommes de l'entourage du prétendu prophète, y compris même en ce qui concerne le choix de la Kaaba comme direction pour la prière : il s'agissait là du choix d'Omar et non d'Allah !

Mahomet donc ne fait que s'approprier les mots, les idées, les projets, les poésies, les noms propres et même des récits entiers, comme nous le verrons dans nos prochaines lectures et analyses. Relisons encore le verset du Coran 66 :5, destiné à rappeler à l'ordre ses épouses :

"Peut-être que son Seigneur (de Mahomet), s'il (Mahomet) vous répudie toutes, lui donnera-t-Il, en échange, des épouses meilleures que vous, des femmes soumises, croyantes, pieuses, qui

pratiquent le repentir, appliquées dans leur tâche, poursuivant leur chemin et pratiquant le jeûne, peu importe qu'elles soient encore vierges ou qu'elles aient déjà été mariées."

Ce verset appelle les remarques suivantes :
(a) Le fait que toutes ses épouses, sans exception, se soient révoltées contre lui, montre assez clairement que Mahomet n'était pas un époux vertueux envers ses femmes, au contraire de ce que les musulmans essaient de nous faire croire.
(b) Pour quelle raison Allah vient-il se mêler de cette querelle familiale ? Si je me dispute avec ma femme, Allah enverra-t-il une Révélation pour la condamner ?
(c) A-t-on jamais vu, dans le monde de la polygamie, un cas pareil, où toutes les onze épouses souhaitent le divorce en même temps ? Va-t-on nous faire croire que toutes ont tort, et que seul Mahomet a raison ?
(d) C'est donc de 'Omar qu'est venue l'idée de la menace d'échanger toutes les épouses contre d'autres plus soumises. Voilà, à vrai dire, une étrange idée : non pas divorcer et se remarier, mais *échanger* ! Ce terme nous montre tout simplement que dans l'islam, les femmes ne valent pas mieux que des pièces de rechange pour un mécanisme. Elles ne sont nullement valorisées en tant que personnes, mais seulement en tant qu'exécutrices d'une tâche ou préposées à une fonction. Rien de plus.
C'est ce qui explique le mépris des femmes inhérent à l'islam.
Ici s'achève la première partie de ce tome premier ; mais le sujet du statut des femmes dans l'islam exige un examen beaucoup plus approfondi, et c'est ce que le lecteur trouvera, entre autres sujets, dans la seconde partie.

Sources et références utiles

- Christian Prince, The Deception of Allah, Vol.1, Usama Dakdok Publishing, 2011
- Christian Prince, Qur'an & Science in Depth, 2015
- www.investigateislam.com
- http ://www.al-eman.com/Islamlib (musulman)
- http ://www.alsiraj.net/sira/html/
- www.altafsir.com
- The Generous Qur'an, Usama Dakdok Publishing, 1991
- Le Coran,Traduction Régis Blachère, Maisonneuve & Larose, Paris 1980

- Ibn Khaldun <u>Chroniques</u>
- Al Jalalain, <u>Interpretations of Al Jalalain</u>, http ://quran.muslim-web.com
- Ibn Kathir, <u>Interpretations of Ibn Kathir,</u> http ://quran.muslim-web.com
- Al Kortoby, <u>Interpretations of Al Kortoby</u>, http ://quran.muslim-web.com
- Al Tabari, <u>Interpretations of Al Tabari</u>, http ://quran.muslim-web.com
- Sahih Muslim, Recueil de Hadiths
- Sahih Al-Boukhari, <u>Recueil de Hadiths</u>
- Jalal Al-Deen Al-Suyuti, <u>Hadith</u>
- Livre d' Akham Ahel Al Zimmad
- Al-Sunan Al-Kubra, <u>Hadith</u>
- Sunan Ibn Dawood, <u>Hodood</u>
- Livre d'Al Jawab ak Al-Sahih Liman Badal Deen Al-Maseeh
- Al-Muwatta' Imam Malik Ibn Anas, <u>Hadiths</u>
- Livre <u>Tafsir Ibn Kathir</u>, 1999 Printing, Kingdom of Saudi Arabia
- <u>Tafsir Al-Qur'tbi,</u> Beyrouth, 1973
- Al-Qurtubi, Tafsir Al-Qur'an (Al jame' Le Ahkam, Al-Qur'an), Beyrouth 1992
- Livre The Book of 'Ol-It'qan Fee 'Olum Al-Qur'an
- Livre de <u>Sîr Al-A'lam</u>
- Livre Tu'afat Al-'Abib 'Ala Shar'h Al-Khatib
- Livre Tuhafat Al A'hwazi Fe Shareh Al-Turmizi, Tafsir Al-Qur'an, édition 1953
- Livre Al Sirah Al-Halabia (encore appelé Insan Al-Ueoun Fe Serat Al-Ma'mun)
- Feras Hamza, Book of Tafsir Al-Jalalain
- Imam Al Souty, Al Kasa's Al-Kubra
- Book of Al-Tabaqat Al-Kubra, Printing I, 1968
- Ibn Hisham Al-'Ansaary / 'Abd Allah bin Yusuf, <u>Alsyrah Al-Nabwiyah Le-Ibn-Hisham,</u> en arabe, édition 2002, tome 1
- Dr. Muhammad Ahmed Mahmoud Hasabalah, Dr. Muhammad AbduAlqader Al-'Khateb, <u>Al-Sira Al-Naboiah</u>
- Livre Da'ert Al-Ma-Ma'aref Al-Islamiyah
- Livre Sabil Al-Huda Wa Al-Rashad, tome 11
- Livre Al-Mustadark Fe Al-Sahih, tome 3
- Ibn Kathir Al-Bidaya & Al-Nihayiah, tome 2
- Al-Zahabi, Al-'Ebar Fe Khabr Man Gaber
- Sunan Ibn Majah, <u>Book of Jihad</u>
- Al 'Tabarani Al-Mu'ejam Al-Kaber

- Livre Majma' Al-Zawa'ed wa Manba' Al-Fawa'ed
- Livre Book of Zad Al-Ma'ad
- Al-'Aqel Al-Salem Fe Al-Qur'an Mazayia A., , Beirut, 1999
- 'Euon Al-Ather Fe Funun Al-Ma'gazi Wal-Shama'el Wal-Sear, Beirut 1977
- Faid Al-'Qader, Edition 2000, Egypte
- Ibn 'Ather, Book of Al-Kamel Fe Al-Tari'kh
- Livre Al-Mausu'a Al-'Alamia Al-Misarah Fe Al-Adian
- Al-Zarkaly, Al-'Alam
- Al-Seu'ti, Al-'Khasa'es Al-Kubra, Beyrouth, Liban, 1985
- Book of Al-Sirah, Beyrouth, 1952
  - Fateh Al-Bari Fe Shareh Sahih Al-Bukhari, Edition Al-Rayan, 1896

Merci d'avoir ce premier volume, ne manquez pas de commander la seconde partie dès qu'elle sera imprimée
Les secrets du prophète arabe V.2
patreon.com/ChristianPrince

***

www.ingramcontent.com/pod-product-compliance
Lightning Source LLC
Chambersburg PA
CBHW050143170426
43197CB00011B/1943